INTERMEDIATE 1

YONSEI ACADEMIC KOREAN

Vocabulary & Grammar

중급 I

연세 대학한국어 어휘·문법

연세대학교 한국어학당 편

연세대학교 출판문화원

머리말

국내 최고의 명성으로 한국어 교육의 50년 전통을 이어 온 연세대학교 언어연구교육원 한국어학당에서는 한국어 교육의 질을 높이기 위해 그동안 많은 교재를 편찬해 왔다. 최근 한국 내 대학, 대학원에서 수학하고 있거나 진학하고자 하는 외국인이 증가함에 따라 학문을 목적으로 하는 한국어 교재에 대한 학습자들의 요구가 높아지고 있다. 이에 따라 연세대학교 언어연구교육원 한국어학당에서는 대학 수학을 목적으로 하는 외국인 유학생들을 대상으로 한국어와 한국 문화를 교육할 수 있는 새로운 교재를 출간하게 되었다.

이 교재는 대학 생활에 필요한 의사소통 기능을 집중적으로 향상시킬 수 있는 [대학 생활을 위한 한국어] 시리즈와 대학에서의 수학 능력을 집중적으로 향상시킬 수 있는 [대학 강의 수강을 위한 한국어] 시리즈로 되어 있다. [대학 생활을 위한 한국어] 시리즈는『대학 생활을 위한 한국어 초급 Ⅰ』,『대학 생활을 위한 한국어 초급 Ⅱ』,『대학 생활을 위한 한국어 중급 Ⅰ』,『대학 생활을 위한 한국어 중급 Ⅱ』로 되어 있으며,『대학 강의 수강을 위한 한국어』 시리즈는『대학 강의 수강을 위한 한국어 중급 Ⅰ』,『대학 강의 수강을 위한 한국어 중급 Ⅱ』, 그리고『대학 강의 수강을 위한 한국어 고급』으로 되어 있다.

[대학 생활을 위한 한국어] 시리즈는 한국어 학습 단계별로 요구되는 내용을 주제로 말하기, 듣기, 쓰기 능력을 향상할 수 있도록 다양한 과제와 활동으로 구성된 분리형 교재이다. 그리고 [대학 강의 수강을 위한 한국어] 시리즈는 대학 수학에서 요구되는 기능과 장르를 중심으로 말하기, 듣기, 쓰기, 읽기 능력을 향상할 수 있도록 실용적인 과제와 활동으로 구성된 분리형 교재이다.

그리고 이렇게 의사소통 기능을 중심으로 분리된 교재와 함께 각 단계에서 기본적인 언어능력 습득을 위한 어휘 문법 교재가 필요한 바 이번에 어휘문법 교재를 출간하여 대학 수학을 목적으로 하는 학습자를 대상으로 하는 교재인 '대학 한국어 과정' 교재를 완성하게 되었다. 이번에 출간하는 [연세 대학한국어 어휘 · 문법] 시리즈는 초급 Ⅰ, 초급 Ⅱ, 중급 Ⅰ, 중급 Ⅱ, 고급의 5단계로 구분되는데 각 단계에서 필수적으로 인식되는 어휘와 문법을 설명하고 연습을 제시하여 학습자가 혼자서도 한국어 어휘와 문법을 익힐 수 있도록 하였다.

[대학 생활을 위한 한국어]와 [대학 강의 수강을 위한 한국어], [연세 대학한국어 어휘 · 문법] 교재 시리즈가 연세대학교 언어연구교육원 한국어학당에서 공부하는 학생들뿐만 아니라 한국 내에서 대학, 대학원 수학을 목적으로 하고 있는 모든 한국어 학습자들에게 도움이 되기를 바란다.

연세대학교 언어연구교육원
한국어학당 교재편찬위원회

일러두기

- '연세 대학한국어 어휘·문법 중급 I'은 대학에서 공부하는 외국인 학습자를 위한 중급 단계의 책으로 '대학 강의 수강을 위한 한국어 중급 I'과 '대학 생활을 위한 한국어 중급 I'과 연계해서 사용할 수 있도록 구성하였다.
- '연세 대학한국어 어휘·문법 중급 I'은 중급 단계에서 필요한 어휘와 문법을 제시하고 연습할 수 있게 함으로써 학습자들의 어휘력과 문법 능력을 향상시킬 수 있도록 구성하였다.
- '연세 대학한국어 어휘·문법 중급 I'은 총 10개과이며 각 과는 4개항씩 총 40개의 항으로 구성하였고 부록으로 모범 답안과 어휘 색인을 실었다.
- 각 과의 주제는 '대학 생활을 위한 한국어 중급 I 말하기'의 주제를 따라 이와 동일하게 선정하였다.

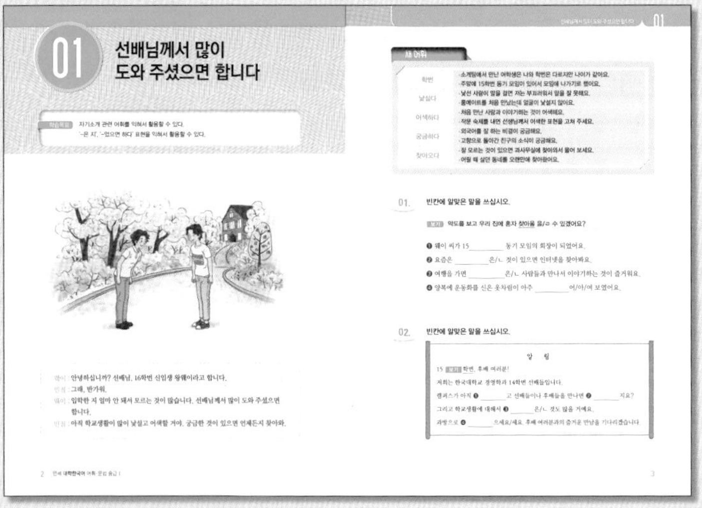

- **각 항의 제목, 학습목표, 본문 대화가 제시된다.**

- 각 항의 제목은 대화 중에서 학습목표에서 제시한 문법이 사용된 주요 문장을 선정하여 제시하였다.
- 학습목표는 각 항에서 학습할 어휘와 문법을 중심으로 제시하였다.
- 삽화는 대화 상황과 관련된 것으로 대화를 위한 들어가기의 역할을 하도록 구성하였으며 대화 내용에 대한 학습자들의 이해를 돕고 학습자들의 흥미를 유발할 수 있도록 하였다.
- 대화는 각 항의 주제와 관련하여 가장 전형적이고 대표적인 상황을 설정하고자 노력하였으며 1~2차례의 대화로 구성하였다.

- **어휘는 대화에 나오는 새 어휘와 주제 어휘로 나누어 제시하였다.**

- 새 어휘는 대화에 사용된 어휘 중에서 초급 I, 초급 II에서 학습하지 않은 어휘로 선정하여 제시하였다. 각 항에서 5~9개의 새 어휘를 제시하고 각 어휘마다 의미를 유추할 수 있는 예문을 2개씩 제시하였다. 또한 연습문제를 덧붙여 학습한 어휘를 확인해 볼 수 있도록 하였다. '연세 대학한국어 어휘·문법 중급 I'에서 다루는 새 어휘는 총 231개이다.
- 주제 어휘는 각 항의 주제와 관련된 어휘를 선정하여 제시하고 연습문제를 통해 확인하도록 하였다. 각 항별로 5~9개의 주제 어휘를 제시하였으며 '연세 대학한국어 어휘·문법 중급 I'에서는 총 264개의 주제 어휘를 제시하였다.

- **문법은 문법 설명, 예문, 연습으로 구성된다.**

  – 문법은 '대학 생활을 위한 한국어 중급Ⅰ 말하기'와 '대학 강의 수강을 위한 한국어 중급Ⅰ 말하기'의 문법 항목을 바탕으로 각 항마다 2개씩 선정하였다. 문법 항목마다 형태, 의미, 기능적 특징을 설명하고 이해를 돕는 예문을 4개씩 제시하였으며 학습한 내용을 점검할 수 있는 연습문제를 실었다.

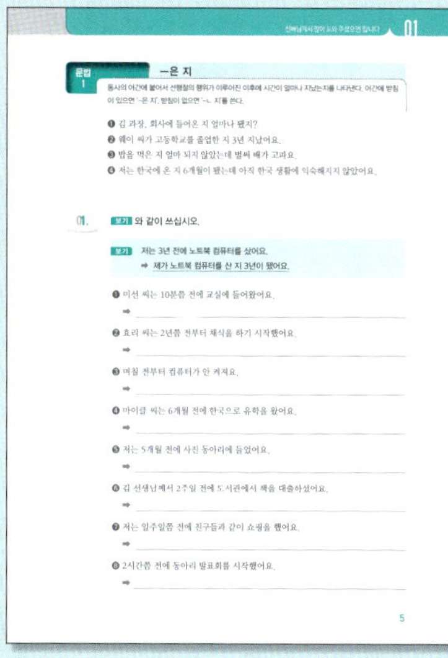

선배님께서 많이 도와주셨으면 합니다 01

문법 1 —은 지

동사의 어간에 붙어서 선행절의 행위가 이루어진 이후에 시간이 얼마나 지났는지를 나타낸다. 어간에 받침이 있으면 '-은 지', 받침이 없으면 '-ㄴ 지'를 쓴다.

❶ 김 과장, 회사에 들어온 지 얼마나 됐지?
❷ 웨이 씨가 고등학교를 졸업한 지 3년 지났어요.
❸ 밥을 먹은 지 얼마 되지 않았는데 벌써 배가 고파요.
❹ 저는 한국에 온 지 6개월이 됐는데 아직 한국 생활에 익숙해지지 않았어요.

01. 보기 와 같이 쓰십시오.

보기 저는 3년 전에 노트북 컴퓨터를 샀어요.
➡ 제가 노트북 컴퓨터를 산 지 3년이 됐어요.

❶ 미선 씨는 10분쯤 전에 교실에 들어왔어요.
➡
❷ 효리 씨는 2년쯤 전부터 채식을 하기 시작했어요.
➡
❸ 며칠 전부터 컴퓨터가 안 켜져요.
➡
❹ 마이클 씨는 6개월 전에 한국으로 유학을 왔어요.
➡
❺ 저는 5개월 전에 사진 동아리에 들었어요.
➡
❻ 김 선생님께서 2주일 전에 도서관에서 책을 대출하셨어요.
➡
❼ 저는 일주일쯤 전에 친구들과 같이 쇼핑을 했어요.
➡
❽ 2시간쯤 전에 동아리 발표회를 시작했어요.
➡

5

- **각 항의 마지막에는 활동이 있다.**

  – 활동은 각 항에서 학습한 어휘와 문법을 활용하여 말하거나 쓰는 연계 활동으로 구성하였다.

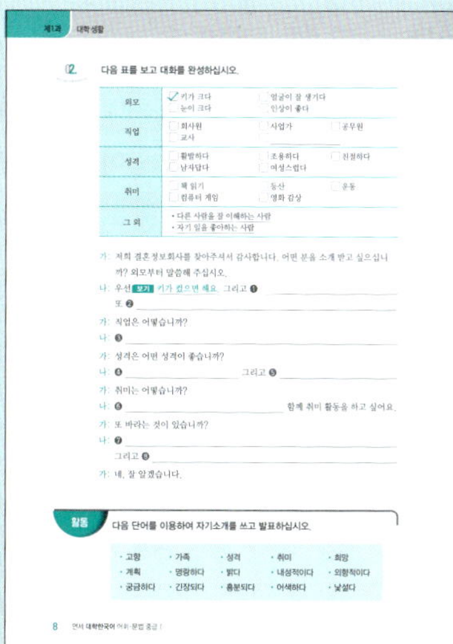

제1과 대학 생활

02. 다음 표를 보고 대화를 완성하십시오.

외모	✓키가 크다 눈이 크다	얼굴이 잘 생기다 인상이 좋다	
직업	회사원 교사	사업가	공무원
성격	활발하다 남자답다	조용하다 여성스럽다	친절하다
취미	책 읽기 컴퓨터 게임	등산 영화 감상	운동
그 외	• 다른 사람을 잘 이해하는 사람 • 자기 일을 좋아하는 사람		

가: 저희 결혼정보회사를 찾아주셔서 감사합니다. 어떤 분을 소개 받고 싶으십니까? 외모부터 말씀해 주십시오.
나: 우선 보기 키가 컸으면 해요. 그리고 ❶
또 ❷
가: 직업은 어떻습니까?
나: ❸
가: 성격은 어떤 성격이 좋습니까?
나: ❹ 그리고 ❺
가: 취미는 어떻습니까?
나: ❻ 함께 취미 활동을 하고 싶어요.
가: 또 바라는 것이 있습니까?
나: ❼
그리고 ❽
가: 네, 잘 알겠습니다.

활동 다음 단어를 이용하여 자기소개를 쓰고 발표하십시오.

• 고향 • 가족 • 성격 • 취미 • 희망
• 계획 • 명랑하다 • 밝다 • 내성적이다 • 외향적이다
• 궁금하다 • 긴장되다 • 흥분되다 • 어색하다 • 낯설다

8 연세 대학한국어 어휘·문법 중급Ⅰ

- 모범 답안은 어휘 연습과 문법 연습의 모범 답안을 제시하여 학습자가 확인할 수 있도록 하였다.

- 어휘 색인에서는 각 항에서 다루어진 새 어휘와 주제 어휘를 가나다 순으로 정리하였으며 해당 본문의 과와 항을 함께 제시하였다.

차 례

내용 구성

과	항	제목	학습 목표	새어휘	주제 어휘	문법
제1과 대학생활	(1)	선배님께서 많이 도와 주셨으면 합니다	• 자기소개 관련 어휘를 익혀서 활용할 수 있다. • '-은 지', '-었으면 하다' 표현을 익혀서 활용할 수 있다.	학번 낯설다 어색하다 궁금하다 찾아오다	자기소개 관련 어휘 명랑하다 밝다 내성적이다 외향적이다 궁금하다 긴장되다 흥분되다 어색하다 낯설다	• -은 지 • -었으면 하다
	(2)	주말까지 이번 학기 수강 신청을 하도록 해	• 수강 신청 관련 어휘를 익혀서 활용할 수 있다. • '-도록 하다', '-을지도 모르다' 표현을 익혀서 활용할 수 있다.	수강 신청 강의 마감되다 서두르다 방법	수강 신청 관련 어휘 과목 전공과목 교양과목 시간표 신청 변경 확인 취소	• -도록 하다 • -을지도 모르다
	(3)	결국 과제 제출 기한을 넘기고 말았어	• 강의 관련 어휘를 익혀서 활용할 수 있다. • '어쩌나 -는지', '-고 말다' 표현을 익혀서 활용할 수 있다.	미술사 결국 기한 넘기다 학점	강의 관련 어휘 강의 보고서 발표 토론 시험 출석 교재 평가	• 어찌나 -는지 • -고 말다
	(4)	참가하려고 하는 사람이 많지 않을 텐데 어떻게 하지?	• 행사 관련 어휘를 익혀서 활용할 수 있다. • '-을 텐데', '이라서' 표현을 익혀서 활용할 수 있다.	장기 자랑 참가하다 신학기 분주하다 학년별	행사 관련 어휘 신입생 환영회 오리엔테이션 엠티 학교 축제 졸업생 환송회	• -을 텐데 • 이라서
제2과 쇼핑	(1)	학교 매점이 싸다니까 거기에서 사시지요	• 장보기 관련 어휘를 익혀서 활용할 수 있다. • '-는다니까', '-지요' 표현을 익혀서 활용할 수 있다.	들르다 품목 조리하다 인스턴트식품 매점	장보기 관련 어휘 사은품 증정품 기념품 서비스 시식	• -는다니까 • -지요
	(2)	저도 이런 걸로 장만하려고 하는데 어느 매장에서 사셨어요?	• 제품 관련 어휘를 익혀서 활용할 수 있다. • '으로', '-으려고 하는데' 표현을 익혀서 활용할 수 있다.	장만하다 매장 인터넷 쇼핑몰 무게 소음 상품 평	제품 관련 어휘 제품 가격 색상 모델명 기능 특징 사용법	• 으로 • -으려고 하는데
	(3)	이건 세일을 안 하는 대신 할인권을 드려요	• 디자인 관련 어휘를 익혀서 활용할 수 있다. • '-어 보이다', '-는 대신' 표현을 익혀서 활용할 수 있다.	정장 특별히 원하다 세련되다 할인권 이상 신상품	디자인 관련 어휘 세련되다 촌스럽다 단순하다 복잡하다 화려하다 특이하다	• -어 보이다 • -는 대신
	(4)	당장 사진을 게시판에 붙여 놓아야겠다	• 중고품 관련 어휘를 익혀서 활용할 수 있다. • '-기는요', '-어 놓다' 표현을 익혀서 활용할 수 있다.	아깝다 목록 실물 그냥 당장 붙이다	중고품 관련 어휘 구입하다 판매하다 기부하다 물려주다 물려받다	• -기는요 • -어 놓다
제3과 유학생활	(1)	학교 근처에 있는 원룸을 알아보지 그래?	• 부동산 관련 어휘를 익혀서 활용할 수 있다. • '-고 해서', '-지 그래요?' 표현을 익혀서 활용할 수 있다.	욕실 에어컨 설치하다 웬만하다 가구 딸려 있다	부동산 관련 어휘 부동산 중개소 전세 월세 계약금 보증금 중개수수료 세입자	• -고 해서 • -지 그래요?
	(2)	한국 사람이 저한테 말을 걸까 봐 긴장이 돼요	• 언어 교환 신청 관련 어휘를 익혀서 활용할 수 있다. • '-을까 봐', '-으면 되다' 표현을 익혀서 활용할 수 있다.	아직도 겁이 나다 언어 교환 어울리다 자신감	언어 교환 신청 관련 어휘 언어 교환 게시판 신청서 성별 국적 모국어 설문조사	• -을까 봐 • -으면 되다
	(3)	쓰레기를 버린다는 것이 중요한 서류를 버렸어요	• 아르바이트 신청 관련 어휘를 익혀서 활용할 수 있다. • '-는다는 것이', '-는단 말이에요?' 표현을 익혀서 활용할 수 있다.	휴학하다 쓰레기 버리다 서류 곤란하다 눈앞이 캄캄하다	아르바이트 신청 관련 어휘 서류 신청 자격 기간 면접 이력서 자기소개서	• -는다는 것이 • -는단 말이에요?

제3과 유학생활	(4)	앞으로 계속 같이 지내야 하잖아요	• 친구와의 갈등 관련 어휘를 익혀서 활용할 수 있다. • '-어 버리다', '-잖아요' 표현을 익혀서 활용할 수 있다.	안색 말다툼 마음대로 상황 화해하다	친구와의 갈등 관련 어휘 싸우다 오해하다 오해를 풀다 사과하다 용서하다 화해하다	• -어 버리다 • -잖아요
제4과 여행	(1)	교수님들도 모두 모시고 가 보는 게 어때?	• 답사 관련 어휘를 익혀서 활용할 수 있다. • '-는다고 할 수 있다', '-는 게 어때요?' 표현을 익혀서 활용할 수 있다.	경주 답사 전체 마치 지루하다	답사 관련 어휘 순환 버스 단체 할인 배차 시간 관광철 오락시설 비용	• -는다고 할 수 있다 • -는 게 어때요?
	(2)	몇 년 전만 해도 서울에서 경주까지 가는 KTX가 없었어	• 예약 관련 어휘를 익혀서 활용할 수 있다. • '전만 해도', '-다가도' 표현을 익혀서 활용할 수 있다.	교통편 포기하다 숙소 펜션 콘도 꾸미다	예약 관련 어휘 냉방 난방 가족석 호텔 펜션 콘도 민박 온돌 인원	• 전만 해도 • -다가도
	(3)	오늘 오후 일정이 어떻게 되는지 알아?	• 여행 관련 어휘를 익혀서 활용할 수 있다. • '-곤 하다', '-는지 알다' 표현을 익혀서 활용할 수 있다.	사진첩 시내버스 불국사 석굴암 기대가 되다	여행 관련 어휘 사진을 찍다 동영상을 찍다 기념촬영을 하다 관광버스 해수욕을 하다 해수욕장	• -곤 하다 • -는지 알다
	(4)	이번 모임 때 이야기해 보기로 하자	• 여행 후기 관련 어휘를 익혀서 활용할 수 있다. • '-나요?', '-기로 하다' 표현을 익혀서 활용할 수 있다.	시간을 보내다 추억 아쉽다 웃음이 나다 후기 모으다	여행 후기 관련 어휘 기행문 박 일 기억에 남다 떠나다 기념하다 이국적이다	• -나요? • -기로 하다
제5과 학교시설	(1)	학위 논문을 보려면 4층 논문 열람실로 가 봐	• 자료 열람실 관련 어휘를 익혀서 활용할 수 있다. • '-느라고', '-으려면' 표현을 익혀서 활용할 수 있다.	관련 학위 논문 부근 시립 대출하다	자료 열람실 관련 어휘 검색 대출 학부생 대학원생 반납 연장 연체료 자료실 열람실	• -느라고 • -으려면
	(2)	중국으로 소포를 좀 보내려고요	• 주소기표지 관련 어휘를 익혀서 활용할 수 있다. • '-으려고요', '에 따라' 표현을 익혀서 활용할 수 있다.	지역 국제특급우편(EMS) 저울 주소기표지 작성하다	주소기표지 관련 어휘 접수년월일시 중량 현금수납 요금후납 내용물 개수	• -으려고요 • 에 따라
	(3)	건강센터에서 예방접종을 받을 수 있다지요?	• 학생회관 관련 어휘를 익혀서 활용할 수 있다. • '-는다지요?', '-게 하다' 표현을 익혀서 활용할 수 있다.	건강센터 독감 예방접종 구급약 올리다	학생회관 관련 어휘 편의시설 여학생 휴게실 건강센터 동아리방 상담센터	• -는다지요? • -게 하다
	(4)	통금 시간을 지켜야 하다니 불편하겠구나	• 기숙사 관련 어휘를 익혀서 활용할 수 있다. • '-다니', '-게' 표현을 익혀서 활용할 수 있다.	통행금지(통금) 그만 외박 벌점 하기는	기숙사 관련 어휘 공동생활 배정 입사 퇴사 규율 침해	• -다니 • -게
제6과 만남	(1)	그 친구는 선후배들에게 인기가 많은 모양이야	• 성격 관련 어휘를 익혀서 활용할 수 있다. • '-게 되다', '-는 모양이다' 표현을 익혀서 활용할 수 있다.	무뚝뚝하다 정이 많다 남 함부로 대하다 배려하다	성격 관련 어휘 무뚝뚝하다 상냥하다 급하다 느긋하다 정이 많다 정이 없다	• -게 되다 • -는 모양이다
	(2)	여기에 오다가 과일이 싱싱해 보여서 샀어	• 방문 관련 어휘를 익혀서 활용할 수 있다. • '-다가', '-고 나서' 표현을 익혀서 활용할 수 있다.	데 잔뜩 싱싱하다 모처럼 빈손 그건 그렇고	방문 관련 어휘 방문 병문안 위문 면회 면담 면접	• -다가 • -고 나서

내용 구성

제6과 만남	(3)	요리 재료를 사다가 집에서 음식을 만들어 먹자	• 모임 관련 어휘를 익혀서 활용할 수 있다. • '-고도', '-어다가' 표현을 익혀서 활용할 수 있다.	개인 사정 귀국하다 가만히 섭섭하다 그렇지 않아도	**모임 관련 어휘** 동문회 동호회 수련회 야유회 체육 대회 송년회	• -고도 • -어다가
	(4)	수요일로 미루다니? 좀 일찍 얘기하지	• 약속 관련 어휘를 익혀서 활용할 수 있다. • '-다니요?', '-지' 표현을 익혀서 활용할 수 있다.	미루다 마중 어쨌든 시간을 맞추다 신경을 쓰다	**약속 관련 어휘** 약속을 잡다 약속이 겹치다 선약이 있다 약속을 변경하다 약속을 취소하다 약속을 어기다	• -다니요? • -지
제7과 일상 생활	(1)	드라이클리닝이 끝나는 대로 연락드리겠습니다	• 세탁소 관련 어휘를 익혀서 활용할 수 있다. • '-자마자', '-는 대로' 표현을 익혀서 활용할 수 있다.	쏟다 얼룩이 지다 드라이클리닝을 하다 빠지다 충분하다	**세탁소 관련 어휘** 세탁물 다림질하다 드라이클리닝을 하다 수선하다 옷을 줄이다 옷을 늘리다 얼룩을 빼다	• -자마자 • -는 대로
	(2)	이럴 때 관리를 잘 해야지 그렇지 않으면 후회할 거예요	• 미용실 관련 어휘를 익혀서 활용할 수 있다. • '-는데도', '-어야지 그렇지 않으면' 표현을 익혀서 활용할 수 있다.	잦다 염색 상하다 관리하다 후회하다 다듬다	**미용실 관련 어휘** 헤어스타일 커트하다 다듬다 파마하다 염색하다 머리를 감다 드라이를 하다 영양을 주다	• -는데도 • -어야지 그렇지 않으면
	(3)	명함이 있어서 연락하려던 참이었어요	• 분실물 센터 관련 어휘를 익혀서 활용할 수 있다. • '-었었-', '-으려던 참이다' 표현을 익혀서 활용할 수 있다.	분실물 선반 방향 접수 명함 업무 시간	**분실물 센터 관련 어휘** 분실하다 신고하다 접수하다 습득하다 보관하다 차량 위치	• -었었- • -으려던 참이다
	(4)	빨리 고쳐야 하는 것을 알면서도 오지 못했어요	• A/S센터 관련 어휘를 익혀서 활용할 수 있다. • '-었을 텐데요', '-으면서도' 표현을 익혀서 활용할 수 있다.	화면 살펴보다 원인 품질보증기간 고치다	**A/S 센터 관련 어휘** A/S 센터 품질보증서 품질보증기간 고장이 나다 수리하다 문의하다	• -었을 텐데요 • -으면서도
제8과 공공 시설	(1)	머리가 아픈 데다가 소화도 잘 안 돼요	• 치료 관련 어휘를 익혀서 활용할 수 있다. • '-는 데다가', '-고요' 표현을 익혀서 활용할 수 있다.	어지럽다 심하다 체하다 환자 처방 증세 주사를 맞다	**치료 관련 어휘** 처방전 치료 응급실 링거를 맞다 엑스레이를 찍다 깁스를 하다 물리치료	• -는 데다가 • -고요
	(2)	외국어로 설명을 들을 수 있다면 더 좋을 텐데요	• 박물관 이용 관련 어휘를 익혀서 활용할 수 있다. • '이라든가', '-는다면' 표현을 익혀서 활용할 수 있다.	해설 유물 관람료 휴관 설명	**박물관 이용 관련 어휘** 전시물 음성 안내기 특별전 관람 전시실 관람객	• 이라든가 • -는다면
	(3)	야외에 가니까 도시락을 먹어야지요	• 공원 이용 관련 어휘를 익혀서 활용할 수 있다. • '-는다고 보다', '-어야지요' 표현을 익혀서 활용할 수 있다.	멋지다 분수 야외 도시락 대여소 신나다	**공원 이용 관련 어휘** 인라인스케이트 2인용 시간당 벤치 산책로 자전거 도로	• -는다고 보다 • -어야지요
	(4)	통장에 잔액이 있어야 카드를 쓸 수 있어요	• 은행 이용 관련 어휘를 익혀서 활용할 수 있다. • '-는 편이다', '-어야' 표현을 익혀서 활용할 수 있다.	통장 신용카드 체크카드 현금 인출 잔액 계획적 수수료 표시	**은행 이용 관련 어휘** 번호표를 뽑다 현금 자동 인출기(ATM) 적금 돈을 찾다 창구 스마트폰뱅킹	• -는 편이다 • -어야

제9과 취미	(1)	정보 공유는 물론 다양한 문화도 체험할 수 있어요	• 동아리 관련 어휘를 익혀서 활용할 수 있다. • '-네요', '는 물론' 표현을 익혀서 활용할 수 있다.	가입 결정하다 여행지 다양하다 체험하다	동아리 관련 어휘 지원하다 가입하다 탈퇴하다 신입 회원 활동 오디션을 보다	• -네요 • 는 물론
	(2)	어렸을 때부터 독서를 좋아했거든	• 취미 생활 관련 어휘를 익혀서 활용할 수 있다. • '-거든요', '이라도' 표현을 익혀서 활용할 수 있다.	공강 주로 틈틈이 습관 간접적 글쓰기 노력하다	취미 생활 관련 어휘 독서 수집 감상 악기 연주 학원 수강 사진 촬영	• -거든요 • 이라도
	(3)	댄스 스포츠를 하면 모든 일에 자신감도 생긴대요	• 운동의 장점 관련 어휘를 익혀서 활용할 수 있다. • '-던데', '-는대요' 표현을 익혀서 활용할 수 있다.	여가 활동적 댄스스포츠 운동량 인간관계 쌓다	운동의 장점 관련 어휘 인간관계를 쌓다 체력을 기르다 피로를 풀다 스트레스를 해소하다 성취감을 느끼다	• -던데 • -는대요
	(4)	다른 사람이 봉사하는 걸 보기만 했어요	• 봉사활동 관련 어휘를 익혀서 활용할 수 있다. • '-기만 하다', '-을 뿐이다' 표현을 익혀서 활용할 수 있다.	실제로 참여하다 마음먹다 대단하다 통역 보람	봉사활동 관련 어휘 봉사 단체 자원 봉사 구호물품 노력 봉사 재능 봉사 교육 봉사 의료 봉사	• -기만 하다 • -을 뿐이다
제10과 문화 생활	(1)	내일 시간이 있거든 같이 가자	• 콘서트 관련 어휘를 익혀서 활용할 수 있다. • '-을 뿐만 아니라', '-거든' 표현을 익혀서 활용할 수 있다.	그저 그렇다 내내 알아듣다 오히려 실망하다 재즈 워낙	콘서트 관련 어휘 콘서트 공연 좌석 등급 관람 연령 예매처 현장 구매 무대 초대권 입장권	• -을 뿐만 아니라 • -거든
	(2)	남자 주인공의 연기가 아주 인상적이던데요	• 영화 관련 어휘를 익혀서 활용할 수 있다. • '-을 만하다', '-던데요' 표현을 익혀서 활용할 수 있다.	지적장애인 게다가 주인공 인상적이다 심각하다 코미디 장르	영화 관련 어휘 감독 배우 연기 자막 장면 상영시간 개봉일자 배경음악	• -을 만하다 • -던데요
	(3)	프랑스 미술품 전시를 한다면서요?	• 전시 및 관람 관련 어휘를 익혀서 활용할 수 있다. • '-는다면서요?', '만 못하다' 표현을 익혀서 활용할 수 있다.	미술관 미술품 광고 작품 훌륭하다 흔하다	전시 및 관람 관련 어휘 이색적 흥미롭다 감동적 조각 화랑 단체관람	• -는다면서요? • 만 못하다
	(4)	아마 네가 하고 싶은 건 다 할 수 있을걸	• 한국 전통 문화 체험 관련 어휘를 익혀서 활용할 수 있다. • '-을걸요', '-기란' 표현을 익혀서 활용할 수 있다.	제대로 한옥체험살이 윷 서예 막걸리	한국 전통 문화 체험 관련 어휘 태권도 택견 투호 한지 공예 판소리 사물놀이	• -을걸요 • -기란

제 1 과

대학 생활

01 선배님께서 많이 도와 주셨으면 합니다
02 주말까지 이번 학기 수강 신청을 하도록 해
03 결국 과제 제출 기한을 넘기고 말았어
04 참가하려고 하는 사람이 많지 않을 텐데 어떻게 하지?

01 선배님께서 많이 도와 주셨으면 합니다

학습목표 자기소개 관련 어휘를 익혀서 활용할 수 있다.
'-은 지', '-었으면 하다' 표현을 익혀서 활용할 수 있다.

웨이 : 안녕하십니까? 선배님. 16학번 신입생 왕웨이라고 합니다.
민철 : 그래, 반가워.
웨이 : 입학한 지 얼마 안 돼서 모르는 것이 많습니다. 선배님께서 많이 도와 주셨으면 합니다.
민철 : 아직 학교생활이 많이 낯설고 어색할 거야. 궁금한 것이 있으면 언제든지 찾아와.

새 어휘

학번	• 소개팅에서 만난 여학생은 나와 학번은 다르지만 나이가 같아요. • 주말에 15학번 동기 모임이 있어서 모임에 나가기로 했어요.
낯설다	• 낯선 사람이 말을 걸면 저는 부끄러워서 말을 잘 못해요. • 룸메이트를 처음 만났는데 얼굴이 낯설지 않아요.
어색하다	• 처음 만난 사람과 이야기하는 것이 어색해요. • 작문 숙제를 내면 선생님께서 어색한 표현을 고쳐 주세요.
궁금하다	• 외국어를 잘 하는 비결이 궁금해요. • 고향으로 돌아간 친구의 소식이 궁금해요.
찾아오다	• 잘 모르는 것이 있으면 과사무실에 찾아와서 물어 보세요. • 어릴 때 살던 동네를 오랜만에 찾아왔어요.

01. 빈칸에 알맞은 말을 쓰십시오.

보기 약도를 보고 우리 집에 혼자 찾아올 을/ㄹ 수 있겠어요?

❶ 웨이 씨가 15 __________ 동기 모임의 회장이 되었어요.

❷ 요즘은 __________ 은/ㄴ 것이 있으면 인터넷을 찾아봐요.

❸ 여행을 가면 __________ 은/ㄴ 사람들과 만나서 이야기하는 것이 즐거워요.

❹ 양복에 운동화를 신은 옷차림이 아주 __________ 어/아/여 보였어요.

02. 빈칸에 알맞은 말을 쓰십시오.

알 림

15 **보기** 학번, 후배 여러분!

저희는 한국대학교 경영학과 14학번 선배들입니다.

캠퍼스가 아직 ❶ __________ 고 선배들이나 후배들을 만나면 ❷ __________ 지요?

그리고 학교생활에 대해서 ❸ __________ 은/ㄴ 것도 많을 거예요.

과방으로 ❹ __________ 으세요/세요. 후배 여러분과의 즐거운 만남을 기다리겠습니다.

주제 어휘

자기소개	• 명랑하다	• 밝다	• 내성적이다	• 외향적이다	• 궁금하다
	• 긴장되다	• 흥분되다	• 어색하다	• 낯설다	

01. 빈칸에 알맞은 말을 쓰십시오.

보기 웨이는 밝고 명랑해서 ~~어서/아서/여서~~ 선후배들이 다 좋아해요.

❶ 저는 화가 나거나 ______________________ 으면/면 목소리가 떨려요.

❷ 나는 ____________ 은/ㄴ/는 성격 때문에 사람들과 쉽게 친해지지 못한다.

❸ 물건을 파는 사람은 ______________________ 은/ㄴ/는 성격이 좋아요.

❹ 웃으면서 발표를 했지만 속으로는 ______________ 었어요/았어요/였어요.

02. 알맞게 연결하고 보기 와 같이 쓰십시오.

술을 마시면 •	
여행을 가면 •	• 궁금해요
보기 소개팅을 할 때 •	
결혼식을 할 때 •	• 낯설어요
처음 화장을 하면 •	
운동경기를 볼 때 •	• 흥분돼요
시험 결과를 볼 때 •	
처음 운전을 할 때 •	• 긴장돼요
외국인이 한국말을 할 때 •	
좋아하는 가수의 새 노래가 나올 때 •	• 어색해요

보기 소개팅을 할 때 처음 만나는 상대가 낯설어요.

❶ ______________________________

❷ ______________________________

❸ ______________________________

❹ ______________________________

문법 1 -은 지

동사의 어간에 붙어서 선행절의 행위가 이루어진 이후에 시간이 얼마나 지났는지를 나타낸다. 어간에 받침이 있으면 '-은 지', 받침이 없으면 '-ㄴ 지'를 쓴다.

❶ 김 과장, 회사에 들어온 지 얼마나 됐지?
❷ 웨이 씨가 고등학교를 졸업한 지 3년 지났어요.
❸ 밥을 먹은 지 얼마 되지 않았는데 벌써 배가 고파요.
❹ 저는 한국에 온 지 6개월이 됐는데 아직 한국 생활에 익숙해지지 않았어요.

01. 보기 와 같이 쓰십시오.

보기 저는 3년 전에 노트북 컴퓨터를 샀어요.
➡ 제가 노트북 컴퓨터를 산 지 3년이 됐어요.

❶ 미선 씨는 10분쯤 전에 교실에 들어왔어요.
➡ ______

❷ 효리 씨는 2년쯤 전부터 채식을 하기 시작했어요.
➡ ______

❸ 며칠 전부터 컴퓨터가 안 켜져요.
➡ ______

❹ 마이클 씨는 6개월 전에 한국으로 유학을 왔어요.
➡ ______

❺ 저는 5개월 전에 사진 동아리에 들었어요.
➡ ______

❻ 김 선생님께서 2주일 전에 도서관에서 책을 대출하셨어요.
➡ ______

❼ 저는 일주일쯤 전에 친구들과 같이 쇼핑을 했어요.
➡ ______

❽ 2시간쯤 전에 동아리 발표회를 시작했어요.
➡ ______

02. 다음 글을 읽고 보기 와 같이 쓰십시오.

보고 싶은 어머니, 아버지께

어머니, 아버지 잘 지내시지요? 건강은 어떠세요?

저는 이 곳 한국에서 건강하게 잘 지내고 있습니다. 보기 1년 전에 고등학교를 졸업하고 한국에 가고 싶다고 했을 때 걱정하시던 부모님 모습이 아직도 기억납니다. ❶ 6개월 전에 한국에 와서 이제는 한국 생활도 점점 익숙해지고 재미있어요. ❷ 벌써 다섯 달이나 한국어를 공부했군요. ❸ 한 달 전에는 한국 친구도 생겼어요. 친절하고 재미있는 동갑 친구예요. 참, ❹ 2주일 전에 기숙사로 옮겼어요. 유학 올 때 기숙사에 빈 방이 없어서 계속 하숙집에서 지냈는데 이주일 전에 기숙사 방이 비어서 옮겼어요. 룸메이트는 한국 사람이에요. ❺ 지난주에 그 친구 어머니께서 저를 집으로 초대해 주셔서 맛있는 한식도 만들어 주셨어요. ❻ 3일 전에 룸메이트와 가로수길 구경도 했어요. 어머니께 드릴 예쁜 액세서리도 샀어요. 방학 때 중국에 가면 드릴게요.

❼ 6개월이나 어머니, 아버지를 못 뵈었군요. ❽ 한국에 오기 한 달 전에 할머니, 할아버지를 모시고 함께 식당에 가서 먹었던 베이징 오리 구이 맛이 아직도 기억이 나요. 가족들도 보고 싶고 고향 음식도 먹고 싶어요.

다시 뵐 때까지 두 분 모두 건강하세요.

한국에서 유 양 올림

보기 가: 유양 씨가 고등학교를 졸업한 지 얼마나 됐어요?
나: 유양 씨가 고등학교를 졸업한 지 1년쯤 되었어요.

❶ 가: ____________________
나: ____________________

❷ 가: ____________________
나: ____________________

❸ 가: ____________________
나: ____________________

❹ 가: ____________________
나: ____________________

❺ 가: ____________________
나: ____________________

❻ 가: ____________________
나: ____________________

❼ 가: ____________________
나: ____________________

❽ 가: ____________________
나: ____________________

문법 2 -었으면 하다

동사나 형용사의 어간에 붙어서 말하는 사람의 결정이 이루어지기를 바라는 의도를 부드럽게 나타낸다.

❶ 이번 발표는 미선 씨가 했으면 해요.
❷ 라디오 소리가 조금만 더 컸으면 해요.
❸ 네가 결혼할 사람은 이해심이 많은 사람이었으면 해.
❹ 손님들이 많이 오실 테니까 의자를 좀 넉넉히 준비해 주셨으면 합니다.

01. 보기 와 같이 쓰십시오.

보기 날씨가 더운데 비가 좀 내리다. ➡ 날씨가 더운데 비가 좀 내렸으면 해요.

❶ 오늘 모임에서 이번 여행 계획을 세우다
➡ ____________________

❷ 병원에 가야 해서 이번 모임을 연기하다
➡ ____________________

❸ 난 네가 대학원에 진학해서 공부를 좀 더 하다
➡ ____________________

❹ 공연 뒤풀이를 하기 전에 관객들에게 인사를 하다
➡ ____________________

❺ 서재에서는 책을 봐야 하니까 조명이 좀 더 밝다
➡ ____________________

❻ 여행 일정이 너무 길지 않다
➡ ____________________

❼ 약속 시간이 내일 저녁이다
➡ ____________________

❽ 우리가 묵을 호텔은 바다 쪽 전망이다
➡ ____________________

02. 다음 표를 보고 대화를 완성하십시오.

외모	☑ 키가 크다 ☐ 눈이 크다	☐ 얼굴이 잘 생기다 ☐ 인상이 좋다	
직업	☐ 회사원 ☐ 교사	☐ 사업가 ☐ ________	☐ 공무원
성격	☐ 활발하다 ☐ 남자답다	☐ 조용하다 ☐ 여성스럽다	☐ 친절하다
취미	☐ 책 읽기 ☐ 컴퓨터 게임	☐ 등산 ☐ 영화 감상	☐ 운동
그 외	• 다른 사람을 잘 이해하는 사람 • 자기 일을 좋아하는 사람		

가: 저희 결혼정보회사를 찾아주셔서 감사합니다. 어떤 분을 소개 받고 싶으십니까? 외모부터 말씀해 주십시오.

나: 우선 **보기** 키가 컸으면 해요. 그리고 ❶ ________________

또 ❷ ________________

가: 직업은 어떻습니까?

나: ❸ ________________

가: 성격은 어떤 성격이 좋습니까?

나: ❹ ________________ 그리고 ❺ ________________

가: 취미는 어떻습니까?

나: ❻ ________________ 함께 취미 활동을 하고 싶어요.

가: 또 바라는 것이 있습니까?

나: ❼ ________________

그리고 ❽ ________________

가: 네, 잘 알겠습니다.

활동 다음 단어를 이용하여 자기소개를 쓰고 발표하십시오.

• 고향	• 가족	• 성격	• 취미	• 희망
• 계획	• 명랑하다	• 밝다	• 내성적이다	• 외향적이다
• 궁금하다	• 긴장되다	• 흥분되다	• 어색하다	• 낯설다

02 주말까지 이번 학기 수강 신청을 하도록 해

학습목표 수강 신청 관련 어휘를 익혀서 활용할 수 있다.
'-도록 하다', '-을지도 모르다' 표현을 익혀서 활용할 수 있다.

민철 : 주말까지 이번 학기 수강 신청을 꼭 하도록 해. 인기가 많은 강의는 일찍 마감될지도 몰라.

웨이 : 그래요? 꼭 듣고 싶은 강의가 있는데 서둘러야겠군요. 선배님, 수강 신청 방법을 잘 모르는데 좀 도와주시겠어요?

새 어휘

수강 신청	8월 첫째 주까지 인터넷으로 수강 신청을 해야 해요. 과 선배들이 신입생들에게 수강 신청 방법을 가르쳐 주었어요.
강의	이번 학기에 김 교수님의 '국어 문법' 강의를 들었어요. 국제학대학원에서는 영어로 강의를 하기 때문에 외국 학생들이 많아요.
마감되다	오늘 대통령 후보 등록이 마감돼요. 경영학개론 강의는 이미 수강 신청이 마감되었어요.
서두르다	서두르지 않으면 비행기를 못 탈 수도 있어요. 선배가 서둘러서 밥값을 계산하고 나갔어요.
방법	듣기를 잘 하는 방법을 가르쳐 주세요. 문제가 잘 해결되지 않을 때는 여러 가지 방법을 이용해 보세요.

01. 빈칸에 알맞은 말을 쓰십시오.

보기 음악을 좋아하기 때문에 '서양 음악의 이해'라는 강의를 ~~을/를~~ 들었어요.

❶ 얘들아, 버스가 곧 출발해. 어서 ____________ 어/아/여.

❷ 문제를 해결할 좋은 ____________ 이/가 생각났는데 한번 들어봐.

❸ 어떤 과목을 들을지 결정한 후에 학교 홈페이지에서 ____________ 을/를 하세요.

❹ 이번 학기 '경영학 개론' 수업은 신청이 ____________ 었으니까/았으니까/였으니까 다음 학기에 신청하세요.

02. 빈칸에 알맞은 말을 쓰십시오.

가: 미선아, 이번 학기에 무슨 수업을 들을 거야?

나: '연애학 개론'이 재미있다고 해서 **보기** 수강 신청했어. ~~었어/았어/였어.~~

가: 그래? 그럼 나도 그 ❶ ____________ 을/를 신청할까?

나: 그 수업은 이미 신청이 ❷ ____________ 었어/았어/였어.

가: 아니, 벌써 끝났어? 그 수업을 들을 수 있는 ❸ ____________ 이/가 없을까?

나: 그건 힘들 거야. 그러니까 인기 있는 수업은 ❹ ____________ 어서/아서 /여서 신청해야 해.

주제 어휘

수강 신청	• 과목 • 전공과목 • 교양과목 • 시간표 • 신청 • 변경 • 확인 • 취소

01. 빈칸에 알맞은 말을 쓰십시오.

2016년 1학기 수강 보기 (신청) ❶ (   )

성명	이영수	학번	1477835	전공학과	국어국문학	
학년	교과 구분	❷ ( )	학점	시간	강의실	교수
1학년	❸ ( )	교양 영어 I	2	월 9:00~11:00	정보과학관 105호	마이클 코어스
1학년	❹ ( )	한국 문학의 이해	3	수 11:00~12:00 목 10:00~12:00	인문관 405호	김시철

02. 빈칸에 알맞은 말을 쓰십시오.

가: 선배님, 수강 신청하는 방법 좀 가르쳐 주세요.

나: 그래.

❶ 그리고 마지막에 수강 신청 보기 확인을 을/를 해.

❷ 만약 신청한 강의를 듣고 싶지 않으면 수강 ______________ 을/를 해.

❸ 우선 수강 신청을 하기 전에 듣고 싶은 과목으로 ______________ 을/를 짜.

❹ 신청한 강의를 다른 강의로 바꾸고 싶으면 수강 ______________ 을/를 해야 돼.

❺ 학교 홈페이지의 수강 신청 화면에서 강의를 ______________ 해.

가: 네, 감사합니다.

수강 신청 순서: ❸ ➡ (   ) ➡ (   ) ➡ (   ) ➡ (   )

문법 1 -도록 하다

동사의 어간에 붙어서 상대방에게 노력할 것을 권하거나 지시한다. '-겠습니다'를 붙여 화자가 노력하겠다는 의지를 강조하여 말하기도 한다.

❶ 수업에 늦지 않도록 하세요.
❷ 시간을 지켜서 약을 먹도록 하십시오.
❸ 내일부터 일찍 오도록 하겠습니다.
❹ 이번 주말까지 이 일을 끝내도록 하겠습니다.

01. 보기 와 같이 쓰십시오.

보기 교사: 숙제를 하면 단어와 문법을 복습할 수 있으니까 날마다 숙제를 하세요.
학생: 네, 날마다 숙제를 하겠습니다.

➡ 교사: 숙제를 하면 단어와 문법을 복습할 수 있으니까 날마다 숙제를 하도록 하세요.
학생: 네, 날마다 숙제를 하도록 하겠습니다.

교사: 중요한 것을 놓칠 수도 있으니까 수업에 늦지 마세요.
학생: 네, 내일부터 일찍 오겠습니다.
➡ 교사: ❶ ______________________
학생: ❷ ______________________

교사: 교실에서는 자기 나라 말을 쓰지 마세요.
학생: 네, 우리나라 말을 쓰지 않겠습니다.
➡ 교사: ❸ ______________________
학생: ❹ ______________________

교사: 학교에 못 오면 꼭 연락을 하세요.
학생: 네, 학교에 못 오면 꼭 연락을 드리겠습니다.
➡ 교사: ❺ ______________________
학생: ❻ ______________________

교사: 한국 친구와 언어 교환을 하십시오.
학생: 네. 한국 친구와 언어 교환을 하겠습니다.
➡ 교사: ❼ ________________
학생: ❽ ________________

02. 빈칸에 알맞은 말을 쓰십시오.

가: 신입생 여러분, 안녕하십니까? 오늘 우리 과 선배님들을 모시고 학교생활을 잘 하는 방법을 알아보도록 하겠습니다. 선배님, 우선 수업에 대해서 말씀을 해 주시겠습니까?

나: 네. 먼저 점심시간이 없거나 하루에 수업이 너무 많으면 힘드니까 **보기** 시간표를 잘 짜도록 하십시오. 그리고 ❶ ________________ 수업을 잘 들으면 시험도 잘 보고 좋은 학점도 받을 수 있으니까요. 그리고 인터넷에 있는 자료보다는 도서관에 있는 책이나 논문에 더 좋은 정보가 많으니까 ❷ ________________

가: 그럼 대학 생활을 하면서 좋은 인간관계를 갖는 방법에 대해서 말씀해 주십시오.

나: 우선 과 동기나 선후배, 교수님께 ❸ ________________ 인사를 잘 하는 사람을 싫어하는 사람은 없으니까요. 그리고 오리엔테이션이나 엠티 같은 ❹ ________________ 그리고 취미활동이나 하고 싶은 일을 함께 할 수 있는 ❺ ________________ 다른 과 친구들과 선후배들도 사귈 수 있어서 좋아요.

가: 네, 마지막으로 졸업 후의 취직에 대해서 말씀해 주십시오.

나: 학교를 다니는 동안 ❻ ________________ 경험을 다양하게 쌓는 동안 졸업 후에 자신이 정말 하고 싶은 일을 찾을 수 있을 겁니다. 그리고 가능하면 ❼ ________________ 외국어를 잘 하면 한국이 아니라 다른 나라에서 일할 수도 있으니까요.

가: 마지막으로 후배들에게 하고 싶은 말씀이 있으면 해 주십시오.

나: ❽ ________________

가: 선배님, 후배들을 위해 좋은 말씀을 해 주셔서 정말 감사합니다.

문법 2 -을지도 모르다

동사나 형용사의 어간에 붙어서 어떤 상황일 거라고 추측하지만 확신할 수 없을 때 쓴다. 어간에 받침이 있으면 '-을지도 모르다', 받침이 없으면 '-ㄹ지도 모르다'를 쓰고 이미 끝난 일에 대해서는 '-었을지도 모르다'를 쓴다.

❶ 비가 올지도 몰라서 우산을 가져 왔어요.
❷ 산에 올라가면 배가 고플지도 모르니까 먹을 것을 준비해 가세요.
❸ 한국말을 잘 하는 걸 보면 교포일지도 몰라요.
❹ 사장님께서 벌써 집에 가셨을지도 모릅니다.

01. 보기 와 같이 쓰십시오.

보기 입어 보지 않고 옷을 사면 안 맞다
➡ 입어 보지 않고 옷을 사면 안 맞을지도 몰라요.

❶ 늦게 출발하면 길이 막혀서 회의에 늦다
➡ ______________________

❷ 부모님께서 선물을 마음에 안 들어 하시다
➡ ______________________

❸ 웨이 씨 버릇에 대해서 이야기하면 웨이 씨가 기분 나빠하다
➡ ______________________

❹ 선생님께서 여러 번 말씀하신 문법이니까 시험에 나오다
➡ ______________________

❺ 370번 버스가 강남역에 가지 않다
➡ ______________________

❻ 지금 가면 공연장에 자리가 없다
➡ ______________________

❼ 늦게 오니까 이미 저녁을 먹었다
➡ ______________________

❽ 휴대전화가 안 켜지는 걸 보면 고장이 났다
➡ ______________________

02. 다음 대화를 완성하십시오.

가: 여행 준비는 잘 했어요?
나: 네, 준비할 것이 정말 많아요.

가: 네, 두꺼운 옷을 가지고 가시는군요?
나: 보기 추울지도 몰라서 두꺼운 옷을 가지고 가요.

가: 그럼 이 컵라면과 고추장은요?
나: ❶ ______________________________

가: 그리고 여권은 왜 복사했어요?
나: ❷ ______________________________

가: 신용 카드도 가지고 가세요?
나: 네, ❸ ______________________________

가: 비상약도 준비했어요?
나: 네, ❹ ______________________________

가: 여행자 보험에는 가입했어요?
나: 네, ❺ ______________________________

가: 그리고 수영복은 가지고 가세요?
나: 네, ❻ ______________________________

가: 필기도구도 있군요.
나: ❼ ______________________________

가: 국제운전면허증도 챙겼어요?
나: 네, ❽ ______________________________

활동 다음은 유학생들이 힘들어하는 것에 대한 설문조사 결과입니다. 한국에 유학을 올 친구에게 보기 와 같이 도움이 되는 말을 해 주십시오.

순위	유학생들이 힘들어하는 것	도움이 되는 말
1위	아플 때 필요한 약을 쉽게 구하기 힘들다.	한국에 올 때 비상약을 준비한다.
2위	환율 때문에 손해를 본다.	한국에서 쓸 돈을 한꺼번에 환전하지 않는다.
3위	음식이 입에 맞지 않아 건강이 나빠진다.	
기타		

보기 한국에서 아플 때 필요한 약을 쉽게 구하기 힘들지도 모르니까 비상약을 준비해 오도록 해.

03 결국 과제 제출 기한을 넘기고 말았어

학습목표 강의 관련 어휘를 익혀서 활용할 수 있다.
'어찌나 -는지', '-고 말다' 표현을 익혀서 활용할 수 있다.

미선 : 미술사 수업 보고서가 있다고 했지? 제출했어?
웨이 : 이번 과제는 찾아야 할 자료가 어찌나 많은지 결국 제출 기한을 넘기고 말았어.
이번 학기에 좋은 학점을 받기 힘들 것 같아.

새 어휘

미술사	미술사를 공부하기 위해서 유럽으로 유학을 갈 생각이에요. 서양 미술사 공부에 도움이 되는 책을 추천해 주세요.
결국	슬픈 영화를 보고 울지 않으려고 했지만 결국 눈물을 흘렸어요. 누나는 운전면허시험에 열 번이나 떨어졌는데 이번에 결국 합격했어요.
기한	기한 내에 보고서를 제출하지 않으면 좋은 점수를 받을 수 없어요. 식품의 유통기한을 확인하고 사세요.
넘기다	기차가 예정 시간을 한 시간이나 넘겨서 서울역에 도착했어요. 12시 전에는 꼭 집에 들어가겠다고 약속을 했는데 결국 시간을 넘겼어요.
학점	이번 학기에는 모두 20학점을 신청했어요. 미술사 강의의 학점이 나빠서 다음 학기에 다시 수강해야 해요.

01. 빈칸에 알맞은 말을 쓰십시오.

보기 KTX는 도착 예정 시간을 20분 이상 넘기면 ~~으면/면~~ 표 값을 돌려준다.

❶ 전공 수업은 대부분 3 ______________ 이에요/예요.

❷ 유통 ______________ 이/가 지난 음식은 먹지 마세요.

❸ 마지막 버스를 타려고 달려갔지만 ______________ 놓쳤다.

❹ 서양 미술의 역사에 관심이 많아서 서양 ______________ 강의를 들어요.

02. 빈칸에 알맞은 말을 쓰십시오.

평소에 서양 미술의 역사에 관심이 많았다. 그래서 교양 선택 수업으로 보기 미술사를 ~~을/를~~ 들었다. 그 수업을 듣는 동안 일주일에 한 번씩 그림을 본 후 보고서를 내야 했다. 그런데 동아리 활동과 친구들 모임 때문에 늘 바빠서 과제 제출 ❶ __________ 을/를 자주 ❷ __________ 었다/았다/였다. ❸ __________ 학기말에 좋은 ❹ __________ 을/를 받지 못했다.

주제 어휘

강의	• 강의 • 출석	• 보고서 • 교재	• 발표 • 평가	• 토론	• 시험

01. 빈칸에 알맞은 말을 쓰십시오.

강의가 시작되기 전에 **보기** 수업 시간에 사용할 책을(교재) 준비하세요. 교수님마다 방식이 다르기는 하지만 수업 시간에 ❶ 어떤 문제에 대한 찬성과 반대의 의견을 주고 받기도 하고( ) ❷ 미리 준비한 것을 친구들 앞에서 말하기도 합니다( ). 중간 시험과 기말 시험이 끝나면 ❸ 교수님께서는 여러분의 수업 이해 정도에 점수를 주고 여러분은 강의가 어땠는지 점수를 줍니다( ). ❹ 강의를 듣기 위해서 수업에 온 시간이( ) 모자라면 다시 수업을 들어야 하니까 주의하십시오.

02. 빈칸에 알맞은 말을 쓰십시오.

보기 (강의 계획서)

과목명	미술사		
교수명	김미정	개설 학과	예술대학 미술학과
과목 코드	R90143	학점	2학점
강의 내용	역사적으로 뛰어난 그림, 조각, 건축물을 보고 미술의 발전 과정과 표현 방법을 공부한다.		
❶ ( )	미술사 이해, 김홍도 저, 연세출판사		
❷ ( )	❸ ( )		❹ ( )
	중간고사	기말고사	
	20%	20%	20%
	발표	토론	출석
	10%	10%	20%

문법 1 어찌나 -는지

동사나 형용사의 어간에 붙어서 앞의 행위나 상태를 강조하면서 그 원인으로 후행절의 결과가 됐음을 나타낸다. 동사 어간에는 '-는지', 형용사 어간에 받침이 있으면 '-은지', 받침이 없으면 -ㄴ지', 이미 끝난 일에 대해서는 '-었는지'를 쓴다.

❶ 같은 과 친구가 어찌나 노래를 잘 하는지 가수가 온 줄 알았어요.
❷ 어찌나 날씨가 더운지 에어컨이 없으면 살 수가 없군요.
❸ 식당이 어찌나 시끄러운지 앞 사람의 말이 들리지 않았어요.
❹ 점심에 어찌나 많이 먹었는지 아직도 배가 불러요.

01. 보기 와 같이 쓰십시오.

> 보기 떡볶이가 맵다 / 물 한 통을 다 마셨어요.
> ➡ 떡볶이가 어찌나 매운지 물 한 통을 다 마셨어요.

❶ 친구가 빨리 걷다 / 따라갈 수가 없었어요.
➡ ______________________

❷ 대회에 나온 학생이 노래를 잘 하다 / 진짜 가수 같았어요.
➡ ______________________

❸ 바람이 많이 불다 / 가만히 서 있을 수가 없었어요.
➡ ______________________

❹ 미선 씨가 중국어를 잘하다 / 중국 사람인 줄 알았어요.
➡ ______________________

❺ 물이 차다 / 손을 넣기가 힘들었어요.
➡ ______________________

❻ 케이블카를 타려고 기다리는 줄이 길다 / 그냥 걸어서 갔어요.
➡ ______________________

❼ 식당 음식이 맛이 없다 / 반이나 남겼어요.
➡ ______________________

❽ 콘서트가 재미있다 / 시간 가는 줄 몰랐어요.
➡ ______________________

02. 보기 와 같이 쓰십시오.

저는 지난 여름방학에 15일 동안 유럽으로 여행을 다녀왔습니다. 여행 경비를 줄이기 위해 요금이 싼 항공사를 이용했는데 보기 비행기 좌석이 어찌나 좁은지 ~~는지/은지/ㄴ지~~ 가는 동안 불편했어요. 유럽에 도착해서 처음에는 ❶ ________ 는지/은지/ㄴ지 다양한 음식을 맛볼 수 있어서 좋았어요. 하지만 치즈와 기름이 많은 음식들은 ❷ ________ 는지/은지/ㄴ지 입에 맞지 않아서 힘들었어요. 그리고 제가 만난 사람들은 ❸ ________ 는지/은지/ㄴ지 길을 물으면 자세하게 안내해 주었어요. 하지만 마음에 드는 숙소를 찾기가 쉽지 않았어요. ❹ ________ 는지/은지/ㄴ지 제 여행 경비로는 묵을 수 없었어요. 싼 숙소를 찾았지만 거기는 ❺ ________ 는지/은지/ㄴ지 귀신이 나올 것 같았어요. 박물관에도 갔는데 ❻ ________ 는지/은지/ㄴ지 오래 줄을 서서 기다려야 했어요. 또 ❼ ________ 는지/은지/ㄴ지 계획했던 것보다 여행 경비가 많이 들었어요. 하지만 박물관이나 미술관에 ❽ ________ 는지/은지/ㄴ지 보러 가기를 잘 했다는 생각이 들었어요. 배낭여행이 힘들기도 했지만 여러 가지 새로운 경험을 할 수 있어서 좋았어요.

문법 2 —고 말다

동사의 어간에 붙어서 원하거나 의도한 것과 다른 일이 생긴 것에 대한 안타까움을 나타낸다.

❶ 아이가 계속 사 달라고 해서 장난감을 또 사 주고 말았어요.
❷ 밤새 컴퓨터 게임만 하고 시험공부는 하나도 못하고 말았어요.
❸ 눈이 온 길을 걷다가 길이 미끄러워서 넘어지고 말았습니다.
❹ 설거지를 하다가 어머니께서 좋아하시는 그릇을 깨고 말았어요.

01. 보기 와 같이 쓰십시오.

보기 아끼던 우산을 잃어버렸다. ➡ 아끼던 우산을 잃어버리고 말았어요.

❶ 오래 사귀었는데 부모님의 반대로 결국 헤어졌다.

➡ ______________________________

❷ 피곤해서 씻지도 않고 잠이 들었다.

➡ ______________________________

❸ 한국어능력시험에서 떨어졌다.

➡ ______________________________

❹ 처음 만나는 사람도 있어서 참으려고 했는데 화를 냈다.

➡ ______________________________

❺ 공항에 늦게 도착해서 비행기를 놓쳤다.

➡ ______________________________

❻ 영화의 주인공이 병으로 죽었다.

➡ ______________________________

❼ 산 지 얼마 안 된 냉장고가 고장이 났다.

➡ ______________________________

❽ 머리를 다쳐서 기억을 잃어버렸다.

➡ ______________________________

02. 알맞은 말을 골라서 보기 와 같이 쓰십시오.

• 수업에 늦다	• 학교 버스를 놓치다	• 알람 소리를 못 듣다
• 얼굴이 빨개지다	• 엉뚱한 대답을 하다	• 휴대전화가 고장이 나다
• 계속 실수를 하다	• 옷에 국물을 흘리다	• 휴대전화를 세면대에 빠뜨리다

2015년 3월 2일 월요일 맑음

오늘은 첫 수업이 있는 날이어서 일찍 일어나야 하는데 보기 알람 소리를 못 듣고 말았다. 한 시간이나 늦게 일어나서 ❶ ________________ 그래서 결국 ❷ ________________ 수업 시간에는 선생님께서 질문을 하셨는데 너무 당황해서 ❸ ________________ 너무 부끄러워서 ❹ ________________ 수업 후에 친구들과 학생 식당에서 밥을 먹었는데 ❺ ________________ 빨리 화장실에 가서 옷을 닦는데 그만 ❻ ________________ 휴대전화의 물을 닦았지만 결국 ❼ ________________ 아침에 늦게 일어나서 ❽ ________________ 내일부터는 꼭 일찍 일어나서 실수 없는 하루를 보내겠다.

활동 여러분은 이런 경험이 있습니까? 보기 와 같이 여러분의 경험을 말해 보십시오.

심했던 것	결과
음식이 아주 매웠다.	울었다.
하고 싶은 말이 아주 많았다.	전화 통화를 세 시간이나 했다.
술을 너무 많이 마셨다.	

보기 음식이 어찌나 매운지 울고 말았어요.

04 참가하려고 하는 사람이 많지 않을 텐데 어떻게 하지?

학습목표 행사 관련 어휘를 익혀서 활용할 수 있다.
'-을 텐데', '이라서' 표현을 익혀서 활용할 수 있다.

민철 : 신입생 환영회에 참석할 거지? 이번에도 장기 자랑에 참가하려고 하는 사람이 많지 않을 텐데 어떻게 하지? 신학기라서 다들 분주하기도 할 테고.

웨이 : 그렇지요? 그럼 학년별로 모여서 장기 자랑을 준비하는 게 어떨까요?

새 어휘

장기 자랑	명절에는 유명한 사람들이 텔레비전에 나와서 장기 자랑을 해요. 장기 자랑에서 1등을 한 사람에게는 상으로 노트북 컴퓨터를 줍니다.
참가하다	한글 백일장에 참가하고 싶으면 참가 신청서를 써서 내야 해요. 웨이 씨는 어찌나 마라톤을 좋아하는지 유명한 마라톤 대회에 꼭 참가해요.
신학기	신학기가 되면 학생들은 방학 동안 있었던 일을 이야기하면서 떠들어요. 대학가는 신학기에 하숙집이나 원룸을 구하는 학생들이 많아져요.
분주하다	명절 전에는 재래시장이 분주해져요. 이사 준비 때문에 지난 주말에 분주하게 뛰어다녔어요.
학년별	과 행사 때 학년별로 장기 자랑을 준비해서 발표했어요. 좋은 생각이 있으면 학년별로 모아서 회장에게 말해 주세요.

01. 빈칸에 알맞은 말을 쓰십시오.

보기 대강당에 학년별로 ~~으로/로~~ 나누어서 앉으십시오.

❶ ________ 이/가 되면 학생 용품 광고가 많아요.

❷ 명절 전에 온 가족이 음식 준비로 ________ 어요/아요/여요.

❸ 웨이 씨는 노래를 잘 불러서 ________ 대회에 나가면 늘 상을 받아요.

❹ 대학생 토론 대회에 ________ 을/ㄹ 사람은 다음달 3일까지 신청서를 내세요.

02. 빈칸에 알맞은 말을 쓰십시오.

선후배, 동기 여러분께 알립니다.

곧 **보기** 신학기가 ~~이/가~~ 시작되면 1학년 후배들이 우리 과에 들어옵니다. 후배들을 환영하는 행사에서 ❶ ________ 을/를 하려고 합니다. 춤, 노래, 연극 무엇이든지 좋습니다. ❷ ________ 으로/로 팀을 만들어서 준비하셔도 되고 과 동아리에서 준비하셔도 됩니다. ❸ ________ 고 싶은 팀은 학생 회장에게 신청해 주십시오. 다양한 상품도 준비되어 있습니다. 취업 준비로 ❹ ________ 시겠지만 선배님들의 신청도 기다리겠습니다.

학생회장 민철

주제 어휘

행사	· 신입생 환영회 · 오리엔테이션 · 엠티 · 학교 축제 · 졸업생 환송회

01. 빈칸에 알맞은 말을 넣으시오.

보기 학교를 떠나는 선배들을 축하하기 위해서 여는 행사 (졸업생 환송회)

❶ 대학에 새로 입학한 학생들을 반갑게 맞이하는 행사 ( )

❷ 대학에 새로 입학한 학생들에게 여러 가지 정보를 주는 행사 ( )

❸ 단체의 회원이 사이좋게 지내고 하나가 되기 위해서 가는 여행 ( )

❹ 학생들이 공연이나 게임 등을 하면서 대학 문화를 즐기는 행사 ( )

02. 빈칸에 알맞은 말을 쓰십시오.

학생회장 민철에게

새 회장이 된 것을 진심으로 축하한다. 일 년 동안 여러 가지 행사가 있는데 선후배, 동기들과 같이 준비해야 할 거야.

제일 먼저 준비해야 하는 행사는 보기 신입생 환영회야. 너도 알겠지만 우리 과에 들어온 새내기들의 입학을 축하하고 서로 소개하는 자리를 만드는 거지. 다음은 새내기들의 학교생활을 소개하고 도와주는 신입생 ❶ ________ 도 준비해야 해. 그리고 학기가 시작되거나 기말 시험을 본 후에는 경치가 좋은 곳으로 과 동기들과 ❷ ________ 을/를 가. 그리고 과 사람들과 5월에 열리는 ❸ ________ 에도 참가하면 재미있어. 장기 자랑이나 전시회 등을 준비해서 참가하면 돼. 마지막으로 4학년 선배들을 위해서 ❹ ________ 을/를 하면 모든 행사가 끝나.

이렇게 할 일은 많지만 선후배들도 많이 사귀고 좋은 경험이 될 거야.

선배 철우가

문법 1 -을 텐데

동사나 형용사의 어간에 붙어서 앞으로 일어날 일이나 보지 못한 상황을 추측하는 것을 나타낸다. 어간에 받침이 있으면 '-을 텐데', 받침이 없으면 '-ㄹ 텐데'를 쓴다. 이미 끝난 일에 대해서는 '-었을 텐데'를 쓴다.

❶ 바쁘실 텐데 결혼식에 참석해 주셔서 감사합니다.
❷ 주말이어서 문을 연 약국이 없을 텐데 어떻게 하지요?
❸ 미선 씨가 웨이 씨 전화번호를 알 텐데 한번 물어 보세요.
❹ 혼자 있어서 심심했을 텐데 뭐 했어?

01. 알맞게 연결하고 보기 와 같이 쓰십시오.

보기 바쁘시다
❶ 피곤하다
❷ 저녁에는 쌀쌀하다
❸ 지금 시험 기간이다
❹ 밤을 새워서 힘들다
❺ 미국은 지금 자는 시간이다
❻ 주말에는 극장에 사람이 많다
❼ 등산을 하다 보면 목이 마르다
❾ 손님이 많아서 음식이 모자라다

• 평일에 영화를 볼까요?
• 물을 좀 준비해 가세요.
• 전화는 나중에 하세요.
• 음식을 조금 더 시킬까요?
• 도서관에 자리가 있을까요?
• 입을 옷을 하나 가지고 가세요.
• 공항까지 나와 주셔서 감사합니다.
• 커피 한 잔 드세요.
• 늦은 시간까지 기다려 주셔서 감사합니다.

보기 바쁘실 텐데 공항까지 나와 주셔서 감사합니다.

❶ ______________________________
❷ ______________________________
❸ ______________________________
❹ ______________________________
❺ ______________________________
❻ ______________________________
❼ ______________________________
❽ ______________________________

02. 다음 대화를 완성하십시오.

가: 다음 주에 보기 신입생 환영회를 할 텐데 ~~을/ㄹ 텐데~~ 무엇을 준비하면 좋을까요?

나: 우선 신입생들이 일정을 ❶ ______________ 을/ㄹ 텐데 일정표가 있는 안내장을 보내줍시다. 그리고 ❷ ______________ 을/ㄹ 텐데 넓은 장소를 빌립시다.

가: 좋습니다. 그리고 신입생들은 환영회 ❸ ______________ 을/ㄹ 텐데 약도를 준비할까요?

다: 좋아요. ❹ ______________ 을/ㄹ 텐데 부모님께 행사에 대해서 알려 드리는 안내문도 보냅시다. 그리고 선후배들이 서로 ❺ ______________ 을/ㄹ 텐데 이름표를 다는 것이 좋겠지요?

가: 네. 그리고 행사 중에 ❻ ______________ 을/ㄹ 텐데 간식과 음료수도 준비합시다.

라: 처음 만나서 서로 ❼ ______________ 을/ㄹ 텐데 간단한 게임을 하면 빨리 친해질 수 있을 것 같아요.

가: 네, 좋습니다. 시험 기간이어서 모두 ❽ ______________ 을/ㄹ 텐데 신입생 환영회를 이렇게 열심히 준비해 주셔서 감사합니다.

문법 2 이라서

명사에 붙어서 앞의 상황이 뒤의 행위나 상태의 원인이 되는 것을 나타낸다. 받침이 있는 명사에는 '이라서', 받침이 없는 명사에는 '라서'를 쓴다.

❶ 지금은 장마철이라서 비가 많이 와요.
❷ 제주도는 관광지라서 물가가 비싸요.
❸ 회의 중이라서 전화를 받을 수 없었어요.
❹ 할머니께서 살아계실 때부터 사용하시던 물건이라서 저도 정이 많이 들었어요.

01. 보기 와 같이 쓰십시오.

연휴	학생	장마철	신제품	수리 중
시험기간	출근 시간	다이어트 중	내성적	

보기 연휴라서 ~~이라서/라서~~ 관광지에 사람이 많아요.

❶ __________ 이라서/라서 학생 할인을 받을 수 있어요.

❷ __________ 이라서/라서 늘 우산을 가지고 다녀요.

❸ __________ 이라서/라서 가격이 좀 비싸요.

❹ __________ 이라서/라서 엘리베이터를 이용할 수 없어요.

❺ __________ 이라서/라서 도서관에 자리가 없어요.

❻ __________ 이라서/라서 길이 많이 막혀요.

❼ __________ 이라서/라서 6시 이후에는 음식을 먹지 않아요.

❽ 성격이 __________ 이라서/라서 처음 만나는 사람과 쉽게 친해지지 않아요.

02. 다음 대화를 완성하십시오.

보기 가: 김 선생님께서 전화를 안 받아요. 나: 지금 회의 중이라서 전화를 못 받아요.

❶ 가: 휴대전화가 마음에 들지만 생각보다 가격이 비싸군요.
나: ______________________________

❷ 가: 왜 친구 노트북을 빌렸어요?
나: ______________________________

❸ 가: 엘리베이터를 안 타고 걸어 왔어요?
나: ______________________________

❹ 가: 시내 도로에 차가 별로 없었어요.
나: ______________________________

❺ 가: ______________________________

나: 저는 비싸게 샀는데 좀 기다릴 걸 그랬어요.

❻ 가: 왜 그만 드세요? 좀 더 드세요.

나: ______________________________

❼ 가: 지금 의사 선생님을 잠깐 뵐 수 있을까요?

나: ______________________________

❽ 가: 오늘은 왜 도서관에 안 갔어요?

나: ______________________________

활동

친구에게 보기 와 같이 조언을 해 보십시오.

하고 싶은 일	준비할 것
여름에 제주도로 여행 가기	비행기 표 예약, 우산이나 비옷, 넉넉한 여행 경비
엠티 준비하기	엠티 장소 미리 정하기, 참석 인원 알아보기, 숙소나 식당 예약
방학에 어학연수 가기	

보기 가: 여름에 제주도로 여행을 가려고 해요. 어떻게 준비하면 좋을까요?

나: 여름은 성수기라서 비행기 표가 없을 텐데 미리 예약을 하세요. 그리고 장마철이라서 비가 많이 올 텐데 우산과 비옷을 준비하세요. 그리고 제주도는 관광지라서 물가가 비쌀 텐데 여행 경비를 넉넉히 준비하세요.

제2과 쇼핑

01 학교 매점이 싸다니까 거기에서 사시지요

학습목표 장보기 관련 어휘를 익혀서 활용할 수 있다.
'-는다니까', '-지요' 표현을 익혀서 활용할 수 있다.

웨이 : 학교 앞에 있는 마트에서 할인 행사를 자주 하지요?
영수 : 네, 저도 가끔 들르는데 요일마다 할인하는 품목이 달라요.
웨이 : 저는 조리하기가 간편해서 인스턴트식품을 즐겨 먹는데 인스턴트식품 할인 행사는 무슨 요일에 해요?
영수 : 인스턴트식품은 학교 매점이 싸다니까 거기에서 사시지요.

새 어휘

들르다	집에 가는 길에 서점에 들러서 교과서를 샀다. 부산에 오실 일이 있으면 우리 집에 꼭 들르세요.
품목	인기가 많은 품목은 다 팔렸을지도 몰라요. 이번 행사에 필요한 품목을 정리하여 알려드리겠습니다.
조리하다	불이 없어도 조리할 수 있는 음식이 있다. 한국 사람들은 김치를 다양한 방법으로 조리해서 먹어요.
인스턴트식품	바쁜 사람들이 많아서 그런지 인스턴트식품이 잘 팔린다. 삼계탕, 죽, 미역국 등도 인스턴트식품으로 나와서 빠르고 간편하게 먹을 수 있어요.
매점	병원 1층의 매점에서 필요한 것을 사세요. 등산할 때 목이 말랐는데 마침 매점이 있어서 다행이었어요.

01. 빈칸에 알맞은 말을 쓰십시오.

보기 엠티를 가면 요리하기가 귀찮을 텐데 마트에서 인스턴트식품을 을/를 사 가지고 갈까?

❶ 배가 고픈데 ________ 에서 빵을 사서 먹자.

❷ 모자라는 ________ 이/가 있으면 나중에 삽시다.

❸ 고속도로 휴게소에 ________ 어서/아서/여서 커피 한 잔을 마시고 갔다.

❹ 여름철에는 ________ 기 전에 음식 재료를 깨끗하게 씻는 것이 중요해요.

02. 빈칸에 알맞은 말을 쓰십시오.

가: 우리 학교 **보기** 매점에 가 봤어?

나: 응. 어제 집에 가는 길에 ❶ ________ 었는데/았는데/였는데 여러 가지 ❷ ________ 을/를 할인해서 팔고 있었어.

가: 라면 같은 ❸ ________ 도 싸게 팔았어?

나: 응, 그리고 거기에서 직접 ❹ ________ 어서/아서/여서 파는 음식도 있었는데 맛있었어.

주제 어휘

장보기	• 사은품	• 증정품	• 기념품	• 서비스	• 시식

01. 빈칸에 알맞은 말을 쓰십시오.

보기 사탕을 5봉지 사고 사탕 5개를 받았습니다. (서비스)

❶ 식품을 사기 전에 한번 맛을 봤습니다. (　　　　)

❷ 커피를 사고 머그컵을 같이 받았습니다. (　　　　)

❸ 물건을 10만 원 이상 사고 휴지를 한 통 받았습니다. (　　　　)

❹ 마트가 생긴 지 10주년이 됐을 때 장바구니를 받았습니다. (　　　　)

02. 빈칸에 알맞은 말을 쓰십시오.

'연세 마트'가 5월 25일에 문을 엽니다. 그래서 첫날 오시는 손님 150분께 드릴 보기 기념품도 준비했습니다. 샴푸 세트를 사면 수건을 ❶ ________으로/로 드립니다. 물건을 많이 사시는 분께는 ❷ ________도 드립니다. 여러 가지 음식을 직접 맛볼 수 있는 ❸ ________ 코너도 마련되어 있습니다. 푸드 코트에서 식사하시는 모든 분들께는 음료수 한 잔을 ❹ ________으로/로 드립니다.

문법 1 -는다니까

'-는다고 하니까'의 줄임말로 동사나 형용사의 어간에 붙어서 들은 말이 이유가 되어 명령이나 제안 등을 할 때 쓰인다. 동사 어간에 받침이 있으면 '-는다니까', 받침이 없으면 '-ㄴ다니까', 형용사 어간에는 '-다니까', 받침이 있는 명사에는 '이라니까', 받침이 없는 명사에는 '라니까'를 쓴다. '-었다니까', '-겠다니까', '-을/ㄹ 거라니까'도 쓸 수 있다.

❶ 오리엔테이션이 벌써 시작됐다니까 빨리 들어가자.

❷ 버디 프로그램이 한국어 학습에 도움이 많이 된다니까 해 보세요.

❸ 내일은 강당에서 아무 행사도 없다니까 우리가 사용해도 될 거야.

❹ 이번 주말에 날씨가 좋지 않을 거라니까 등산 모임을 다음 주로 연기합시다.

01. 다음을 보고 대화를 완성하십시오.

보기 일기예보 : "오후에 비가 올 겁니다."
가: 하늘에 구름이 좀 끼었는데 우산을 가지고 가야 할까?
나: 오후에 비가 올 거라니까 가지고 가.

❶ 리에의 말 : "나 다음 주에 고향으로 돌아가."
가: 리에 송별회는 언제 할까?
나: 리에가 ______________________ 이번 주말에 하자.

❷ 뮤지컬 포스터 : "'오페라의 유령'을 4월 17일부터 공연합니다."
가: 극장에서 뮤지컬을 본 적이 없어서 한번 보고 싶어.
나: ______________________ 20일 쯤 보러 가자.

❸ 교통 방송 : "시청 앞 길이 많이 복잡합니다."
가: 어느 길로 갈까요? 시청 앞으로 해서 갈까요?
나: ______________________ 다른 길로 갑시다.

❹ 게시판 : "중고 교재를 팝니다."
가: 요즘 책값이 많이 올라서 교재를 살 돈이 없어.
나: ______________________ 한번 알아봐.

❺ 연세 마트 전단지 : "모든 품목을 30% 할인합니다."
가: 이것저것 필요한 생활용품이 많은데 어디에서 사면 좋을까?
나: 연세 마트에서 ______________________ 거기에 가 봐.

❻ 패션 잡지 기사 : "올봄에는 꽃무늬가 유행할 겁니다."
가: 봄옷이 많이 없어서 한 벌 살까 해.
나: ______________________ 너도 꽃무늬 옷을 사서 입어 봐.

❼ 문자 메시지 : "휴대전화 수리가 다 됐습니다."
가: 휴대전화 맡긴 거 언제쯤 찾으러 갈 거야?
나: ______________________ 오늘 찾으러 갈 거야.

❽ 지하철 안내 방송 : "다음 역은 시청역입니다."
가: 우리는 몇 정거장 더 가야 돼?
나: ______________________ 다섯 정거장 더 가야 돼.

02. 다음 대화를 완성하십시오.

보기 가: 어느 과목을 신청하는 것이 좋을까?
나: 미술사 수업이 재미있다니까 그걸 신청해 봐.

❶ 가: 고향에 있는 친구가 서울 관광을 하고 싶어하는데 좋은 곳 좀 추천해 줘.
나: ______________________ 거기에 한번 가 봐.

❷ 가: 기침이 계속 나는데 어떻게 하면 빨리 나을까?
나: ______________________ 따뜻한 차를 한번 마셔 봐.

❸ 가: 신입생 환영회를 어디에서 하는 것이 좋을까?
나: ______________________ 거기에서 하자.

❹ 가: 아르바이트를 했으면 하는데 찾기가 어려워.
나: ______________________ 가서 한번 알아봐.

❺ 가: 과 동아리에 들지 학교 동아리에 들지 모르겠어.
나: ______________________ 학교 동아리에 들어.

❻ 가: 발표 자료를 많이 준비해야 하는데 어디에서 찾아봐야 할지 모르겠어.
나: ______________________

❼ 가: 기숙사에서 살지 하숙집에서 살지 아직 못 정했어.
나: ______________________

❽ 가: 노트북이 필요한데 어느 걸 사는 게 좋을까?
나: ______________________

문법 2 -지요

동사의 어간에 붙어서 상대방에게 부드럽게 제안하거나 권유하는 의미를 나타낸다. 앞에 '-으시/시'를 넣으면 공손한 느낌이 든다. 부정문일 때는 '-지 말지요'가 된다.

❶ 빨리 가셔야 하니까 먼저 드시지요.
❷ 지금 식사하러 가는데 같이 가시지요.
❸ 시간이 늦었으니까 그만 일어나지요.
❹ 곧 세일이 시작될 텐데 지금 사지 말지요.

01. 보기 와 같이 쓰십시오.

보기 거기는 햇빛이 많이 드니까 이쪽으로 오세요.
➡ 거기는 햇빛이 많이 드니까 이쪽으로 오시지요.

❶ 힘드실 텐데 좀 쉬세요.
➡ ____________________

❷ 몸도 안 좋은데 무리하지 마세요.
➡ ____________________

❸ 버디 프로그램을 한번 해 보세요.
➡ ____________________

❹ 혼자 짐을 들기가 무거울 텐데 같이 듭시다.
➡ ____________________

❺ 다리가 아프실 텐데 앉아서 기다리세요.
➡ ____________________

❻ 엠티를 가면 친해진다니까 같이 갑시다.
➡ ____________________

❼ 시간이 거의 다 됐는데 이제 출발합시다.
➡ ____________________

❽ 공동 구매하면 쌀 테니까 공동 구매 사이트에 들어가 봐요.
➡ ____________________

02. 다음 대화를 완성하십시오.

보기 손님: 이 옷이 저한테 맞을지 모르겠어요.
점원: 한번 입어 보시지요.

❶ 가: 피곤한데 오늘 뒤풀이는 가지 말아야겠다.
나: 그러지 말고 같이 ____________________

❷ 가: 8시가 넘었는데 퇴근 안 하세요?
나: 저는 아직 할 일이 남았으니까 먼저 ____________________

❸ 가: 약을 먹어도 감기가 낫지 않아요.
나: 그럼 ____________________

❹ 가: 이 근처에 왔다가 잠깐 들렀어요.
나: 오랜만에 오셨는데 ____________________

❺ 가: 아르바이트를 아직 못 구해서 걱정이야.
나: ____________________

❻ 가: 음식을 배달시킨 지 한 시간이나 됐는데 왜 아직도 안 오지요?
나: ____________________

❼ 가: 요즘 스트레스가 많이 쌓이는데 좋은 운동이 없을까?
나: ____________________

❽ 가: 이 미역국의 맛 좀 봐 주실래요? 어때요?
나: ____________________

활동 필요한 정보를 알려 주는 대화를 보기와 같이 만들어 보십시오.

음식을 간편하게 조리하는 방법	인스턴트식품 이용
물건을 싸게 사는 방법	
한국 친구를 많이 사귀는 방법	

보기 가: 바쁜데 음식을 간편하게 조리할 수 있는 방법이 없을까요?
나: 요즘 인스턴트식품이 잘 나온다니까 인스턴트식품을 이용해 보시지요.

02 저도 이런 걸로 장만하려고 하는데 어느 매장에서 사셨어요?

학습목표 제품 관련 어휘를 익혀서 활용할 수 있다.
'으로', '-으려고 하는데' 표현을 익혀서 활용할 수 있다.

웨이 : 이 청소기는 무선이라서 참 편하겠어요. 저도 이런 걸로 하나 장만하려고 하는데 어느 매장에서 사셨어요?

영수 : 인터넷 쇼핑몰에서 싸게 팔아서 하나 샀어요. 이게 무게가 가볍고 소음도 적다고 하는 상품 평이 많았어요.

새 어휘

장만하다	책장이 필요한데 하나 장만해야겠어요. 새 집을 장만하기 위해서 열심히 돈을 벌었다.
매장	백화점 지하에 식품 매장이 있다. 여러 매장에 가 보고 마음에 드는 물건을 골랐다.
인터넷 쇼핑몰	믿을 수 있는 인터넷 쇼핑몰에서 물건을 사야 한다. 연세 백화점 인터넷 쇼핑몰에서 구두를 주문했다.
무게	가방의 무게가 몇 Kg 정도 돼요? 물건을 들어 보지 않으면 무게를 알 수 없어요.
소음	우리 집 옆에 차도가 있어서 소음이 크다. 공사장에서 나는 소음 때문에 머리가 아프다.
상품	저희 매장에 여러 가지 상품이 준비되어 있으니까 언제든지 보러 오세요. 요즘 여행사마다 직장인을 위한 주말여행 상품을 많이 팔고 있다.
평	미술사 강의의 평이 좋아서 수강하기로 했어요. 상품을 사용해 보고 평을 한 줄로 짧게 써 주세요.

01. 빈칸에 알맞은 말을 쓰십시오.

보기 곧 날씨가 추워질 텐데 겨울 코트를 한 벌 장만해야겠다 ~~어야/아야/여야겠다~~.

❶ 할인되는 __________ 은/는 이쪽에 있습니다.

❷ 밤에 치는 피아노 소리는 이웃 사람들에게 __________ 이/가 될 수 있다.

❸ __________ 을/를 이용하면 매장에 직접 가지 않아도 되니까 편리하다.

❹ 회사 안에서 그 사람에 대한 __________ 이/가 안 좋으니까 가까이 지내지 마.

02. 빈칸에 알맞은 말을 쓰십시오.

연세 여행 가방!

요즘 아주 잘 팔리는 **보기** 상품을 ~~을/를~~ 하나 소개해 드리겠습니다. 올여름 휴가 때 쓸 여행 가방을 ❶ __________ 고 싶은 분들은 아주 반가울 것입니다. 이렇게 디자인도 예쁘고 ❷ __________ 도 가벼운 것은 어느 ❸ __________ 에 가도 못 찾을 것입니다. 직접 사서 써 보신 분들이 좋은 ❹ __________ 을/를 하고 있는 상품입니다. 늦기 전에 서두르세요.

주제 어휘

제품	• 제품 • 가격 • 색상 • 모델명 • 기능 • 특징 • 사용법

01. 빈칸에 알맞은 말을 쓰십시오.

제품명	무선 전화기
보기 (모델명)	AT-D2500S
❶ ( )	회색
❷ ( )	예쁜 디자인, 가벼운 무게, 여러 가지 벨소리
❸ ( )	전화번호부(300개), 알람, 스피커폰, 세 사람 통화 가능
❹ ( )	150,000원

02. 빈칸에 알맞은 말을 쓰십시오.

가: 커피머신을 사러 왔는데요.

나: 찾으시는 보기 제품이 ~~이/가~~ 있으세요?

가: ❶ ________이/가 좀 간단했으면 좋겠어요.

나: 이건 어떠세요? 물과 커피를 넣고 버튼만 누르면 나와요.

가: 아이스커피도 만들 수 있어요?

나: 요즘 나오는 것들은 다 그런 ❷ ________이/가 있어요.

가: ❸ ________은/는 어떻게 돼요?

나: 10% 할인돼서 17만 천 원이에요.

가: ❹ ________은/는 이것 하나밖에 없어요?

나: 빨간색도 있어요.

가: 그럼 이걸로 주세요.

문법 1 으로

명사에 붙어서 선택의 의미를 나타낸다. 받침이 있는 명사에는 '으로', 받침이 없는 명사에는 '로'를 쓴다.

❶ 후식은 커피로 주세요.
❷ 생일 선물은 가방으로 삽시다.
❸ 엠티 장소는 남이섬으로 하자.
❹ 까만색 바지로 할 테니까 계산해 주세요.

01. **레스토랑에서 종업원과 대화하고 있습니다. 다음 표를 보고 대화를 완성하십시오.**

음료수	콜라, 아이스티, 오렌지 주스, 사과 주스, 망고 주스
피자	콤비네이션 피자, 불고기 피자, 고구마 피자, 감자 피자, 치즈 피자
스파게티	미트볼 스파게티, 토마토 스파게티, 해물 스파게티, 크림 스파게티
치킨	양념 치킨, 프라이드 치킨, 바비큐 치킨, 핫 윙
수프	크림 수프, 소고기 수프, 버섯 수프, 브로콜리 수프, 감자 수프
빵	식빵, 마늘빵, 바게트 빵, 모닝 빵
샐러드	치킨 샐러드, 연어 샐러드, 단호박 샐러드, 야채 샐러드, 과일 샐러드
후식	커피, 녹차, 아이스크림, 요구르트

가: 뭘로 드릴까요?
나: 보기 세트 메뉴로 주세요.

가: 음료수는 뭘로 하시겠습니까?
나: ❶ ______________________________

가: 피자는 무슨 피자로 하시겠습니까?
나: 이 식당은 불고기 피자가 유명하다니까 ❷ ______________________________

가: 스파게티는 뭘로 하시겠어요?
나: 토마토가 건강에 좋다니까 ❸ ______________________________

가: 치킨은 무슨 치킨으로 드릴까요?
나: 맵지만 ❹ ______________________________

가: 수프는 무슨 수프로 하시겠어요?
나: 내 친구가 버섯 수프를 먹고 싶다니까 ❺ ______________________________

가: 빵은 무슨 빵으로 드릴까요?
나: 이 식당은 마늘빵이 맛있다니까 ❻ ____________________

가: 샐러드는 뭘로 하시겠어요?
나: 연어 샐러드가 맛있을 것 같은데 ❼ ____________________

가: 후식은 뭘로 하시겠습니까?
나: 단 게 건강에 나쁘니까 ❽ ____________________

가: 네, 알겠습니다.

02. 다음 대화를 완성하십시오.

보기 가: 신발 치수는 어느 것으로 드릴까요?
나: 225밀리는 좀 작으니까 230밀리로 주세요.

❶ 가: 이 옷은 하얀색과 파란색이 있는데 무슨 색으로 하시겠어요?
나: 하얀색이 더 잘 어울릴 것 같은데 ____________________

❷ 가: 액션 영화로 볼래요, 공포 영화로 볼래요?
나: ____________________

❸ 가: 교양 과목은 뭘로 신청했어?
나: ____________________

❹ 가: 다음 주에 세미나가 있는데 세미나실은 어디로 할까?
나: ____________________

❺ 가: 뒤풀이 장소는 어디로 할까요?
나: ____________________

❻ 가: MT 가서 묵을 숙박 시설은 어디로 예약할까?
나: ____________________

❼ 가: 우리 조 모임 조장을 누구로 했으면 좋겠어요?
나: ____________________

❽ 가: 조 모임을 해야 되는데 언제로 할까요?
나: ____________________

문법 2 –으려고 하는데

동사의 어간에 붙어서 계획이나 의도를 나타낼 때 쓰인다. 어간에 받침이 있으면 '–으려고 하는데', 받침이 없으면 '–려고 하는데'를 쓴다.

❶ 하숙집을 옮기려고 하는데 어느 하숙집이 좋을까?
❷ 한국어 교과서를 사려고 하는데 서점이 어디에 있어요?
❸ 미역국을 끓여서 먹으려고 하는데 무슨 재료가 필요해요?
❹ 외국인 친구와 서울 시내 관광을 하려고 하는데 좋은 곳 좀 추천해 줘.

01. 알맞은 말을 골라서 보기와 같이 쓰십시오.

이번 주말에 만나다	8시 쯤 떠나다
휴대전화 수리를 맡기다	바리스타 자격증을 따다
아르바이트를 하다	고향에 다녀오다
건강검진을 받다	헬스클럽에 다니다
외국 손님에게 한식을 만들어 주다	

보기 외국 손님에게 한식을 만들어 주려고 ~~으려고/려고~~ 하는데 어떤 음식이 입에 맞을까요?

❶ ____________________ 으려고/려고 하는데 언제 시간이 있어?
❷ ____________________ 으려고/려고 하는데 어디가 싸고 좋을까요?
❸ ____________________ 으려고/려고 하는데 몇 개월 쯤 걸릴까요?
❹ ____________________ 으려고/려고 하는데 비행기 표가 있을까요?
❺ ____________________ 으려고/려고 하는데 어느 병원이 좋을까요?
❻ ____________________ 으려고/려고 하는데 그 때까지 오실 수 있어요?
❼ ____________________ 으려고/려고 하는데 서비스센터가 어디에 있어요?
❽ ____________________ 으려고/려고 하는데 무슨 일을 하는 것이 좋을까?

02. 다음의 장소에서 할 수 있는 대화를 완성하십시오.

보기 동아리 방
가: 어떻게 오셨어요? 나: 이 동아리에 들려고 하는데 아무나 괜찮아요?

❶ 출입국관리사무소
가: 뭘 도와 드릴까요?
나: ______________________

❷ 여행사
가: 여보세요? 연세 여행사입니다.
나: ______________________

❸ 버스 정류장
가: ______________________
나: 272번 버스를 타세요.

❹ 화장품 가게
가: ______________________
나: 요즘에 유행하는 색깔의 립스틱을 사 주시지요.

❺ 옷 가게
가: ______________________
나: 코트는 이쪽에 있습니다.

❻ 학과 사무실
가: 무슨 일로 오셨어요?
나: ______________________

❼ 도서관
가: ______________________
나: 저쪽으로 가십시오.

❽ 상담실
가: ______________________
나: 우선 몇 가지 서류를 준비해야 합니다.

활동 여러 개 중에서 하나를 선택하여 제안하는 대화를 보기 와 같이 만들어 보십시오.

어머니께 드릴 선물	화장품
친구와 식사할 곳	
방학에 여행갈 곳	

보기 가: 어머니께 선물하려고 하는데 무슨 선물이 좋을까요?
나: 요즘 싸고 좋은 화장품이 많다니까 화장품으로 하세요.

03 이건 세일을 안 하는 대신 할인권을 드려요

학습목표 디자인 관련 어휘를 익혀서 활용할 수 있다.
'-어 보이다', '-는 대신' 표현을 익혀서 활용할 수 있다.

미선 : 정장을 사려고 하는데요.

점원 : 정장은 이쪽에 있습니다. 특별히 원하시는 게 없으면 이건 어떠세요? 디자인도 세련되고 입으면 날씬해 보여요.

미선 : 이것도 20% 세일해요?

점원 : 아니요, 그렇지만 세일을 안 하는 대신 나중에 쓸 수 있는 할인권을 드려요. 연세 카드로 10만 원 이상 결제하시면 받을 수 있어요. 이거 신상품인데 한번 입어 보세요.

새 어휘

정장	까만 정장에 하얀 양말을 신으면 정말 이상해요. 면접시험 때 입을 정장을 한 벌 장만해야 해요.
특별히	이건 비밀인데 특별히 너에게만 얘기해 줄게. 파티를 위해서 특별히 준비한 것은 없었다.
원하다	우리 부모님은 내가 의사가 되기를 원하셨어. 제가 원하는 이상형은 키가 크고 마음이 넓은 남자예요.
세련되다	친구가 세련된 옷차림을 하고 모임에 나왔다. 세련되게 지은 건물 앞에서 사진을 찍었다.
할인권	생일이라서 카드 회사로부터 10% 식사 할인권을 받았다. 놀이공원 할인권을 구할 수 있는 방법이 없을까요?
이상	동창회에 50명 이상 참석했어요. 키가 130cm 이상이면 이 놀이기구를 탈 수 있어요.
신상품	조금 있으면 신상품이 나오니까 그 때까지 기다리려고 해요. 신상품을 사고 싶기는 하지만 가격이 너무 비싸서 고민이에요.

01. 빈칸에 알맞은 말을 쓰십시오.

보기 모든 과목을 90점 이상 받으면 장학금을 받을 수 있다.

❶ 너에게 주려고 내가 __________ 만든 케이크야.

❷ 친구가 준 __________ 덕분에 구두를 싸게 샀다.

❸ 친구는 미술을 전공해서 그런지 옷을 참 __________게 입어요.

❹ 어렸을 때부터 우리 부모님은 내가 __________는/은/ㄴ 것을 모두 사 주셨다.

02. 빈칸에 알맞은 말을 쓰십시오.

결혼식 같은 행사 때 입을 **보기** 정장이 ~~이/가~~ 없어서 고민하시는 분들을 위해서 올 가을 ❶ __________이/가 새로 나왔습니다. 보시는 것처럼 ❷ __________은/ㄴ 디자인과 간편함이 특징입니다. 이런 좋은 품질의 옷을 백화점에 가면 100만 원 ❸ __________ 줘야 하지만 오늘만 저희 홈쇼핑에서 ❹ __________ 할인해서 59만 9천 원에 드립니다. 지금 50벌 정도밖에 안 남았으니까 빨리 전화해 주세요.

주제 어휘

자기소개	• 세련되다	• 촌스럽다	• 단순하다
	• 복잡하다	• 화려하다	• 특이하다

01. 빈칸에 알맞은 말을 쓰십시오.

보기 색깔이나 무늬가 여러 가지이다. (복잡하다)

❶ 많이 볼 수 없는 디자인이다. (   )

❷ 무늬가 별로 없고 색깔도 많지 않다. (   )

❸ 밝은 색깔이 많고 액세서리 같은 것도 많이 달려 있다. (   )

❹ 유행에 뒤떨어지거나 사람들이 별로 안 예쁘다고 생각한다. (   )

02. 빈칸에 알맞은 말을 쓰십시오.

어떻게 하면 액세서리를 **보기** 촌스럽지 않게 하고 다닐 수 있을까요? 우선 ❶ ________ 은/ㄴ 디자인의 액세서리는 빨강, 노랑, 보라 같은 ❷ ________ 은/ㄴ 색상의 옷이나 꽃무늬, 체크무늬 같은 ❸ ________ 은/ㄴ 무늬 등의 옷에도 잘 어울립니다. 과일 모양, 꽃 모양 등의 귀걸이나 구슬 목걸이 같이 많이 볼 수 없는 ❹ ________ 은/ㄴ 액세서리는 입을 옷에 잘 맞춰서 해야 합니다.

문법 1 -어 보이다

형용사의 어간에 붙어서 사물이나 행동에 대해 주관적으로 느낀 것을 나타낸다.

❶ 선글라스를 끼니까 젊어 보여요.
❷ 키가 커 보이려고 높은 구두를 신었어요.
❸ 짙은 색 옷을 입어서 그런지 더 날씬해 보여요.
❹ 한국 친구를 오늘 처음 소개를 받았는데 참 착해 보였어요.

01. 보기 와 같이 쓰십시오.

넓다	다리가 길다	나이가 많다	키가 작다	피곤하다
나이가 어리다	똑똑하다	맛있다	비싸다	

보기 제 옆에 키가 큰 사람이 서 있어서 제 키가 작아 보여요.

❶ 방을 정리하면 ____________________

❷ 안경을 쓰니까 ____________________

❸ 앞머리를 잘라서 ____________________

❹ 정장을 입으니까 ____________________

❺ 예쁜 접시에 담으니까 ____________________

❻ 티셔츠가 오천 원짜리인데 ____________________

❼ 까만색 바지를 입어서 그런지 ____________________

❽ 친구가 잠을 못 자서 그런지 ____________________

02. 백화점에서 쇼핑하고 있는데 친구가 요즘 돈을 너무 많이 쓰는 것 같아서 계속 물건을 사지 말라고 하는 대화입니다. 대화를 완성하십시오.

가: 너 지난달에도 카드 요금이 많이 나왔는데 오늘 또 뭘 사려고 그래? 그만 사.

나: 이걸로 눈 화장을 하면 눈이 커 보이지 않을까?

가: 아니, 색이 너무 까매서 **보기** 무서워 보일 것 같아.

나: 이 모자 쓰니까 어때?

가: 모자가 너무 작아서 얼굴이 ❶ ______________________

나: 저기에 걸려 있는 가방 어때? 색상이 너무 예쁘다.

가: 난 가벼운 것이 좋은데 ❷ ______________________

나: 저 마네킹이 입은 코트는 어때?

가: 추운 날씨에 입을 텐데 ❸ ______________________

나: 저 잠옷은 디자인이 정말 귀엽다.

가: 잠을 잘 때는 편해야 되는데 ❹ ______________________

나: 저 바지는 디자인이 참 세련됐다. 나한테 어울리지 않을까?

가: 다리가 ❺ ______________________

나: 수영복도 사야 되는데 저거 어때?

가: 색이 너무 밝아서 ❻ ______________________

나: 책상도 필요한데 저 책상 좋아 보인다.

가: ❼ ______________________. 오래 못 쓸 것 같아.

나: 배가 좀 고픈데 저 만두 사 먹고 갈까?

가: ❽ ______________________

문법 2 -는 대신

동사나 형용사의 어간에 붙어서 앞의 것을 하면 뒤의 것을 얻거나 잃음을 나타내며 앞의 것을 뒤의 것으로 바꾼다는 의미를 나타낼 때도 있다. 동사 어간에는 '-는 대신', 형용사 어간에 받침이 있으면 '-은 대신', 받침이 없으면 '-ㄴ 대신'을 쓰고 이미 끝난 일에 대해서는 '-은/ㄴ 대신'을 쓴다. 명사 뒤에 '대신'이 바로 붙을 수도 있다.

❶ 우리 회사는 월급이 적은 대신 일이 편하다.
❷ 내가 미선 씨에게 중국어를 가르쳐 주는 대신 미선 씨는 나에게 한국어를 가르쳐 준다.
❸ 동생은 내 질문에 대답을 하는 대신 고개를 끄덕였다.
❹ 김밥을 만들 때 시금치 대신 오이를 넣을 수도 있다.

01. 알맞은 말을 골라서 보기 와 같이 쓰십시오.

발표를 한다.	강의 교재를 빌려 준다.
두 개를 산다.	환갑잔치를 해 드린다.
같이 식사한다.	카네이션 꽃을 선물한다.
건강식품을 먹는다.	언어 교환 친구를 소개해 준다.
외국으로 유학을 간다.	

보기 언어 교환 친구를 소개해 주는 ~~는/은/ㄴ~~ 대신 내가 저녁을 사 줄게.

❶ 우리 과 전공 수업은 ____________ 는/은/ㄴ 대신 시험을 보지 않는다.
❷ 우리 회사는 회식 때 ____________ 는/은/ㄴ 대신 공연을 보러 가요.
❸ 부모님께 ____________ 는/은/ㄴ 대신 여행을 보내 드릴까 해요.
❹ 어버이날에 ____________ 는/은/ㄴ 대신 집안일을 도와 드렸다.
❺ ____________ 는/은/ㄴ 대신 값을 깎아 주세요.
❻ ____________ 는/은/ㄴ 대신 국내 대학원에 진학하려고 한다.
❼ ____________ 는/은/ㄴ 대신 운동이나 열심히 하시지요.
❽ ____________ 는/은/ㄴ 대신 내가 보고서 자료 찾는 것을 도와줄게.

02. 다음 대화를 완성하십시오.

보기 가: 아저씨, 값을 좀 깎아 주세요.
나: 안 돼요. 깎아주지 않는 대신 서비스로 한 개 더 드릴게요.

❶ 가: 용돈 좀 올려 주세요, 엄마.
나: 알았어. ____________________

❷ 가: 오늘 먹은 것은 제가 계산할게요.
나: 그럼 ____________________

❸ 가: 너 요즘 약속 시간에 자주 늦게 오네.
나: 미안해. ____________________

❹ 가: 집이 높은 곳에 있어서 교통이 불편하겠어요.
나: ____________________

❺ 가: 신입생 환영회 때 선배들이 노래하라고 하지 않았어?
나: 나는 음치라서 ____________________

❻ 가: 집으로 손님들을 초대해야 되는데 음식을 준비할 시간이 없어요.
나: 그럼 ____________________

❼ 가: 영화표가 다 팔려서 못 보는데 어떡하지?
나: 그럼 ____________________

❽ 가: 오늘 아침에 시간이 없었을 텐데 밥은 먹었어?
나: 아니, ____________________

활동 보기 와 같이 추천하는 대화를 만들어 보십시오.

인상이 부드러워 보이는 옷차림	밝은 색의 옷
나이가 어려 보이는 머리스타일	
얼굴이 작아 보이는 화장법	

보기 가: 어떤 옷을 입으면 인상이 부드러워 보일까요?
나: 어두운 색 대신 밝은 색 옷을 입으면 인상이 부드러워 보일 거예요.

04 당장 사진을 게시판에 붙여 놓아야겠다

학습목표 중고품 관련 어휘를 익혀서 활용할 수 있다.
'-기는요', '-어 놓다' 표현을 익혀서 활용할 수 있다.

리 에 : 얼마 안 있으면 고향에 돌아가는데 쓰던 물건들을 버릴지 말지 고민이야.
마리아 : 아까운데 버리기는. 학교 게시판에 물건 목록하고 실물 크기의 사진을 붙여 봐.
살 사람이 있으면 팔고 그렇지 않으면 원하는 사람들에게 그냥 주는 것도 좋을 것 같아.
리 에 : 그럼 당장 사진을 찍어서 게시판에 붙여 놓아야겠다.

새 어휘

아깝다	오늘 본 영화가 재미없어서 표 값이 아까웠다. 사용하지 않는 물건이지만 버리기가 아까워서 가지고 있어요.
목록	제품 목록을 보고 물건의 개수를 확인했다. 신상품 목록을 보고 마음에 드는 것을 골라 보세요.
실물	사진 속의 반지는 실물 크기이다. 영화배우를 직접 보니까 실물이 더 예뻤다.
그냥	추석 연휴에 그냥 집에 있었어요. 백화점에 갔다가 마음에 드는 것이 없어서 그냥 왔어요.
당장	우선 당장에 필요한 것만 사 가지고 왔다. 무슨 일이 생긴 것 같으니까 지금 당장 가 봅시다.
붙이다	서류에다가 사진을 붙이세요. 다친 곳에 약을 바르고 밴드를 붙여요.

01. 빈칸에 알맞은 말을 쓰십시오.

보기 상사에게 야단을 맞을 때는 회사를 당장 그만두고 싶다.

❶ 추천 도서 ________에 있는 책을 도서관에서 빌려서 읽었어요.

❷ 남은 음식이 ________어서/아서/여서 포장해 가지고 왔다.

❸ 인터넷 쇼핑은 ________을/를 보지 않고 사니까 교환하는 일이 많다.

❹ 잃어버린 개의 사진을 엘리베이터 안에 ________었어요/았어요/였어요.

02. 빈칸에 알맞은 말을 쓰십시오.

가: 아까 세일 상품 보기 목록에서 본 책상 어때?

나: ❶ ________이/가 정말 우리가 본 사진하고 똑같을지 모르겠어. 지금 가지고 있는 책상을 ❷ ________ 쓸까?

가: 아니야, 이제는 책상이 너무 작아서 불편해. 좀 ❸ ________겠지만 버리도록 해. 그리고 곧 세일이 끝나니까 ❹ ________ 주문해.

주제 어휘

중고품	• 구입하다	• 판매하다	• 기부하다	• 물려주다	• 물려받다

01. 빈칸에 알맞은 말을 쓰십시오.

보기 저는 입던 옷이 작아지면 사촌 동생에게 줍니다. (물려주다)

❶ 중고품 시장에서 소파를 삽니다. (　　　　)

❷ 형이 타던 자전거를 지금 제가 타고 있습니다. (　　　　)

❸ 우리 회사에서 어려운 이웃 돕기 행사에 천만 원을 냅니다. (　　　　)

❹ 요즘 젊은 사람들은 쓰던 휴대전화를 인터넷 사이트에서 팝니다. (　　　　)

02. 빈칸에 알맞은 말을 쓰십시오.

우리 중학교에서는 졸업생들이 입던 교복을 신입생들에게 **보기** 물려주고 신입생들은 졸업생들에게서 교복을 ❶ ________는 캠페인을 하고 있습니다. 후배들은 교복을 싸게 ❷ ________고 선배들은 교복을 ❸ ________어서/아서/여서 모은 돈을 어려운 이웃들에게 ❹ ________고 있습니다.

문법 1 -기는요

동사나 형용사의 어간에 붙어서 상대방이 말한 것을 부정하거나 의견이 다를 때 쓰인다. 칭찬을 받을 때 겸손의 의미를 나타내기도 한다. '-긴요'로 줄여서 쓸 수 있다.

❶ 가: 마이클은 방 친구와 잘 지내?
　나: 잘 지내기는. 며칠 전에도 별일 아닌 일로 싸웠어.

❷ 가: 한국어 실력이 많이 는 것 같아요.
　나: 늘기는요. 아직도 모르는 단어가 많아요.

❸ 가: 건물이 깨끗한 것을 보니까 새로 지었나 봐요.
　나: 새로 짓기는요. 지은 지 10년이나 됐어요.

❹ 가: 한국말을 참 잘하시네요.
　나: 잘 하기는요. 아직 배울 것이 많아요.

01. 다음 대화를 완성하십시오.

보기 가: 여행 갔다가 와서 푹 쉬었어?
　나: 푹 쉬기는. 보고서 때문에 쉬지도 못했어.

❶ 가: 아르바이트하면서 학교에 다니기가 힘들지요?
　나: ___________기는요. 친구들이 많이 도와줘서 괜찮아요.

❷ 가: 테니스 선수를 해도 될 만큼 테니스를 정말 잘 치시는군요.
　나: ___________기는요. 그냥 취미로 하려고 배웠어요.

❸ 가: 부탁을 들어주지 못해서 미안해요.
　나: ___________기는요. 너무 무리한 부탁을 한 것 같아서 제가 더 미안한데요.

❹ 가: 많이 안 드시는 걸 보니까 매운 음식을 안 좋아하시나 봐요.
　나: ___________기는요. 아주 좋아하는데 오늘은 소화가 좀 안 돼서 그래요.

❺ 가: 다음 주 발표 준비는 다 끝냈어?
　나: ___________기는. 아직 시작도 못 했는데.

❻ 가: 어제 시장에서 물건을 많이 샀는데 값을 깎아 줬어?
　나: ___________기는. 하나씩 살 때와 똑같았어.

❼ 가: 이번 방학에 고향에 돌아갈 거야?
나: ___________기는. 할 일이 너무 많아서 쉴 시간도 없을 것 같아.

❽ 가: 이번 학기에 열심히 공부했으니까 장학금을 받을 거예요.
나: ___________기는요. 저보다 잘 하는 사람이 얼마나 많은데요.

02. 다음 대화를 완성 하십시오.

주인: 손님, 이 옷 어때요?
손님: 유행이 좀 지난 디자인 같아요.
주인: 보기 유행이 지나기는요. 요즘 TV에 연예인들도 많이 입고 나와요.
손님: 그리고 옷이 좀 촌스러운 것 같아요.
주인: ❶ ___________________________
손님: 색이 너무 화려하지 않아요?
주인: ❷ ___________________________
손님: 바느질이 별로 튼튼하지 않은 것 같아요.
주인: ❸ ___________________________
손님: 입어 보면 안 돼요?
주인: ❹ ___________________________
손님: 입어 보니까 좀 뚱뚱해 보이는 것 같은데요.
주인: ❺ ___________________________
손님: 이 치수는 저에게 좀 작지 않아요?
주인: ❻ ___________________________
손님: 다른 매장에 비해서 가격이 좀 비싼 것 같아요.
주인: ❼ ___________________________
손님: 혹시 작년 상품은 아니에요?
주인: ❽ ___________________________
손님: 알겠습니다. 그럼 이 옷으로 할게요.

문법 2 -어 놓다

목적어를 가진 동사의 어간에 붙어서 그 행위를 끝낸 후의 상태가 계속되게 함을 나타낸다.

❶ 사람들이 곧 들어올 테니까 문을 열어 놓으세요.

❷ 손님들이 오기 전에 음식을 준비해 놓을게요.

❸ 신입생 환영회 장소를 벌써 예약해 놓았어요.

❹ 내일 행사가 있어서 세탁소에 맡긴 정장을 찾아 놓았어요.

01. **다음은 손님을 초대해서 손님이 오기 전에 가족들이 이미 한 일과 앞으로 해야 할 일입니다. 다음 대화를 완성하십시오.**

이미 한 일		앞으로 할 일	
청소하기	큰아들	반찬을 만들기	큰딸
요리 재료를 사기	큰딸	상을 차리기	작은딸
아이스크림을 냉장고에 넣기	작은아들	과일을 씻기	작은딸
손님들한테 연락하기	아버지	에어컨을 켜기	작은아들

어머니: 손님들이 오시는데 너희들 내가 시킨 일은 다 보기 해 놓았겠지? 집이 깨끗해졌구나.

큰아들: 제가 아침에 ❶ ______________________

어머니: 손님들한테 음식도 대접해야 할 텐데.

큰딸: ❷ 제가 마트에 가서 ______________________

어머니: 그럼 반찬도 만들었어?

큰딸: 아직 안 만들었어요. 이따가 ❸ ______________________

어머니: 과일도 준비했지?

작은딸: 네, 좀 있다가 ❹ ______________________ 그리고 언니가 반찬을 만들면 저는 ❺ ______________________

어머니: 아이스크림도 사 놓았어?

작은아들: 누나가 사 가지고 와서 제가 ❻ ____________________

어머니: 오늘 날씨가 너무 더운데.

작은아들: 손님들이 오시기 전에 제가 ❼ ____________________

어머니: 그런데 여보, 손님들이 시간을 정확하게 알고 있겠지요?

아버지: 내가 지난주에 ❽ ____________________

02. 다음 대화를 완성하십시오.

보기 가: 친구들하고 놀러 가기로 했는데 숙제가 너무 많아요.
나: 숙제를 다 해 놓고 놀러 가.

❶ 가: 시끄러우면 라디오를 끌까요?
나: 아니요, 제가 좋아하는 노래가 곧 나오니까 ____________________

❷ 가: 코트는 어디에다가 놓을까요?
나: 저쪽에 옷걸이가 있으니까 옷걸이에 ____________________

❸ 가: 할일을 자꾸 잊어버려요.
나: 그럼 종이에 ____________________ 그러면 안 잊어버릴 거예요.

❹ 가: 내일 늦으면 안 되는데 아침 일찍 일어날 수 있어?
나: 그래서 오늘 자기 전에 ____________________

❺ 가: 바람이 많이 들어오는군요. 문이 열려 있나 봐요.
나: 방 안의 공기가 나빠서 ____________________

❻ 가: 식당에 7명이 앉을 자리가 있을까요?
나: 걱정하지 마세요. ____________________

❼ 가: 내일 새 학기가 시작되는데 수업 준비는 다 했어요?
나: 네, ____________________

❽ 가: 어제도 교과서를 또 잃어버렸어요.
나: ____________________ 그러면 안 잃어버릴 거예요.

활동 여러분은 무슨 계획이 있습니까? 그것을 위해서 무엇을 준비해 놓아야 하는지 보기 와 같이 써 보십시오.

계획	준비해 놓을 것
일본 유학	일본어 학원 등록, 집 구하기, 비행기 표 예약하기
이사	
결혼	

보기 나는 두 달 후에 일본으로 유학을 가려고 한다. 그래서 일본어를 배우기 위해서 일본어 학원을 등록해 놓았다. 그리고 일본에서 살 집도 구해 놓고 비행기 표도 벌써 예약해 놓았다.

유학 생활

제3과

01 학교 근처에 있는 원룸을 알아보지 그래?

학습목표 부동산 관련 어휘를 익혀서 활용할 수 있다.
'-고 해서', '-지 그래요?' 표현을 익혀서 활용할 수 있다.

웨이 : 지금 살고 있는 하숙집은 방에 욕실도 없고 해서 이사 갈까 생각 중인데 어디 좋은 곳이 없을까?

미선 : 학교 근처에 있는 원룸을 알아보지 그래? 에어컨도 설치되어 있고 웬만한 가구는 다 딸려 있어서 편할 거야.

새 어휘

욕실	우리 하숙집은 방마다 욕실이 있어서 편해요. 욕실이 어찌나 좁은지 샤워하기가 어려웠어요.
에어컨	방에 에어컨이 없으면 여름에 더울 텐데 괜찮겠어요?. 돈을 아껴야 하니까 에어컨을 사는 대신 선풍기를 사는 것이 좋겠어요.
설치하다	인터넷을 설치한 지 일주일밖에 안 되었는데 고장이 났어요. 벽걸이 텔레비전은 설치한 후에 환불이나 교환이 어렵습니다.
웬만하다	영수 씨는 성격이 좋아서 웬만한 일에는 화를 내지 않아요. 길이 많이 막히니까 웬만하면 걸어가시지요.
가구	침대나 옷장 같은 큰 가구의 위치를 먼저 정하고 책상을 놓으세요. 가구는 한번 사면 오래 써야 하니까 좋은 것으로 사자.
딸려 있다	욕실이 딸려 있는 방이었으면 하는데요. 오피스텔은 가구와 가전제품이 다 딸려 있어서 살 필요가 없어요.

01. 빈칸에 알맞은 말을 쓰십시오.

보기 제 하숙집은 욕실과 ~~과/와~~ 화장실이 따로 있어서 편해요.

❶ 나중에 결혼 하면 정원이 ________ 는/은/ㄴ 집에서 살고 싶어요.

❷ 과 친구들이 모두 가니까 ________ 으면/면 같이 가자.

❸ 침대나 옷장 같은 비싼 ________ 은/는 중고품으로 살까 해요.

❹ 인터넷을 ________ 고 싶으면 우선 믿을 수 있는 회사를 알아봐.

02. 빈칸에 알맞은 말을 쓰십시오.

가: 영수야, 이사는 잘 했어? 지난번 하숙집에는 방에 **보기** 욕실이 ~~이/가~~ 없어서 씻기 불편했는데 편해졌지?

나: 응, 진짜 편해. 그런데 지금 원룸에는 선풍기 밖에 없어서 ❶ ________ 을/를 한 대 주문했어.

가: 요즘에는 ❷ ________ 는/은/ㄴ 가전제품이 모두 ❸ ________ 는/은/ㄴ 원룸도 많다고 들었는데.

나: 응, 나도 들었어. 하지만 그 대신 방값이 싸니까 괜찮아. 아, 서비스 센터에서 에어컨을 ❹ ________ 으러/러 올 시간이다. 먼저 갈게.

주제 어휘

부동산	• 부동산 • 중개소 • 전세 • 월세 • 계약금 • 보증금 • 중개수수료 • 세입자

01. 빈칸에 알맞은 말을 쓰십시오.

보기 이사하고 싶으면 여기에 가서 알아봐야 합니다. (부동산중개소)

❶ 한 달에 50만원을 내고 방을 빌려서 삽니다 ( )

❷ 이사하기로 약속하고 주인에게 돈을 먼저 조금 줬습니다. ( )

❸ 2년 동안 집을 빌리기로 약속하고 집주인에게 한 번에 많은 돈을 맡깁니다. ( )

❹ 집을 소개해준 곳에 집값의 0.3%정도를 냅니다. ( )

02. 빈칸에 알맞은 말을 쓰십시오.

서울의 보기 전세 값 20% 올라

최근 서울의 전세 값이 지난해 보다 20% 정도 올랐다고 한다. 특히 집값이 비싼 강남 지역은 그 정도가 더 하다. 그래서 요즘 계약할 때 많은 ❶ ______________ 도 내고 매달 ❷ ______________ 도 내는 사람들이 많아지고 있다. 서울 강남 지역의 한 ❸ ______________ 의 직원은 앞으로 ❹ ______________ 들의 부담이 더 커질 것 같다고 말했다.

문법 1 -고 해서

동사나 형용사의 어간에 붙어서 여러 가지 이유 중에서 가장 대표적인 이유 하나를 이야기할 때 쓴다. 이유가 한 가지일 때는 쓰지 않는다.

❶ 비도 오고 해서 집에서 쉬었어요.
❷ 머리도 아프고 해서 일찍 집에 갈까 해요.
❸ 조용하고 해서 그 커피숍에 자주 가요.
❹ 중국어 공부를 시작했는데 바쁘고 해서 그만뒀어요.

01. 다음 표를 보고 보기 와 같이 쓰십시오.

	이유	결과
보기	취미가 같다. 성격이 비슷하다.	영수 씨하고 자주 만나요.
❶	장학금을 받았다. 이사했다.	친구들을 초대했어요.
❷	피곤하다. 아침에 회의가 있다.	어제 일찍 잤어요.
❸	값이 싸다. 분위기가 좋다.	학교 앞 식당에 자주 가요.
❹	머리가 아프다. 일이 많다.	약속을 취소했어요.
❺	내일 토요일이다. 잠이 안 왔다.	밤늦게까지 책을 읽었어요.
❻	늦게 일어났다. 비가 왔다.	택시를 타고 왔어요.
❼	눈이 많이 왔다. 피곤하다.	하루 종일 집에만 있었어요.
❽	유학을 가고 싶다. 일이 너무 힘들다.	회사를 그만뒀어요.

보기 취미도 같고 해서 영수 씨하고 자주 만나요.

❶ ______________________

❷ ______________________

❸ ______________________

❹ ______________________

❺ ______________________

❻ ______________________

❼ ______________________

❽ ______________________

02. 다음 대화를 완성하십시오.

보기 가: 왜 그 식당에 자주 가요?
나: 그 식당이 값도 싸고 해서 자주 가요.

❶ 가: 왜 학교에 일찍 왔어요?
나: ____________________

❷ 가: 왜 친구들에게 한턱냈어요?
나: ____________________

❸ 가: 왜 모임에 안 나갔어요?
나: ____________________

❹ 가: 왜 백화점에 갔어요?
나: ____________________

❺ 가: 왜 하숙집을 옮겼어요?
나: ____________________

❻ 가: 왜 운동을 시작했어요?
나: ____________________

❼ 가: 왜 여행을 안 가세요?
나: ____________________

❽ 가: 왜 남자 친구하고 헤어졌어요?
나: ____________________

문법 2 -지 그래요?

동사의 어간 뒤에 붙어서 상대방에게 조심스럽게 제안하거나 권유할 때 쓴다. 보통 가깝고 친한 사람에게 쓰고 윗사람에게는 쓰지 않는 것이 좋다. 부정문일 때는 '-지 말지 그래요?'가 된다.

❶ 조금 쉬었다가 하지 그래요?

❷ 아프면 병원에 가 보지 그래요?

❸ 배가 부르면 먹지 말지 그래요?

❹ 그러지 말고 친구하고 잘 이야기해 보지 그래요?

01. 고민이나 문제가 있는 친구에게 보기 의 내용으로 조언하십시오.

보기

밤에 일찍 잔다.	술을 많이 마시지 않는다.
운동을 시작한다.	친구에게 깨워 달라고 부탁한다.
한국 드라마를 본다.	밤늦게까지 게임을 하지 않는다.
복습을 열심히 한다.	한국 친구하고 언어 교환을 해 본다.
건강식품을 먹어 본다.	

1. 가: 지각을 많이 해서 고민이에요.

보기 밤에 일찍 자지 그래요?

❶ ______________________

❷ ______________________

2. 가: 한국어를 잘 했으면 좋겠어요.

❸ ______________________

❹ ______________________

❺ ______________________

3. 가: 요즘 몸이 안 좋아요.

❻ ______________________

❼ ______________________

❽ ______________________

02. 다음 대화를 완성하십시오.

보기 가: 목감기에 걸린 것 같아요. 나: 생강차를 마셔 보지 그래요?

❶ 가: 아침을 안 먹어서 배가 고파요.
나: ____________________

❷ 가: 길이 막혀서 약속에 늦을 것 같아요.
나: ____________________

❸ 가: 요즘 살이 많이 쪄서 걱정이에요.
나: ____________________

❹ 가: 머리가 계속 아파요.
나: ____________________

❺ 가: 모르는 단어가 너무 많아요.
나: ____________________

❻ 가: 요즘 돈이 없어서 힘들어.
나: ____________________

❼ 가: 약속 시간에 늦었어요.
나: ____________________

❽ 가: 집이 너무 시끄러워서 공부를 할 수가 없어요.
나: ____________________

활동 친구의 생각을 듣고 보기 와 같이 말해 보십시오.

친구의 생각	제안
집이 학교에서 멀다. / 집이 좁다.	우리 하숙집으로 이사를 한다.
감기에 자주 걸린다. / 쉽게 피곤해진다.	등산을 해 본다.
생활비가 부족하다. / 한국말 연습을 하고 싶다.	

보기 가: 지금 살고 있는 원룸이 학교에서 좀 멀고 해서 이사를 가려고 해요. 어디로 이사를 가면 좋을까요?
나: 우리 하숙집으로 이사를 하지 그래요? 학교까지 10분밖에 안 걸리고 하숙집 아주머니의 음식도 정말 맛있어요.

02 한국 사람이 저한테 말을 걸까 봐 긴장이 돼요

학습목표 언어 교환 신청 관련 어휘를 익혀서 활용할 수 있다.
'-을까 봐', '-으면 되다' 표현을 익혀서 활용할 수 있다.

밍밍 : 저는 한국에 온 지 6개월이나 됐는데 지금도 한국 사람이 저한테 말을 걸까 봐 긴장이 돼요.

민철 : 한국에서 6개월이나 살았는데 아직도 겁이 나? 그럼 언어 교환을 한번 해봐. 한국 친구와 언어 교환도 하고 자주 어울리면 마음도 편해지고 자신감이 생길 거야. 지금 학교 홈페이지에서 신청하면 돼.

새 어휘

아직도	아르바이트 때문에 바쁘고 해서 아직도 수강 신청을 못했어요. 9시가 넘었는데 아직도 학교에 안 갔어?
겁이 나다	저는 한국말을 잘 못해서 한국 사람이 갑자기 말을 걸면 겁이 나요. 밤에 혼자 있으면 겁이 나서 텔레비전을 켜 놓고 자요.
언어 교환	영어를 배우고 싶어 하는 친구가 있는데 같이 언어 교환을 해 보지 그래요? 언어 교환을 하고 싶으면 우선 학교 홈페이지에 신청부터 하세요.
어울리다	저는 운동을 좋아해서 태권도 동아리 친구들과 자주 어울려요. 저한테 어울리는 옷을 좀 추천해 주세요.
자신감	외국어를 빨리 배우기 위해서는 자신감이 제일 중요해요. 자신감을 가지고 큰 소리로 말하도록 하십시오.

01. 빈칸에 알맞은 말을 쓰십시오.

보기 중국어를 배우고 싶어서 중국 친구와 언어 교환을 을/를 시작했어요.

❶ 사무실 분위기에 ________________ 지 않는 그림이 걸려 있었어요.

❷ 이가 아프지만 치과에 가기가 너무 ________________ 어요/아요/여요.

❸ 말하기 대회에서 상을 받고 ________________ 이/가 생겼어요.

❹ 내일 부산에 가는데 ________________ 기차표를 안 샀어?

02. 빈칸에 알맞은 말을 쓰십시오.

친구를 찾습니다!

저는 한국에 온 지 5개월이 됐는데 보기 아직도 한국 생활이 힘들어서 걱정입니다. 혼자 버스나 지하철 타기도 ❶ ________ 어서/아서/여서 수업이 끝나면 집에만 있습니다. 한국말 공부는 열심히 하고 있지만 한국 사람을 만나면 ❷ ________ 이/가 없어져서 한마디도 하지 못합니다. 같이 ❸ ________ 을/ㄹ 수 있는 친구도 없습니다. 제 성격에 맞는 한국 친구가 필요합니다. 같이 ❹ ________ 도 하고 맛있는 한국 음식도 먹으러 다니고 싶습니다. 관심 있는 분은 연락 주십시오.

주제 어휘

언어 교환 신청	• 언어 교환 • 게시판 • 신청서 • 성별 • 국적 • 모국어 • 설문 조사

01. 빈칸에 알맞은 말을 쓰십시오.

언어 교환 보기 (신청서)	
이름	왕웨이
❶ (　　　　　)	남
❷ (　　　　　)	캐나다
❸ (　　　　　)	영어
기타	같이 축구나 농구를 할 수 있는 친구
* 3개월 언어 교환이 끝난 후에 ❹ (　　　　　)이/가 있습니다.	

02. 빈칸에 알맞은 말을 쓰십시오.

가: 무슨 일로 오셨어요?

나: 보기 언어 교환을 을/를 하고 싶어서 왔어요. 이름은 요시다 리에이고,
❶ ____________ 은/는 일본어입니다.

가: 남자나 여자 다 괜찮으세요?

나: 네, ❷ ____________ 은/는 상관없어요.

가: 우선 ❸ ____________ 을/를 쓰시고, ❹ ____________ 에서 오리엔테이션 시간과 장소를 확인하세요.

나: 네, 알겠습니다. 감사합니다.

문법 1 -을까 봐

동사나 형용사의 어간에 붙어서 안 좋은 일이 있을 것 같아서 걱정이 될 때 쓴다. 어간에 받침이 있으면 '-을까 봐', 받침이 없으면 '-ㄹ까 봐'를 쓰고 이미 끝난 일에 대해서는 '-었을까 봐'를 쓴다. 후행절에 미래 시제나 청유형, 명령형은 쓰지 않는다.

❶ 추울까 봐 두꺼운 옷을 입었어요.

❷ 버스를 타면 회의에 늦을까 봐 택시를 탔어요.

❸ 비가 올까 봐 우산을 가지고 왔어요.

❹ 친구가 길을 잃어버렸을까 봐 걱정했는데 잘 찾아간 것 같아요.

01. 알맞은 말을 골라서 보기 와 같이 대화를 완성하십시오.

걱정되는 일	
갑자기 비가 온다.	점심시간에 가면 사람이 너무 많다.
이미 기차가 출발했다.	오늘 많이 걸어야 하는데 불편하다.
늦게 나오면 길이 막힌다.	중간에 들어가면 회의에 방해가 된다.
전화를 하면 친구가 화를 낸다.	시험에 떨어진 것을 이야기하면 부모님이 실망하신다.
바닥이 너무 미끄러워서 넘어진다.	

보기 가: 날씨가 좋은데 왜 우산을 가지고 왔니?
나: 갑자기 비가 올까 ~~을까/ㄹ까~~ 봐 가지고 왔어요.

❶ 가: 왜 일찍 출근하셨어요?
나: ______________________ 을까/ㄹ까 봐 일찍 출근했어요.

❷ 가: 왜 점심을 늦게 먹어요?
나: ______________________ 을까/ㄹ까 봐 늦게 먹어요.

❸ 가: 왜 바지를 입고 오셨어요?
나: ______________________ 을까/ㄹ까 봐 바지를 입고 왔어요.

❹ 가: 1분만 늦었으면 기차를 못 탔을 거예요.
나: ______________________ 을까/ㄹ까 봐 걱정했는데 다행이에요.

❺ 가: 약속을 못 지켰는데 왜 친구한테 전화를 안 해요?
나: ______________________ 을까/ㄹ까 봐 전화를 못하고 있어요.

❻ 가: 왜 회의실에 안 들어오고 밖에 있었어요?
나: ______________________ 을까/ㄹ까 봐 밖에서 기다렸어요.

❼ 가: 왜 그렇게 조심해서 걸으세요?
나: ______________________ 을까/ㄹ까 봐 조심해서 걸어요.

❽ 가: 왜 아직 이야기하지 않았어요?
나: ______________________ 을까/ㄹ까 봐 이야기하지 않았어요.

02. 다음 대화를 완성하십시오.

보기 가: 왜 김밥을 냉장고에 넣어 놓으셨어요?
나: 날씨가 더워서 김밥이 상할까 ~~을까/ㄹ까~~ 봐 냉장고에 넣어 놓았어요

❶ 가: 왜 작은 소리로 이야기해요?
나: 아이가 자는데 __________ 을까/ㄹ까 봐 작은 소리로 이야기해요.

❷ 가: 어제 모임에서 왜 먼저 집에 갔어요?
나: 집이 먼데 __________ 을까/ㄹ까 봐 먼저 집에 갔어요.

❸ 가: 왜 공포영화를 안 좋아해요?
나: 너무 무서워서 __________ 을까/ㄹ까 봐 안 봐요.

❹ 가: 늦게 올 줄 알았는데 생각보다 일찍 왔군요!
나: 길이 막혀서 __________ 을까/ㄹ까 봐 서둘러서 왔어요.

❺ 가: 어젯밤에 왜 전화를 안 받았어요? 일찍 잤어요?
나: 아침에 회의가 있는데 __________ 을까/ㄹ까 봐 일찍 잤어요.

❻ 가: 요즘 왜 이렇게 열심히 공부해요?
나: __________ 을까/ㄹ까 봐 요즘 열심히 공부해요.

❼ 가: 오늘 왜 이렇게 두꺼운 옷을 입고 왔어요?
나: 저녁에는 날씨가 추워서 __________ 을까/ㄹ까 봐 두꺼운 옷을 입고 왔어요.

❽ 가: 뭘 그렇게 열심히 적고 있어요?
나: __________ 을까/ㄹ까 봐 모두 수첩에 적고 있어요.

문법 2 -으면 되다

동사나 형용사의 어간에 붙어서 어떤 상태가 되거나 어떤 행위만 해도 충분하다는 것을 나타낼 때 쓴다. 동사 어간에 받침이 있으면 '-으면 되다', 받침이 없으면 '-면 되다'를 쓴다.

❶ 여행 준비는 끝났고 이제 출발하면 돼요.
❷ 선물은 샀으니까 이제 포장만 하면 돼요.
❸ 옷이 잘 안 어울리면 바꾸면 돼요.
❹ 저는 배부르니까 커피 한 잔만 있으면 돼요.

01. 알맞은 말을 골라서 보기 와 같이 쓰십시오.

상을 차린다.
친구들을 기다린다.
이제 먹는다.
여행사에서 일하는 친구에게 물어본다.
저가 항공권을 찾아본다.
선생님께 물어본다.
채소를 더 넣는다.
물을 더 넣는다.
사전을 찾아본다.

음식이 너무 짜면 보기 물을 더 넣으면 ~~으면/면~~ 돼요.
❶ ______________________ 으면/면 돼요.
단어를 모를 때는 ❷ ______________________ 으면/면 돼요.
❸ ______________________ 으면/면 돼요.
비행기 표를 싸게 사고 싶으면 ❹ ______________________ 으면/면 돼요.
❺ ______________________ 으면/면 돼요.
음식은 다 만들었으니까 ❻ ______________________ 으면/면 돼요.
❼ ______________________ 으면/면 돼요.
❽ ______________________ 으면/면 돼요.

02. 다음 대화를 완성하십시오.

보기 가: 한국 요리를 배우고 싶은데 어떻게 하면 돼요?
나: 한국 요리를 배우고 싶으면 한국 요리 동아리에 들면 돼요.

❶ 가: 대학 입학 준비는 잘 하고 있어요?
나: ______________________

❷ 가: 인터넷에서 물건을 사는 것이 복잡해요?
나: ______________________

❸ 가: 제주도에 간다고 하셨지요? 여행 준비는 다 하셨어요?
나: ______________________

❹ 가: 주말에 이사하는데 준비는 다 끝났어?
나: ______________________

❺ 가: 마이클 씨는 어떤 음식이 좋아요? 뭘 먹을까요?
나: ______________________

❻ 가: 제가 남자 친구를 소개해 드릴까요? 어떤 사람이 좋아요?
나: ______________________

❼ 가: 한국 회사에 취직하고 싶은데 어떻게 준비하면 될까요?
나: ______________________

❽ 가: 된장찌개가 너무 짠 것 같은데요.
나: ______________________

활동 걱정되는 것에 대해서 보기 와 같이 대화를 만들어 보십시오.

걱정되는 것	나의 의견
언어 교환 약속 시간에 늦을 것 같다.	친구한테 미리 연락한다.
시험을 못 볼 것 같다.	평소에 열심히 공부한다.
내가 만든 음식이 맛없을 것 같다.	

보기 가: 다음 주부터 한국친구와 언어 교환을 하기로 했어요. 그런데 아르바이트 때문에 가끔 약속 시간에 늦을까 봐 걱정이에요.

나: 걱정하지 마세요. 미리 연락하면 될 거예요. 그래도 약속은 꼭 지키도록 하세요.

03 쓰레기를 버린다는 것이 중요한 서류를 버렸어요

학습목표 아르바이트 신청 관련 어휘를 익혀서 활용할 수 있다.
'-는다는 것이', '-는단 말이에요?' 표현을 익혀서 활용할 수 있다.

영수 : 저는 학교를 휴학하고 무역 회사에서 잠깐 아르바이트를 했는데, 쓰레기를 버린다는 것이 중요한 서류를 버려서 아주 깜짝 놀란 적이 있어요.

민철 : 중요한 서류를 버렸단 말이야? 정말 곤란했겠다.

영수 : 다행히 나중에 찾기는 했지만 그때는 눈앞이 캄캄했어요.

새 어휘

휴학하다	1년 휴학하고 영어를 공부하러 호주에 갈까 해. 동기들 중에 휴학한 친구들이 많아서 함께 만나기가 어려워요.
쓰레기	여러 식당에서 나오는 음식물 쓰레기 때문에 환경 문제가 심각해졌다. 일반 쓰레기는 쓰레기봉투에 넣어서 정해진 장소에 놓으세요.
버리다	버리는 음식이 없도록 남기지 마세요. 신용 카드 영수증은 작게 찢어서 버리는 것이 안전해요.
서류	대학교 입학에 필요한 서류를 빨리 준비하시지요. 회사에서 서류를 복사하고 정리하는 아르바이트를 한 적이 있어요.
곤란하다	들어주기 곤란한 부탁을 받으면 어떻게 거절하세요? 직접 말씀하시기 곤란하시면 제가 이야기하겠습니다.
눈앞이 캄캄하다	여권이 없어진 것을 알고 눈앞이 캄캄해졌어요. 제 실수로 보고서 파일이 삭제돼서 눈앞이 캄캄했어요.

01. 빈칸에 알맞은 말을 쓰십시오.

보기 룸메이트가 쓰레기를 버리지 않아서 방에서 냄새가 나요.

❶ 지하철 막차를 놓쳐서 ______________________ 었어요/았어요/였어요.

❷ 요즘은 취업 준비를 하기 위해서 ______________ 는/은/ㄴ 학생이 많아요.

❸ 오늘 회의에 필요한 ______________________ 을/를 집에 놓고 왔어요.

❹ 수업 중이라서 전화받기가 ________________ 으니까/니까 이따가 다시 해.

02. 빈칸에 알맞은 말을 쓰십시오.

가: 여보세요? 영수야, 지금 바쁘니?

나: 아니, 오랜만에 청소 좀 하고 보기 쓰레기를 버리려고 ~~으려고/려고~~ 잠깐 나왔어.

가: ❶ __________ 으려고/려고 신청서를 쓰고 있는데 같이 내야 하는 ❷ __________ 이/가 많아서 ❸ __________ 어/아/여. 지금 시간 있으면 나 좀 도와줄 수 있어?

가: 미안해. 약속 때문에 바로 나가야해서 지금은 ❹ __________ 어/아/여.

나: 그래? 그럼 우선 혼자 해 보고 나중에 좀 물어볼게.

주제 어휘

아르바이트 신청	• 서류 • 신청 • 자격 • 기간 • 면접 • 이력서 • 자기소개서

01. 빈칸에 알맞은 말을 쓰십시오.

보기 대학교 입학 신청서, 졸업 증명서, 성적 증명서 (서류)

❶ 한국대학교 경영학과 졸업, 무역회사 3년 경력 (   )

❷ 한국어가 가능한 중국인, TOPIK 4급 이상 (   )

❸ 저는 아르바이트 경험이 많고 적극적인 성격입니다. (   )

❹ 2015년 1월 10일부터 1월 17일까지 (   )

02. 빈칸에 알맞은 말을 쓰십시오.

가: 마리아 씨, 아르바이트를 하고 싶다고 했지요? 오늘부터 도서관에서 아르바이트 보기 신청을 을/를 받는다니까 한 번 알아보세요.

나: 그래요? 한국말도 아직 잘 못하는데 제가 ❶ ______________ 이/가 될까요?

가: ❷ ______________ 을/를 잘 보면 괜찮을 거예요. 필요하면 저하고 연습해요.

나: 고마워요. 필요한 ❸ ______________ 이/가 뭐예요?

가: 재학증명서와 자기소개서예요. ❹ ______________ 은/는 다음 주 화요일까지니까 빨리 준비하세요.

문법 1 -는다는 것이

동사의 어간에 붙어서 처음에 하려고 했던 의도와는 달리 실수나 착각을 했거나 어쩔 수 없는 상황 때문에 뒤의 행동을 하게 되거나 뒤의 상황이 되었을 때 쓴다. 어간에 받침이 있으면 '-는다는 것이' 받침이 없으면 '-ㄴ다는 것이'를 쓰고, 후행절에 미래 시제나 청유형, 명령형은 쓰지 않는다.

❶ 찌개에 소금을 넣는다는 것이 설탕을 넣어서 맛이 이상해요.
❷ 정신이 없어서 272번 버스를 탄다는 것이 727번 버스를 탔어요.
❸ 도와준다는 것이 오히려 방해만 된 것 같아서 미안해요.
❹ 고향 친구에게 생일축하 전화를 한다는 것이 너무 피곤해서 그냥 잤어요.

01. 다음 표를 보고 보기 와 같이 쓰십시오.

처음에 하려고 한 일	실수로 한 일
마이클 씨한테 전화를 걸려고 했다.	전화번호가 비슷해서 제임스 씨한테 전화를 걸었어요.
식당에서 계산하려고 만 원짜리를 내려고 했다.	천 원짜리를 내서 식당 주인이 당황해했어요.
내 신발을 신으려고 했다.	모양이 비슷해서 다른 사람 신발을 신고 집에 왔어요.
쓰레기를 버리려고 했다.	중요한 회의 자료를 버려서 다시 준비한 적이 있어요.
153번 버스를 타려고 했다.	번호가 비슷해서 135번 버스를 탔어요.
내 코트를 입으려고 했다.	색깔이 비슷해서 옆 사람의 코트를 입고 왔어요.
커피에 설탕을 넣으려고 했다.	소금을 넣어서 맛이 이상해요.
말하기 교재를 가지고 오려고 했다.	듣기 교재를 가지고 와서 옆 친구하고 같이 봤어요.
핸드폰을 가지고 오려고 했다.	TV 리모컨을 가지고 와서 친구들이 보고 웃었어요.

보기 마이클 씨한테 전화를 건다는 것이 전화번호가 비슷해서 제임스 씨한테 전화를 걸었어요.

❶ ______________________________

❷ ______________________________

❸ ______________________________

❹ ______________________________

❺ ______________________________

❻ ______________________________

❼ ______________________________

❽ ______________________________

02. 다음 대화를 완성하십시오.

보기 가: 리에 씨, 도와줘서 고마워요.
나: 아니에요. 도와준다는 것이 방해만 된 것 같아서 미안해요.

❶ 가: 이 음식은 제가 주문한 음식이 아닌데요.
나: 죄송합니다. ______________ 금방 가지고 오겠습니다.

❷ 가: 설렁탕이 왜 이렇게 짜?
나: 미안해. ______________ 물을 더 넣을까?

❸ 가: 오늘 왜 이렇게 학교에 늦게 왔어요?
나: 지하철을 잘못 탔어요. ______________

❹ 가: 리에 씨, 웬일로 전화를 했어요? 무슨 일이 있어요?
나: 아, 웨이 씨? 미안해요. ______________

❺ 가: 오늘 회의 자료가 어디에 있지요?
나: 죄송합니다. ______________ 조금만 기다려주시면 제가 빨리 가지고 오겠습니다.

❻ 가: 여보, 이 구두는 처음 보는 건데 아침에 신고 간 구두는 어디에 있어요?
나: 식당에 갔다가 ______________ 빨리 식당에 전화를 해 봐야겠어.

❼ 가: 조금 전에 아파트 앞이라고 했는데 왜 이렇게 늦게 왔어?
나: 헛갈려서 다른 집에 갔다가 왔어. ______________

❽ 가: 더운데 왜 뜨거운 커피를 마셔요?
나: ______________

문법 2 -는단 말이에요?

'-는다는 말이에요?'의 줄임말로 동사나 형용사의 어간에 붙어서 상대방의 말을 듣고 놀랍고 믿을 수 없어서 다시 한 번 확인할 때 쓰인다. 동사의 어간에 받침이 있으면 '-는단 말이에요?', 받침이 없으면 '-ㄴ단 말이에요?', 형용사 어간에는 '-단 말이에요?', 받침이 있는 명사에는 '이란 말이에요?', 받침이 없는 명사에는 '란 말이에요?'를 쓴다. '-었단 말이에요?', '-겠단 말이에요?', '-을/ㄹ 거란 말이에요?'도 쓸 수 있다.

❶ 마이클 씨가 요즘 하루에 4시간이나 공부한단 말이에요?

❷ 남대문 시장의 물건이 그렇게 싸단 말이에요?

❸ 리에 씨 남자 친구가 한국 사람이란 말이에요?

❹ 결석을 이미 많이 했는데 어제 또 학교에 안 갔단 말이에요?

01. 다음 대화를 완성하십시오.

보기 가: 웨이 씨가 감기에 걸려서 요즘 학교에 안 나온다고 해요.
나: 웨이 씨가 그렇게 많이 아프단 말이에요?

❶ 가: 오늘 아침에 길이 많이 막혀서 학교까지 두 시간이나 걸렸어요.
나: ______________________

❷ 가: 마리아 씨가 요즘 살을 빼려고 밥은 안 먹고 날마다 과일만 먹어요.
나: ______________________

❸ 가: 이번 시험에서 80점 이상 받은 학생이 한 명도 없다고 해요.
나: ______________________

❹ 가: 리에 씨는 날마다 3시간씩 운동을 해요.
나: ______________________

❺ 가: 도서관에서 빌린 책이 어디에 있는지 모르겠어요.
나: ______________________

❻ 가: 우리 하숙집 하숙비가 10만원이나 올랐어요.
나: ______________________

❼ 가: 제임스 씨 집에 자동차가 세 대 있어요.
나: ______________________

❽ 가: 미선 씨하고 영수 씨가 어제도 싸웠다고 해요.
나: ______________________

02. 다음 대화를 완성하십시오.

미선: 웨이야, 오늘 많이 피곤해 보여. 어제 뭐했어?
웨이: 응, 어제 수업이 끝나고 영수 씨하고 등산했어.
미선: 보기 어제 영수 씨하고 등산을 했단 말이야? 갑자기 무슨 등산이야?
웨이: 갑자기 영수 씨가 등산을 가자고 해서 청바지를 입고 등산했어.
미선: ❶ ______________________ 불편하지 않았어?
웨이: 괜찮았는데 점심을 안 먹고 등산을 해서 조금 배가 고팠어.
미선: ❷ ______________________
웨이: 배고팠지만 즐거웠어. 그런데 미선아, 영수 씨의 꿈이 영화배우였다는 거 알았어?
미선: 뭐라고? ❸ __________ 한 번도 그런 이야기를 한 적이 없어서 몰랐어.
웨이: 요즘 그 꿈을 위해서 학원에도 다닌다고 해. 정말 부지런하지?
미선: ❹ ______________________ 정말 놀랍다.
웨이: 그리고 너 영수 씨가 리에 씨를 좋아하고 있는 거 알고 있었니?
미선: 아니 몰랐어.
웨이: 그런데 사실 나도 리에 씨를 좋아해. 영수 씨가 리에 씨를 좋아한다는 이야기를 듣고 놀랐어.
미선: 뭐? ❺ ______________________ 몰랐어.
웨이: 그런데 어제 등산이 끝나고 영수 씨하고 치킨과 맥주를 먹다가 지나가는 리에 씨와 마이클을 봤는데 둘이 손을 잡고 있었어. 사귀는 것 같았어.
미선: ❻ ______________ 오늘 정말 놀라운 이야기를 많이 듣는구나.
웨이: 등산화가 없어서 운동화를 신고 등산을 해서 발도 아팠어.
미선: ❼ ______________________ 미끄럽지 않았어? 고생했겠다.
웨이: 이런 저런 생각 때문에 어제 2시가 넘어서 잤어. 그래서 지금 많이 피곤해.
미선: ❽ ______________ 정말 피곤하겠다. 오늘은 빨리 집에 가서 쉬어.

활동 실수한 경험을 보기 와 같이 말해 보십시오.

하고 싶은 것	실수 한 것
'고맙습니다'라고 말한다.	'죄송합니다'라고 말했다.
신촌에 간다.	시청에 간다.
찌개에 소금을 넣는다.	

보기 가: 어제는 '아르바이트를 하는데 손님에게 '고맙습니다'라고 말한다는 것이 '죄송합니다'라고 했어요. 식당에 있는 사람들이 얼마나 웃었는지 몰라요.

나: '고맙습니다'를 '죄송합니다'로 말했단 말이에요? 외국인이니까 이해하지 않을까요?

04 앞으로 계속 같이 지내야 하잖아요

학습목표 친구와의 갈등 관련 어휘를 익혀서 활용할 수 있다.
'-어 버리다', '-잖아요' 표현을 익혀서 활용할 수 있다.

영수 : 밍밍 씨, 안색이 안 좋아 보이는데 무슨 일 있어요?

밍밍 : 룸메이트와 말다툼을 했어요. 어제 제가 먹으려고 사 놓은 음식을 친구가 마음대로 먹어 버려서 기분이 조금 나빴어요.

영수 : 그 상황에서 기분 나쁠 수 있지만 그래도 친구 사이니까 빨리 화해하는 게 좋을 것 같아요. 그렇게 큰일도 아니고 앞으로 계속 같이 지내야 하잖아요.

새 어휘

안색	피곤해서 그런지 눈도 빨갛고 안색도 나빠 보여요. 어머니께서 나의 합격 소식을 듣고 안색이 갑자기 좋아지셨다.
말다툼	룸메이트와 의견이 달라서 말다툼을 자주 하는 편이에요. 동생하고 한번 말다툼을 하면 며칠 동안 말을 안 할 때도 있어요.
마음대로	세상 일이 모두 마음대로 되는 것은 아니다. 여기에 있는 물건들은 모두 무료니까 마음대로 가져가도 괜찮아요.
상황	바빠서 같이 여행 갈 수 없는 내 상황도 좀 이해해 줘. 경제적인 상황도 안 좋고 해서 자동차는 다음에 사기로 했어요.
화해하다	여자 친구하고 싸운 지 일주일 됐는데 어떻게 화해하면 좋을까요? 계속 같이 살아야 하는데 두 사람 이제 화해하도록 하세요.

01. 빈칸에 알맞은 말을 쓰십시오.

보기 어제 친구와 여행 계획에 대해서 이야기하면서 말다툼을 ~~을~~/를 했어요.

❶ 모두 말을 안 하고 있어서 어떤 ________ 인지를 잘 모르겠어요.

❷ 남자들은 보통 술 한 잔 마시면서 ________ 어요/아요/여요.

❸ 집에 들어가면 먼저 할머니의 ________ 부터 살펴봅니다.

❹ 웨이 씨가 늦게 와서 제 ________ 주문했는데 괜찮아요?

02. 빈칸에 알맞은 말을 쓰십시오.

가: 정희 씨, 무슨 일 있어요? **보기** 안색이 ~~이~~/가 나빠 보여요.

나: 제 룸메이트가 제 물건을 ❶ ________ 써서 어제 ❷ ________ 을/를 했어요.

가: ❸ ________ 은/는 잘 모르겠지만 같이 생활하기 불편할 텐데 빨리 ❹ ________ 지 그래요?

나: 네, 저도 잘 지내고 싶은데 이런 일이 생겨서 기분이 안 좋아요.

주제 어휘

친구와의 갈등	• 싸우다 • 오해하다 • 오해를 풀다 • 사과하다 • 용서하다 • 화해하다

01. 빈칸에 알맞은 말을 쓰십시오.

보기 친구한테 실수를 하고 잘못했다고 이야기했습니다. (사과하다)

❶ 사실을 잘못 알고 친구를 나쁘게 생각했습니다. ( )

❷ 싸웠다가 서로 이야기하고 다시 친해졌습니다. ( )

❸ 사실을 알고 나쁘게 생각했던 마음이 없어졌습니다. ( )

❹ 친구의 잘못을 이해하고 없는 일로 했습니다. ( )

02. 빈칸에 알맞은 말을 쓰십시오.

고민 상담

요즘 여자 친구와 자주 보기 싸워서 ~~어서/아서/여서~~ 고민입니다. 며칠 전에는 제가 회사 일 때문에 약속 시간에 늦었는데, 여자 친구는 제가 약속을 잊어버린 것으로 ❶ ______________ 었습니다/았습니다/였습니다. 미안하다고 ❷ ______________ 었지만/았지만/였지만, 여자 친구는 ❸ ______________ 으려고/려고 하지 않는 것 같습니다. 어떻게 하면 여자 친구와 ❹ ______________ 을/ㄹ 수 있을까요?

문법 1 —어 버리다

동사의 어간에 붙어서 어떤 행동이 완전히 끝났을 때 그 끝난 것에 대하여 마음이 시원하거나 아쉬운 마음이 있을 때 쓴다.

❶ 음식이 조금 남아서 내가 다 먹어 버렸어요.
❷ 월급을 받은 지 얼마 안됐는데 돈을 다 써 버렸어요.
❸ 여행을 떠나기 전에 해야 할 일을 다 끝내 버렸어요.
❹ 기차역에 너무 늦게 도착해서 기차를 놓쳐 버렸어요.

01. 알맞은 동사를 골라서 보기 와 같이 쓰십시오.

끊다	먹다	울다	말하다	가다
잊다	주다	나오다	끝내다	

보기 친구와 한 점심 약속을 잊어 버렸어요.

❶ 약속 시간에 30분 정도 늦었는데 친구가 그냥 ________________

❷ 저녁에 먹으려고 냉장고에 넣어 놓은 피자를 친구가 ________________

❸ 내일까지 해도 되는 일이지만 오늘 시간이 있어서 다 ________________

❹ 마리아 씨의 비밀을 영수 씨한테 ________________

❺ 남자 친구와 싸우다가 너무 화가 나서 ________________

❻ 영화가 너무 재미없어서 중간에 ________________

❼ 잘 듣지 않는 CD여서 친구한테 ________________

❽ 친구하고 통화를 하는데 소리가 잘 안 들려서 그냥 ________________

02. 다음 대화를 완성 하십시오.

보기 가: 왜 학교에 늦었어요? 나: 조금 늦게 일어나서 학교 버스를 놓쳐 버렸어요.

❶ 가: 아이스크림이 왜 이렇게 녹았어요?
나: ______________________

❷ 가: 요즘도 여자 친구하고 자주 싸워요?
나: ______________________

❸ 가: 왜 갑자기 머리를 짧게 자르셨어요?
나: ______________________

❹ 가: 재미있는 드라마를 방송하는 시간인데 왜 안 보세요?
나: ______________________

❺ 가: 친구하고 약속이 있다고 들었는데 왜 이렇게 일찍 왔어?
나: ______________________

❻ 가: 냉장고에 맥주가 많았는데 왜 없지?
나: ______________________

❼ 가: 내일 수업에 필요한 책을 준비했어요? 도서관에서 빌렸어요?
나: ______________________

❽ 가: 마이클 씨하고 말도 안 하고 무슨 일 있어요?
나: ______________________

문법 2 —잖아요

동사나 형용사의 어간에 붙어서 이미 말했거나 상대방도 당연히 알고 있다고 생각하는 이유를 다시 한 번 확인할 때 쓴다. 주로 아랫사람이나 친한 친구에게 쓴다.

❶ 가: 요즘 제임스 씨가 건강해진 것 같아요.
   나: 요즘 날마다 2시간씩 운동하잖아요.

❷ 가: 날씨가 따뜻한데 두꺼운 외투는 왜 가지고 가요?
   나: 산은 낮에는 따뜻하지만 밤에는 좀 춥잖아요.

❸ 가: 영수 씨가 중국어를 정말 잘 하는데요.
   나: 3년 동안 중국어를 공부하고 있잖아요.

❹ 가: 이번 주에 시험이 있는 것을 몰랐어요?
   나: 몰랐어요. 지난주에 출장을 가서 학교에 안 왔잖아요.

01. 다음 표를 보고 보기 와 같이 대화를 완성하십시오.

상대방이 알고 있다고 생각하는 이유	결과
종류가 많고 질이 좋다.	백화점에서 쇼핑했다.
떡볶이가 싸고 맛있다.	떡볶이를 자주 먹는다.
마이클 씨가 일주일 전에 고향에 돌아갔다.	마이클 씨가 보이지 않는다.
자기 일은 잘 말하지 않는다.	마이클 씨한테 무슨 일이 생겨도 모른다.
두 달 전부터 수영을 시작했다.	살이 빠지고 건강해졌다.
도서관에서 아르바이트를 한다.	도서관에 간다.
여자 친구가 생겼다.	주말에는 바쁘다.
여자 친구가 한국 사람이다.	한국말 실력이 늘었다.
내일 시험이 있다.	가방에 책이 많다.

리에: 웨이 씨, 또 백화점에서 쇼핑했어요?
웨이: 네, 보기 백화점이 종류가 많고 질도 좋잖아요. 백화점에서 떡볶이도 먹었어요.
리에: 웨이 씨는 정말 쇼핑을 좋아하는 것 같아요. 그런데 또 떡볶이를 먹었어요?
웨이: 네, ❶ ________________ 떡볶이가 제일 맛있는 음식인 것 같아요.
리에: 맞아요. 저도 떡볶이가 참 맛있어요. 그런데 요즘 마이클이 안 보이는 데 무슨 일 있어요?
웨이: 모르셨어요? 마이클은 일이 있어서 ❷ ________________
리에: 그래요? 몰랐어요. 그런데 무슨 일이 있는 걸까요?
웨이: 글쎄요. 저도 잘 모르겠어요. 마이클이 ❸ ________________

리에: 그렇지요. 아, 그런데 웨이 씨 요즘 살이 빠진 것 같아요.
웨이: 네, ❹ ______________ 수영을 하니까 살도 빠지고 건강해지는 것 같아요.
리에: 그런데 지금 어디에 가는 길이에요?
웨이: 도서관에 가요. 저 ❺ ______________
리에: 아 맞다. 일은 재미있어요? 바빠서 여자 친구 사귈 시간도 없겠어요.
웨이: 모르셨어요? 저 ❻ ______________ 그래서 주말에는 많이 바빠요.
리에: 정말이요? 그런데 한국말 실력이 많이 는 것 같아요.
웨이: ❼ ______________ 날마다 한국말로 이야기하니까 실력이 조금 느는 것 같아요.
리에: 와, 그랬군요. 그런데 가방이 무거워 보여요. 책이 들었어요?
웨이: 네, ❽ ______________ 아르바이트가 끝나고 공부할까 생각 중이에요.

02. 다음 대화를 완성하십시오.

보기 가: 도서관에 왜 이렇게 사람이 없어요? 나: 며칠 전에 방학했잖아요.

❶ 가: 리에 씨 하숙방은 좁은데 왜 그렇게 비싸요?
나: ______________________________

❷ 가: 바로 앞에 버스 정류장이 있는데 왜 지하철을 타요?
나: ______________________________

❸ 가: 오늘 주말도 아닌데 백화점에 왜 이렇게 사람이 많지요?
나: ______________________________

❹ 가: 제임스 씨와 마리아 씨가 요즘 같이 안 다니는 것 같아요.
나: ______________________________

❺ 가: 마이클 씨가 요즘 학교에도 안 오는데 무슨 일이 있어요?
나: ______________________________

❻ 가: 사람들이 왜 비빔밥을 좋아할까요?
나: ______________________________

❼ 가: 요즘은 날마다 비가 오는 것 같아요.
나: ______________________________

❽ 가: 리에 씨는 일본 사람인데 어떻게 그렇게 프랑스어를 잘해요?
나: ______________________________

활동 갈등이나 불편한 상황을 보기 와 같이 말해 보십시오.

갈등이나 불편한 상황	나의 의견 놓을 것
하숙집 친구들이 내 치약을 다 썼다.	계속 같이 살 거니까 잘 이야기해 본다.
연극대회 연습을 하는데 화를 냈다.	불편하니까 사과하고 잘 지낸다.
친구가 약속 시간에 늦어서 그냥 왔다.	

보기 가: 어제는 하숙집 친구들이 제 치약을 다 써 버려서 조금 화가 났어요. 친구들이 제 물건을 마음대로 써서 기분이 나빠요.

나: 하숙집에서 그런 일들이 많지요. 하지만 계속 같이 살 거잖아요. 화내지 말고 친구들하고 잘 이야기해 보세요.

제4과 여행

01 교수님들도 모두 모시고 가 보는 게 어때?

02 몇 년 전만 해도 서울에서 경주까지 가는 KTX가 없었어

03 오늘 오후 일정이 어떻게 되는지 알아?

04 이번 모임 때 이야기해 보기로 하자

01 교수님들도 모두 모시고 가 보는게 어때?

학습목표 답사 관련 어휘를 익혀서 활용할 수 있다.
'-는다고 할 수 있다', '-는 게 어때요?' 표현을 익혀서 활용할 수 있다.

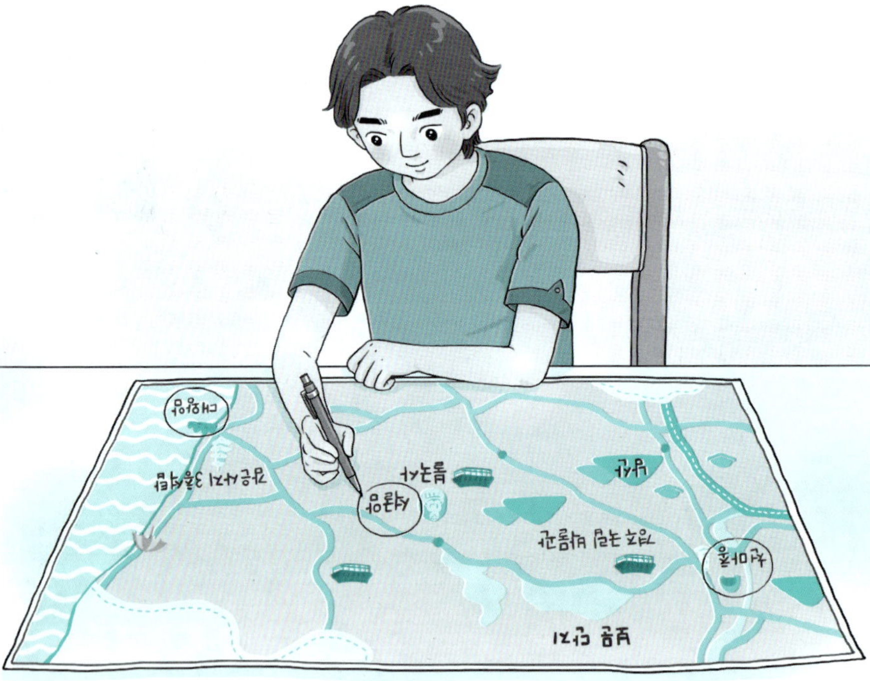

웨이 : 경주에 직접 답사를 가 보니까 어때요?

민철 : 경주는 시내 전체가 유적지여서 마치 박물관을 보는 것 같았어. 복잡하지 않고 조용해서 좀 지루할 것 같기는 하지만 천천히 도시 전체를 구경할 수 있으니까 엠티 장소로는 최고라고 할 수 있지. 이번에는 교수님들도 모두 모시고 가 보는 게 어때?

새 어휘

경주	경주는 약 1000년 동안 신라의 수도였어요. 자전거로 경주 시내를 구경했어요.
답사	졸업 여행을 가기 전에 학생들 몇 명이 답사를 갔어요. 미리 답사를 다녀와서 이번 행사가 잘 끝났어요.
전체	다음 주에 신입생 전체 오리엔테이션이 있습니다. 이번 여행은 우리 회사 직원 전체가 가는 여행입니다.
마치	신부의 웨딩드레스가 마치 눈처럼 하얬다. 웨이는 노래를 정말 잘 해서 마치 가수 같아요.
지루하다	영화가 너무 지루해서 보다가 잤어요. 친구를 기다리기가 좀 지루해서 잡지를 봤어.

01. 빈칸에 알맞은 말을 쓰십시오.

보기 경주는 ~~은/는~~ 경상북도에 있는 한국의 대표적인 유적지예요.

❶ 리에가 시험 성적을 확인하고 ________ 1등을 한 것처럼 기뻐했다.

❷ 박물관이 너무 넓기 때문에 짧은 시간에 박물관 ________ 을/를 다 구경하는 것은 힘들어요.

❸ 다음 주에 가는 엠티를 준비하려고 동아리 친구들과 엠티 장소로 ________ 을/를 다녀왔어요.

❹ 책이 너무 ________ 어서/아서/여서 다 못 읽고 잠이 들었어요.

02. 빈칸에 알맞은 말을 쓰십시오.

드디어 다음 주에 기다리던 동아리 엠티를 간다. 한 달 전부터 보기 답사도 다녀 오고 계획도 짜면서 재미있게 준비했기 때문에 한 달이 ❶ ________ 일주일처럼 빨리 지나갔다. 동아리 회원 ❷ ________ 이/가 가는 것은 처음이어서 정말 기다려진다. 경상북도에 있는 도시인 ❸ ________ 까지는 조금 멀기 때문에 가는 동안 ❹ ________ 어하는/아하는/여하는 친구들도 있을 것 같아서 여러 가지 게임도 준비했다.

주제 어휘

답사	• 순환 버스 • 단체 • 할인 • 배차 시간 • 관광철 • 오락 시설 • 비용

01. 빈칸에 알맞은 말을 쓰십시오.

보기 어떤 일을 하는 데에 드는 돈 (비용)

❶ 정해진 장소를 정해진 시간에 계속해서 다니는 버스 (　　　　)

❷ 일 년 중 관광하기가 가장 좋은 때여서 많은 사람들이 여행을 떠나는 시기 (　　　　)

❸ 정해진 금액에서 어느 정도를 뺌 (　　　　)

❹ 버스나 지하철과 같은 교통수단이 다니는 정해진 시간 (　　　　)

02. 빈칸에 알맞은 말을 쓰십시오.

가: 주말에 여행은 잘 다녀왔어?

나: 정말 재미있었어. 요즘 **보기** 관광철이어서 ~~이어서/여서~~ 사람이 많기는 했지만 정말 즐거운 시간을 보냈어.

가: 기차를 타고 가서 불편하지 않았어?

나: 숙소에서 여러 관광지까지 다니는 ❶ ________ 이/가 있어서 불편하지 않았어. 숙소 로비에 ❷ ________ 표도 붙어 있어서 시간도 잘 알 수 있었어.

가: 그렇구나. ❸ ________ 은/는 얼마나 들었어?

나: ❹ ________ 관광 상품을 이용했기 때문에 별로 비싸지 않았어.

문법 1 -는다고 할 수 있다

동사나 형용사의 어간에 붙어서 보통 사람들의 생각과 크게 다르지 않아서 그렇게 이야기해도 문제가 없다는 것을 나타낸다. 동사의 어간에 받침이 있으면 '-는다고 할 수 있다', 받침이 없으면 '-ㄴ다고 할 수 있다', 형용사 어간에는 '-다고 할 수 있다', 받침이 있는 명사에는 '이라고 할 수 있다', 받침이 없는 명사에는 '라고 할 수 있다'를 쓴다. '-었다고 할 수 있다'도 쓸 수 있다.

❶ 영화를 일주일에 한 편씩 보니까 자주 본다고 할 수 있어요.
❷ 커피가 한 잔에 6000원이면 다른 곳에 비해서 비싸다고 할 수 있지.
❸ 김치는 한국을 대표하는 음식이라고 할 수 있지요.
❹ 수박이 한 통에 2만 원쯤 하니까 과일 값이 많이 올랐다고 할 수 있다.

01. 다음 대화를 완성하십시오.

보기 가: 이번 학기에 수업을 많이 들어요?
나: 날마다 2~3개의 수업을 들으니까 많이 듣는다고 할 수 있지요.

❶ 가: 학생식당에서 점심을 자주 먹어요?
나: 네, 일주일에 세 번쯤 학생식당에서 먹으니까 ______________

❷ 가: 텔레비전은 어느 회사 제품이 제일 인기가 있어요?
나: 지금까지 100만 대쯤 팔렸으니까 ______________

❸ 가: 이번 시험은 쉬웠어?
나: 학생들이 보통 85점쯤 받았으니까 ______________

❹ 가: 이번 신입생 환영회에는 선배님들도 많이 오세요?
나: 이번에는 30명쯤 참석한다고 했으니까 ______________

❺ 가: 운동을 자주 하세요?
나: 네, 일주일에 네 번쯤 하니까 ______________

❻ 가: 아르바이트를 많이 해봤어?
나: 지금까지 다섯 번쯤 해봤으니까 ______________

❼ 가: 하숙집을 구했어요? 하숙비는 싸요?
나: 한 달에 40만 원이니까 ______________

❽ 가: 언어 교환 친구와 자주 만나?
나: 응, 일주일에 3일은 만나니까 ______________

02. 보기 와 같이 쓰십시오.

보기 하루에 한 번은 한식을 먹는다.
➡ 한식을 자주 먹는다고 할 수 있어요.

❶ 이번 말하기 시험에서 반 친구들은 보통 80점쯤 받았는데 나는 95점을 받았다.

➡ ______________________

❷ 작년에는 신입생 환영회에 20명쯤 참석했는데 이번에는 모두 50명쯤 참석했다.

➡ ______________________

❸ 회사를 옮기려고 하는데 그 회사 월급이 400만 원이다.

➡ ______________________

❹ 집에 있는 물건을 거의 다 인터넷 쇼핑몰에서 샀다.

➡ ______________________

❺ 일주일에 네 번쯤 인스턴트식품을 먹는다.

➡ ______________________

❻ 내가 사는 곳은 보증금 500만 원에 월세 30만 원이다.

➡ ______________________

❼ 룸메이트와 1년 동안 한 번 밖에 싸우지 않았다.

➡ ______________________

❽ 요즘 과제가 많아서 하루에 3시간쯤 잔다.

➡ ______________________

문법 2 -는 게 어때요?

동사의 어간에 붙어서 제안할 때 쓰인다.

❶ 방이 좁으니까 책상은 밝은 색으로 하는 게 어때요?
❷ 형이니까 네가 먼저 사과하는 게 어때?
❸ 방학이니까 아르바이트를 한번 해 보는 게 어때요?
❹ 과대표는 2학년에서 뽑는 게 어떨까?

01. 알맞은 말을 골라서 다음 대화를 완성하십시오.

중고품 시장에 가 보다
하숙집을 알아보다
국립도서관에 한번 가 보다
다음에는 밝은 색 옷을 사다
육류와 채소를 골고루 먹고 운동도 하다
서로 지켜야 할 규칙을 정해 보다
언어 교환을 하거나 가게에서 아르바이트를 하다
가격이 좀 비싸기는 하지만 백화점에서 사다
학교 근처에 큰 마트가 있으니까 거기에 가 보다

보기 가: 침대를 사고 싶은데 너무 비싸요.
나: 중고품 시장에 가 보는 게 어때요?

❶ 가: 원룸은 월세도 너무 비싸고 혼자서 청소와 빨래를 하는 게 너무 힘들어.
나: ________________

❷ 가: 보고서를 써야 하는데 학교 도서관에는 자료가 너무 없어.
나: ________________

❸ 가: 내 옷장에는 왜 이렇게 어두운색 옷만 많지?
나: ________________

❹ 가: 에어컨을 하나 장만하려고 하는데 어디에 가서 사면 좋을까요?
나: ________________

❺ 가: 한국 생활을 한 지 오래 됐는데 아직도 한국말로 말하는 것이 겁이 나요.
나: ________________

❻ 가: 룸메이트하고 자주 싸워서 고민이야.
나: ________________

❼ 가: 이번 주말에 친구들을 집으로 초대했는데 어디에서 장을 보면 좋을까?
나: ________________

❽ 가: 날마다 많이 자도 너무 피곤하고 힘들어요.
나: ________________

02. 다음 대화를 완성하십시오.

가: 이제 곧 학기가 끝나니까 졸업생 환송회 준비를 시작해야 돼. 날짜를 언제로 하면 좋을까?

가: 지난주 회의 때 물어봤는데 다들 수요일쯤 시험이 끝난다고 해. 그러니까 **보기** 금요일에 하는 게 어때?

가: 그래. 시험이 끝난 후면 다들 시간 내기도 좋을 거야. 장소는 어디가 좋을까?

나: 학기 초에 신입생 환영회를 했던 식당이 넓고 좋았는데 ❶ ____________

가: 좋아. 음식도 맛있었어. 졸업하는 선배들에게는 전화로 연락하기보다 ❷ ____________

나: 그거 좋은 생각이다. 직접 만든 초대장을 받으면 기분도 좋을 거야. 그럼 그림을 잘 그리는 리에에게 ❸ ____________

가: 응. 내가 리에에게 전화해서 부탁해 볼게. 이번에는 ❹ ____________ 그냥 식사만 대접하면 좀 부족할 것 같은데.

나: 너무 비싼 선물보다는 ❺ ____________ 이제 학교를 떠나니까 학교를 생각할 수 있는 선물이 좋을 것 같은데.

가: 그게 좋겠다. 그런 기념품은 학교 안에서 싸게 살 수 있으니까 비용도 많이 안 들 거야. 그리고 ❻ ____________

나: 지난 엠티 때 찍은 사진들이 있으니까 그걸 사용하면 될 거야. 그리고 포장도 ❼ ____________

가: 그래. 직접 하면 시간은 많이 걸리겠지만 비용을 줄일 수 있을 거야. 그럼 선물을 ❽ ____________

나: 오늘은 오후에 약속이 있으니까 내일 사러 가자.

가: 좋아. 그럼 내일 만나.

활동 고민이 있는 친구에게 고민을 해결할 수 있는 좋은 방법을 보기 와 같이 제안해 보십시오.

친구의 고민	제안
청소 문제 때문에 룸메이트하고 자주 싸워서 고민이야.	방 청소 규칙을 세운다.
요즘 날마다 피곤하고 건강이 나빠지는 것 같아서 고민이야.	날마다 운동을 조금씩 한다.
한국말 발음이 좋아지지 않아서 고민이야.	

보기
가: 청소 문제 때문에 룸메이트하고 자주 싸워서 고민이야. 뭐 좋은 방법이 없을까?
나: 그럴 땐 방 청소 규칙을 세워보는 게 어때? 서로 할 일을 나누면 싸울 일도 없어질 거야.

02 몇 년 전만 해도 서울에서 경주까지 가는 KTX가 없었어

학습목표 예약 관련 어휘를 익혀서 활용할 수 있다.
'전만 해도', '-다가도' 표현을 익혀서 활용할 수 있다.

미선 : 몇 년 전만 해도 서울에서 경주까지 가는 KTX가 없었는데 이제 신경주역까지 바로 갈 수 있으니까 참 편해졌지?

웨이 : 맞아. 경주에 가 볼까 하다가도 교통편 때문에 포기한 적이 많았어. KTX는 예약했고 이제 숙소만 예약하면 되지? 펜션이 좋을까, 콘도가 좋을까?

미선 : 같이 음식도 만들어 먹고 게임도 해야 하니까 펜션이 편하지 않을까? 요즘은 예쁘게 꾸며 놓은 펜션도 많아.

새 어휘

교통편	어떤 교통편을 이용하는 게 편할까요? 우리 동네는 교통편이 나빠서 학교 다니기가 힘들어요.
포기하다	내일이 시험인데 공부를 다 못 해서 포기하고 싶어. 아무리 힘들어도 포기하지 말고 열심히 해야 해.
숙소	이번 여행의 숙소는 바다가 보이는 호텔로 정했다. 숙소 근처에 관광지가 많아서 여러 곳을 구경할 수 있었어요.
펜션	펜션에는 정원이 있어서 아이들이 뛰어놀기가 좋아요. 지난 가족 여행 때 간 펜션에서 바비큐 파티도 하고 즐거운 시간을 보냈어요.
콘도	스키를 탄 후에 콘도에 가서 맛있는 저녁을 해서 먹었다. 콘도는 요리도 직접 해 먹을 수 있고 가까운 곳에 웬만한 편의시설이 다 있어서 편해요.
꾸미다	가족 모두가 같이 크리스마스트리를 꾸몄어요. 친구가 신혼집을 세련되게 꾸며 놓았어요.

01. 빈칸에 알맞은 말을 쓰십시오.

보기 공주 방처럼 꾸며놓은 예쁜 펜션에서 자기로 했어요.

❶ ________ 이/가 좋은 호텔은 인기가 있어서 예약하기가 힘들어요.

❷ 지난 겨울에 스키장에 갔을 때 묵었던 ________ 은/는 아주 깨끗해서 좋았어요.

❸ 비행기 표는 예매했는데 아직 어디에서 잠을 잘지 ________ 을/를 정하지 못했어요.

❹ 날마다 운동하는 것이 정말 힘들었지만 ________ 지 않고 열심히 하니까 건강이 좋아졌어.

02. 빈칸에 알맞은 말을 쓰십시오.

가: 기차표는 예매했어?

나: 응, 어제 했어. 이제 보기 숙소를 을/를 알아봐야 하는데 너무 종류가 많아서 선택하기가 힘들어.

가: 내가 도와줄게. 우리는 대중교통을 이용해야 하니까 ❶ ________ 이/가 좋은 곳을 알아봐야 하지 않을까?

나: 나도 그렇게 생각해. 경치가 좋고 멋있게 ❷ ________ 어/아/여 놓은 곳이 있으면 좋겠어.

가: 그럼 ❸ ________ 이/가 좋겠지만 우리는 여러 명이 같이 가는 거니까 편의시설이 잘 되어 있는 ❹ ________ 이/가 더 나을 것 같아.

주제 어휘

예약	• 냉방 • 난방 • 가족석 • 호텔 • 펜션 • 콘도 • 민박 • 온돌 • 인원

01. 빈칸에 알맞은 말을 쓰십시오.

보기 실내 온도를 낮게 하여 시원하게 하는 일 (냉방)

❶ KTX 안에 4인이 마주보고 앉을 수 있게 마련된 자리 (　　　)

❷ 바닥을 따뜻하게 하는 한국의 전통 난방 방식 (　　　)

❸ 여행을 가서 일반 가정집의 빈 방에서 묵는 것 (　　　)

❹ 단체나 모임에 있는 사람의 수 (　　　)

02. 빈칸에 알맞은 말을 쓰십시오.

여행 계획을 세울 때에는 먼저 날짜와 목적지를 정한 후 교통편을 예약합니다. 그리고 숙소를 알아보면 되는데요. **보기** 호텔은 ~~은/는~~ 시설이 좋지만 숙박비가 좀 비싸요. 많은 ❶ ________이/가 함께 여행갈 때에는 방이 여러 개 있고 편의시설이 있는 ❷ ________이나/나 정원이 넓고 바비큐 파티도 할 수 있는 ❸ ________을/를 이용하는 것이 좋습니다. 겨울철에 여행을 갈 때에는 ❹ ________ 시설을 잘 살펴보는 것도 중요합니다.

문법 1 전만 해도

시간을 나타내는 명사 뒤에 붙어서 화자가 느끼기에 짧은 시간 안에 상황이 바뀌었다는 것을 나타낸다. 지나간 시간을 표현하는 말인 '어제, 그저께, 오늘 아침' 등과 같은 표현이나 날짜, 시간 다음에는 '만 해도'를 쓴다.

❶ 방금 전만 해도 친구가 교실에 있었어요.
❷ 10년 전만 해도 커피 전문점이 별로 없었어요.
❸ 5년 전만 해도 스마트폰을 사용하는 사람이 많지 않았어요.
❹ 6시만 해도 이렇게 어둡지 않았는데요.

01. 보기 와 같이 쓰십시오.

보기 가: 1년/ 한국에 올 거라고는 생각하지 못했어요.
나: 1년 전만 해도 한국에 올 거라고는 생각하지 못했어요.

❶ 조금 / 날씨가 좋았는데 갑자기 비가 오는군요.
➡ ______________________

❷ 30분 / 가게 문이 열려 있었는데 지금은 닫혀 있어요.
➡ ______________________

❸ 얼마 / 날씨가 추웠는데 지금은 많이 따뜻해졌어요.
➡ ______________________

❹ 두 달 / 여자 친구가 없었는데 제임스 씨가 다음 달에 결혼한다고 해요.
➡ ______________________

❺ 몇 달 / 좀 뚱뚱했는데 운동을 열심히 해서 날씬해졌어요.
➡ ______________________

❻ 조금 / 손님이 별로 없었는데 많아졌어요.
➡ ______________________

❼ 어제 / 이렇게 바쁘지 않았어요.
➡ ______________________

❽ 오늘 아침 / 괜찮았는데 갑자기 배가 아파요.
➡ ______________________

02. 다음 대화를 완성하십시오.

> **보기** 가: 지금 밖에 비가 와요.
> 나: 그래요? 조금 전만 해도 날씨가 맑았는데 이상하군요.

❶ 가: 리에 씨가 방에 없는데요.
나: 그래요? ____________________

❷ 가: 어? 여기에 새로운 식당이 생겼군요.
나: ____________________

❸ 가: 요즘 스마트폰을 사용하는 사람들이 참 많은 것 같아요.
나: ____________________

❹ 가: 웨이 씨, 한국어 실력이 많이 늘었군요.
나: ____________________

❺ 가: 리에 씨에게 무슨 일이 생겼어요? 방금 울면서 밖으로 나갔어요.
나: 그래요? ____________________

❻ 가: 요즘 막걸리를 좋아하는 외국 사람들이 많아졌다고 해요.
나: ____________________

❼ 가: 양견 씨, 오늘 많이 바쁜가 봐요.
나: 네, ____________________

❽ 가: 웨이 씨, 안색이 안 좋은데 어디 아파요?
나: ____________________

문법 2 —다가도

동사나 형용사의 어간에 붙어서 어떤 행위나 상태가 계속될 것 같지만 그렇지 않고 금방 다른 행위나 상태로 바뀌는 것을 나타낸다.

❶ 일을 잘 하다가도 실수할 때가 있습니다.
❷ 아이가 예쁘다가도 말을 듣지 않으면 미워요.
❸ 말을 잘 하다가도 선생님만 계시면 왜 말을 못하니?
❹ 평소에는 잘 하다가도 시험 때만 되면 긴장해서 잘 못 해요.

01. 보기 와 같이 쓰십시오.

보기 평소에는 잠을 잘 자다 / 걱정거리가 있으면 잘 못 자요.
➡ 평소에는 잠을 잘 자다가도 걱정거리가 있으면 잘 못 자요.

❶ 리에는 보통 때 기분이 좋다 / 날씨가 안 좋으면 우울해해요.
➡ ______________________

❷ 두 사람은 친하게 지내다 / 싸우면 며칠 동안 말을 안 합니다.
➡ ______________________

❸ 고향 생각을 안 하다 / 명절 때만 되면 고향에 가고 싶어져요.
➡ ______________________

❹ 운동을 시작하려고 하다 / 요즘 계속 피곤해서 안 하게 돼요.
➡ ______________________

❺ 평소에는 집안일을 잘 안 하다 / 손님만 오면 청소를 해요.
➡ ______________________

❻ 김치찌개가 좋다 / 싫을 때가 있어요.
➡ ______________________

❼ 새 옷을 사고 싶다 / 용돈을 생각하면 못 사겠어요.
➡ ______________________

❽ 아기가 울다 / 장난감만 보면 울음을 그쳐요.
➡ ______________________

02. 다음 대화를 완성하십시오.

보기 가: 피부가 왜 그렇게 나빠졌어요?
나: 피부가 좋다가도 인스턴트식품만 먹으면 나빠져요.

❶ 가: 왜 밥을 더 안 먹어? 입맛이 없어?
나: ______________________

❷ 가: 쉬는 시간에 떠들던 학생들이 선생님이 오시니까 조용해지는군요.
나: 네, 선생님이 좀 무서우세요. ______________________

❸ 가: 제임스가 오니까 여학생들이 정말 좋아하는군요.
나: 제임스가 정말 인기가 많은 것 같아요. ______________________

❹ 가: 오늘 축구 봤어? 그 선수가 오늘은 왜 그렇게 못했는지 모르겠어.
나: ______________________

❺ 가: 다음 주에 여행을 간다고 했지요? 정말 신나겠군요.
나: ______________________

❻ 가: 아까 배고프지 않다고 하지 않았어요? 왜 이렇게 많이 먹어요?
나: ______________________

❼ 가: 웨이 씨는 먹는 것을 정말 좋아하는 것 같아요.
나: 맞아요. ______________________

❽ 가: 왜 그래? 기분 나쁜 일 있어?
나: ______________________

활동 예전과 비교하여 무엇이 달랐는지 보기 와 같이 말해 보십시오.

언제	지금과 다른 것
일주일 전	여기에 이 식당이 없었다.
1년 전	한국말을 할 수 없었다.
10년 전	

보기 일주일 전만 해도 여기에 이 식당이 없었는데 새로 생겼군요.

03 오늘 오후 일정이 어떻게 되는지 알아?

학습목표 여행 관련 어휘를 익혀서 활용할 수 있다.
'-곤 하다', '-는지 알다' 표현을 익혀서 활용할 수 있다.

미선 : 날씨는 더워도 이렇게 천천히 구경하니까 볼 것도 많고 참 좋다. 그런데 넌 사진을 정말 많이 찍는구나.

웨이 : 응, 난 항상 여행을 가서 찍은 사진으로 사진첩을 만들어 놓곤 해. 경주는 사진 찍을 곳도 많고 한국 역사도 공부할 수 있어서 참 좋은 것 같아. 그런데 오늘 오후 일정이 어떻게 되는지 알아?

미선 : 오후에는 시내버스를 타고 불국사에 간다고 했어. 그 다음에 순환 버스를 타고 석굴암까지 올라간다고 해. 난 석굴암이 정말 기대가 돼.

새 어휘

사진첩	지난 여행 때 찍은 사진을 정리해서 사진첩을 만들었어요. 고향집에 가서 오랜만에 사진첩을 보니까 옛날 생각도 나고 재미있었어.
시내버스	이곳으로 이사 온 지 얼마 안 돼서 시내버스 노선을 잘 몰라요. 시내버스를 타고 여행하는 것은 쉬운 일이 아니야.
불국사	불국사는 유네스코 세계문화유산으로 지정된 곳이다. 불국사에는 석가탑과 다보탑이라는 유명한 석탑이 있어요.
석굴암	사람들은 일출을 보러 석굴암에 올라가요. 석굴암에 가면 한국 불교 문화의 여러 모습을 볼 수 있다.
기대가 되다	오랜만에 가는 여행이어서 아주 기대가 돼요. 이번에는 열심히 공부를 했기 때문에 시험 결과가 기대가 돼.

01. 빈칸에 알맞은 말을 쓰십시오.

보기 어머니께서 제 어렸을 때 사진을 사진첩에 정리해 놓으셨어요.

❶ 방학에 동기들과 함께 가는 엠티가 ____________ 어요/아요/여요.

❷ 경주역에서 내려서 ____________ 으로/로 갈아타세요.

❸ 10원짜리 동전에 있는 다보탑은 ____________ 에 있어요.

❹ ____________ 은/는 경주 토함산에 있는 작은 절입니다.

02. 빈칸에 알맞은 말을 쓰십시오.

한국의 역사적인 도시인 경주에 다녀왔다. 경주에는 신라의 유적지가 많았는데 나는 그 중에서 불교 예술을 감상할 수 있었던 **보기** 불국사가 ~~이/가~~ 기억에 남았다. 절 안으로 들어가는 돌계단과 석가탑, 다보탑과 같은 석탑이 참 아름다웠다. 근처에 있는 토함산에 올라가서 ❶ ________ 도 구경했다. 그 옛날에 그렇게 큰 불상을 산 속에 만들었다고 하니까 정말 놀라웠다. 그 후에는 ❷ ________ 을/를 타고 경주 시내를 구경했다. 출발하기 전에 정말 많이 ❸ ________ 었는데/았는데/였는데 역시 경주는 볼거리가 많은 도시였다. 이번 여행에서 사진을 많이 찍었는데 그 사진들로 ❹ ________ 을/를 만들어서 친구들에게 보여 줘야겠다.

주제 어휘

여행			
	• 사진을 찍다	• 동영상을 찍다	• 기념 촬영을 하다
	• 관광버스	• 해수욕을 하다	• 해수욕장

01. 빈칸에 알맞은 말을 쓰십시오.

보기 아기가 태어난 지 100일이 되는 날이어서 가족 모두 모여서 기념 촬영을 했어요 ~~었어요/았어요/였어요~~.

❶ 제임스는 블로그에 올리려고 식당에 가면 항상 ______________ 어/아/여.

❷ 요즘 서울 시내에는 외국인 관광객을 태운 ______________ 이/가 많이 다닌다.

❸ 친구 생일 파티에서 축하 노래를 부를 때 ______________ 었다/았다/였다.

❹ 동해안에는 깨끗하고 아름다운 ______________ 이/가 많아.

02. 빈칸에 알맞은 말을 쓰십시오.

요즘에는 스마트폰을 사용하는 사람들이 많아서 **보기** 사진을 찍고 ❶ ________는 것을 즐기는 사람이 많아졌습니다. 서울 시내에서 쉽게 만날 수 있는 여러 나라의 관광객들도 경복궁이나 광화문 같은 서울의 유명한 관광지에서 ❷ ________을/ㄹ 때 각자의 휴대전화를 많이 사용합니다. ❸ ________을/를 타고 가면서 주변 풍경을 찍기도 합니다. 바다에 놀러간 사람들은 ❹ ________으면서/면서 '셀카봉'이나 '방수팩'과 같은 물건을 활용하여 재미있는 순간을 찍기도 합니다.

문법 1 -곤 하다

동사의 어간에 붙어서 습관적, 규칙적으로 어떤 일을 자주 반복한다는 의미를 나타낸다. 과거에 같은 일이 여러 번 일어났을 때는 '-곤 했다'를 쓴다.

❶ 초등학교 앞을 지날 때마다 옛날 생각을 하곤 해요.
❷ 요즘 시간이 있으면 집 근처 산에 올라가곤 해요.
❸ 고등학교에 다닐 때에는 밤늦게까지 컴퓨터 게임을 하곤 했어요.
❹ 잠이 안 오면 따뜻한 우유를 마시곤 했어요.

01. 보기 와 같이 쓰십시오.

보기 방학이 되면 가족들과 함께 여행을 갔어요.
➡ 방학이 되면 가족들과 함께 여행을 가곤 했어요.

❶ 횡단보도가 없을 때 여기에서 교통사고가 많이 났어요.
➡ ______________________________

❷ 동생은 화가 나면 음악을 크게 들었어요.
➡ ______________________________

❸ 시험 기간에는 주말에도 학교에 와서 친구들과 함께 공부를 했어요.
➡ ______________________________

❹ 초등학교 때 수업이 끝나고 학교 앞 분식집에서 떡볶이를 먹었어요.
➡ ______________________________

❺ 수업이 끝나고 집에 가다가 집 근처 편의점에 자주 들러요.
➡ ______________________________

❻ 요즘 요리에 관심이 생겨서 집에 일찍 가면 자주 음식을 만들어요.
➡ ______________________________

❼ 요즘 날씨가 좋아져서 자주 한강에서 자전거를 타요.
➡ ______________________________

❽ 친구들이 보고 싶으면 화상통화를 해요.
➡ ______________________________

02. 다음 대화를 완성하십시오.

보기 가: 초등학생 때는 방학이 되면 뭘 했어요?
나: 방학이 되면 시골 할아버지 댁에 놀러가곤 했어요.

❶ 가: 고등학교에 다닐 때에는 시험이 끝나고 무엇을 자주 했어요?
나: ______________________________

❷ 가: 고향에 있을 때는 친구들과 무엇을 하고 놀았어요?
나: ______________________________

❸ 가: 고향에서는 새해 첫날에 보통 뭘 해요?
나: ______________________________

❹ 가: 부모님께 용돈을 받으면 그 돈을 어디에 썼어요?
나: ______________________________

❺ 가: 고등학교 때 공부를 열심히 하는 학생이었어요?
나: ______________________________

❻ 가: 시간이 있을 때는 뭘 해요?
나: ______________________________

❼ 가: 고향 음식이 먹고 싶을 때는 어떻게 해요?
나: ______________________________

❽ 가: 스트레스를 많이 받으면 뭘 해요?
나: ______________________________

문법 2 -는지 알다

동사나 형용사의 어간에 붙어서 그 사실을 알거나 모른다는 의미를 나타내며 '알다' 대신 '모르다'도 쓸 수 있다. '언제, 어디, 누구, 무엇, 얼마' 등과 같은 의문사와 함께 쓰인다. 동사 어간에는 '-는지 알다', 형용사 어간에 받침이 있으면 '-은지 알다', 받침이 없으면 'ㄴ지 알다', 명사에는 '인지 알다'를 쓰고 '-었는지 알다', '-을지/ㄹ지 알다'도 쓸 수 있다.

❶ 저는 축구 경기를 몇 시에 하는지 알아요.
❷ 리에가 언제 한가한지 알아?
❸ 백화점 휴일이 언제인지 알아요?
❹ 웨이가 내일 언제 올지 몰라요.

01. 보기 와 같이 쓰십시오.

보기 지금이 몇 시입니까? 알아요?
➡ 지금이 몇 시인지 알아요?

❶ 신입생 오리엔테이션이 언제입니까? 아세요?
➡ ______

❷ 이 과제 제출 기한이 언제까지야? 알아.
➡ ______

❸ 요즘 무슨 노트북이 제일 많이 팔려요? 알아요?
➡ ______

❹ 이 순환 버스의 첫차가 언제 출발합니까? 압니다.
➡ ______

❺ 이 중에서 무엇이 가장 싸요? 알아요?
➡ ______

❻ 한국 역사에 대한 자료가 어디에 많아? 알아.
➡ ______

❼ 제가 주문한 물건이 언제 배송되었어요? 아세요?
➡ ______

❽ 시험을 언제 볼 거예요? 모르겠어요.
➡ ______

02. 다음 대화를 완성하십시오.

보기 가: 영수 씨가 어디에서 자주 운동하는지 알아요?
나: 네, 알아요. 영수 씨는 학교 운동장에서 자주 운동해요.

❶ 가: 저 남학생 멋있다. 누구지?
나: ______________________ 제임스 옆방에 사는 친구야.

❷ 가: ______________________
나: 네, 알아요. 다음 주 수요일에 전공 수업 발표를 해요.

❸ 가: 신입생 환영회를 한다고 들었는데 언제지?
나: ______________________ 다음 주 금요일에 할 거야.

❹ 가: ______________________
나: 아니, 나도 모르겠어. 옆방에서 말다툼을 하는 소리가 들렸는데 뭐라고 하는지 들을 수 없었어.

❺ 가: 그 원룸에 세탁기나 에어컨이 있을까?
나: 아니, 나도 아직 가보지 않아서 ______________________

❻ 가: 내일 모임에 사람들이 많이 올까?
나: 글쎄, ______________________

❼ 가: ______________________
나: 응. 연세쇼핑몰 고객센터 전화번호는 2123-1234야.

❽ 가: ______________________
나: 응. 리에는 한국 회사에 취직하고 싶어서 한국어를 배운다고 했어.

활동 한국 생활에 대해서 알고 싶은 것을 보기 와 같이 친구와 서로 묻고 대답해 보십시오.

한국 생활에 대해서 알고 싶은 것	대답
인터넷에서 기차표를 예매하는 방법	코레일 홈페이지에서 회원 가입을 하고 날짜와 시간을 선택한 후에 좌석을 고르고 카드로 결제하면 돼.
쓰레기 버리는 방법	일반 쓰레기와 음식물 쓰레기는 마트에서 파는 쓰레기봉투를 사서 버리면 되고 재활용 쓰레기는 쓰레기를 버리는 날에 분리해서 버리면 돼.
휴대 전화 요금을 내는 방법	

보기
가: 기차표를 어떻게 예매하는지 알아?
나: 응, 기차역에 직접 가서 사는 사람도 있지만 나는 인터넷으로 예매하곤 해. 먼저 코레일 홈페이지에 가서 먼저 회원 가입을 해. 그리고 네가 원하는 날짜와 시간을 선택한 후에 원하는 좌석을 고르고 카드로 결제하면 돼.

04 이번 모임 때 이야기해 보기로 하자

학습목표 여행 후기 관련 어휘를 익혀서 활용할 수 있다.
'–나요?', '–기로 하다' 표현을 익혀서 활용할 수 있다.

웨이 : 저는 이번 엠티에서 교수님과 선후배님들하고 즐거운 시간을 보내고 좋은 추억을 만들 수 있어서 참 좋았어요. 선배님은 어떠셨나요?

민철 : 응, 이번 엠티는 정말 최고였어. 그런데 일정이 조금 짧아서 아쉬웠어. 가끔 엠티 때 찍은 사진을 보면 그때 일이 생각나서 웃음이 나.

웨이 : 그럼 우리 엠티 후기하고 사진을 모아서 책으로 만들어 볼까요? 나중에 보면 추억도 되고 참 좋을 것 같아요.

민철 : 좋은 생각이다. 동아리 회원들과 이번 모임 때 이야기해 보기로 하자.

새 어휘

시간을 보내다	방학동안 별로 특별한 일을 하지 않고 시간을 보냈어. 오랜만에 고향에 가서 가족들과 행복한 시간을 보냈어요.
추억	한국에 유학을 와 있는 동안 친구들과 추억을 많이 만들고 싶어요. 대학생 때 갔던 배낭여행은 아주 힘들었지만 잊지 못할 추억이 됐어요.
아쉽다	내 생일 파티에 제임스가 못 온다고 해서 정말 아쉽다. 정상까지 올라갔는데 흐린 날씨 때문에 일출을 못 봐서 너무 아쉬웠다.
웃음이 나다	친구의 웃기는 표정을 보고 웃음이 났어요. 어제 친구가 했던 농담 때문에 계속 웃음이 나요.
후기	공연을 본 사람들이 쓴 후기를 읽어보니까 공연이 재미있나 봐요. 인터넷 쇼핑몰에서 물건을 살 때는 사용 후기를 잘 읽어보고 사야 해.
모으다	유럽 여행을 가기 위해서 용돈을 모으고 있어요. 운동을 좋아하는 친구들을 모아서 축구팀을 만들었어요.

01. 빈칸에 알맞은 말을 쓰십시오.

보기 심심할 때는 라디오를 들으면서 시간을 보내요 ~~어요/아요/여요~~.

❶ 한 학기 동안 같이 공부한 친구들과 헤어지게 돼서 너무 ________어요/아요/여요.

❷ 저는 요리가 취미여서 여러 가지 요리법을 ________고 있어요.

❸ 사람들이 쓴 ________을/를 읽은 후에 하늘색 책상으로 골랐다.

❹ 동아리 엠티에서 선후배들과 잊지 못할 ________을/를 만들고 싶다.

02. 빈칸에 알맞은 말을 쓰십시오.

한국에 온 지 벌써 1년이 지났다. 다음 달에 고향에 돌아가야 하는데 그동안 친구들과 많은 보기 추억을 ~~을/를~~ 만들기는 했지만 아직도 하지 못한 일이 많아서 정말 ❶ ________는다/ㄴ다/다. 학기 중에는 공부 때문에 정신없이 ❷ ________었고/았고/였고 방학 때는 여행도 참 많이 했다. 그때 찍은 사진을 ❸ ________어/아/여 놓은 사진첩 속 친구들의 웃는 모습을 보니까 여행 갔을 때 생각이 나서 ❹ ________었다/았다/였다.

주제 어휘

여행 후기	• 기행문 • __박 __일 • 기억에 남다 • 떠나다 • 기념하다 • 이국적이다

01. 빈칸에 알맞은 말을 쓰십시오.

보기 여행을 다녀온 후에 여행지에서 보고 느낀 것을 정리해서 기행문을 을/를 썼다.

❶ 이태원은 서울의 다른 곳과 다르게 __________ 은/ㄴ 분위기를 느낄 수 있는 곳이에요.

❷ 부모님의 결혼 30주년을 __________ 기 위해서 형과 함께 파티를 준비했다.

❸ 한국 친구 집에서 보낸 이번 추석 명절은 오랫동안 __________ 을/ㄹ 것 같다.

❹ 저는 고향을 __________ 어서/아서/여서 산 적이 없어요.

02. 빈칸에 알맞은 말을 쓰십시오.

지난 방학 때 7월 30일부터 8월 1일까지 보기 2박 3일 일정으로 친구들과 함께 제주도로 여행을 다녀왔다. 한국에서 비행기를 타고 하는 여행은 처음이어서 ❶ __________ 기 며칠 전부터 설렜다. 제주도에 도착한 첫째 날에는 숙소에 짐을 놓고 가까운 녹차 밭으로 구경을 갔다. 넓고 푸른 녹차 밭의 풍경이 아주 ❷ __________ 었다/았다/였다. 둘째 날에는 한라산 정상에 올라갔다. 힘들기는 했지만 친구들과 함께 즐거운 추억을 만들 수 있어서 기뻤다. 셋째 날에는 성산일출봉에 가서 일출을 보고 우리의 첫 번째 제주도 여행을 ❸ __________ 기 위해서 기념 촬영도 했다. 아름다운 일출을 친구들과 함께 봐서 그런지 ❹ __________ 었다/았다/였다. 일출을 보고 내려오면서 기념품 가게에 들러서 기념품도 샀다. 길지 않은 일정이었지만 정말 아름다운 추억으로 남을 것 같다.

문법 1 -나요?

동사나 형용사의 어간에 붙어서 친절하고 부드럽게 질문할 때 쓰며 반말 형태로 쓸 수 없다. 동사 어간에는 '-나요?', 형용사 어간에 받침이 있으면 '-은가요?', 받침이 없을 때는 'ㄴ가요?', 명사에는 '인가요?'를 쓰고 '-었나요?', '-겠나요?', '-을/ㄹ 건가요?'도 쓸 수 있다.

❶ 어디에서 자주 공부하나요?

❷ 요즘 바쁜가요?

❸ 내일이 휴일인가요?

❹ 어제 누구를 만났나요?

01. 보기와 같이 쓰십시오.

보기 여기가 한국어학당이에요?
➡ 여기가 한국어학당인가요?

❶ 이번 엠티 회비는 얼마예요?
➡ ______________________

❷ 지도 교수가 누구이십니까?
➡ ______________________

❸ 순환 버스를 어디에서 타야 합니까?
➡ ______________________

❹ 어떤 스타일을 원하십니까?
➡ ______________________

❺ 이 옷이 너무 화려해요?
➡ ______________________

❻ 전공 수업 듣기가 어떻습니까?
➡ ______________________

❼ 고향에서는 무슨 일을 했어요?
➡ ______________________

❽ 방학 때 고향에 돌아갈 거예요?
➡ ______________________

02. 다음 대화를 완성하십시오.

가: 네, 경주 펜션입니다.

나: 다음 주말에 가서 2박 3일 동안 묵으려고 하는데요. 동아리 엠티를 가는 건데 **보기** 큰 방도 있나요?

가: 네, 물론이죠. 2인실, 4인실도 있고 단체 손님들이 지내실 수 있는 단체실도 있습니다.

나: 방 안에는 ❶ ______________________

가: 단체실 안에는 화장실이 3개, 큰 부엌과 식탁이 준비되어 있고 방 밖에 바비큐 파티를 할 수 있는 시설도 있습니다.

나: 그렇군요. 요즘 날씨가 더워서 물놀이도 할 수 있으면 좋을 것 같은데 ❷ ______________________

가: 저희 펜션에는 큰 수영장과 물놀이할 때 사용할 수 있는 튜브까지 준비되어 있습니다.

나: 그럼 ❸ ______________________

가: 펜션에서 가까운 관광지는 석굴암, 불국사, 석빙고 같은 곳이 있습니다. 토함산에 가서 일출을 보시는 것도 좋아요.

나: 또 펜션에서 ❹ ______________________

가: 펜션 안에 오락실, 노래방, 당구장, 탁구장이 있으니까 그런 시설을 이용하셔도 됩니다.

나: ❺ ______________________

가: 시설 이용료는 무료입니다.

나: 저희가 경주에 도착해서 장을 보려고 하는데 ❻ ______________________

가: 저희 펜션 주변에 큰 마트가 몇 군데 있으니까 그곳을 이용하시면 편리하실 겁니다.

나: 서울에서 신경주역까지 KTX를 타고 가려고 하는데 ❼ ______________________

가: 신경주역에서 펜션까지 운행하는 셔틀버스가 있으니까 그걸 이용하시면 됩니다.

나: 그럼 ❽ ______________________

가: 단체실은 1박에 200,000원입니다.

나: 네, 감사합니다.

문법 2 –기로 하다

동사의 어간에 붙어서 어떤 것을 결정했음을 나타낸다.

❶ 음식은 각자 준비하기로 할까요?
❷ 다음 주에 회의를 하기로 합시다.
❸ 수업이 끝나고 같이 점심을 먹기로 했어.
❹ 친구들과 같이 영화를 보러 가기로 했다.

01. **다음 글을 읽고 보기 와 같이 쓰십시오.**

리에: 보기 다음 주에 동아리 신입회원 환영회를 하는 게 어때?
마이클: 좋아. 다음 주면 모두들 바쁜 일도 끝나니까 좋을 것 같아. 어디에서 할까?
리에: 가격도 싸고 큰 방이 있으니까 ❶ 학교 앞 뷔페식당에서 하자.
마이클: 그래? 그러자. 몇 시쯤 시작하면 될까?
리에: ❷ 오후에 수업이 있는 사람도 있으니까 6시쯤 시작하자.
마이클: 응, 그게 좋겠다. 저녁 식사를 한 후에는 뭘 할까?
리에: ❸ 신입회원들 장기자랑도 보고 오락 시간도 갖자. 그러면 ❹ 노래방에 가는 게 어때?
마이클: 정말 재미있겠는데? 그럼 회비는 얼마씩 내면 될까?
리에: 신입회원들에게는 받지 말고 ❺ 선배들만 만 원씩 내는 게 어때?
마이클: 그래. 그게 좋겠다. 회원들에게 연락은 어떻게 하지?
리에: ❻ 내가 신입 회원들에게 연락을 할게. ❼ 네가 우리 동기들과 선배님들에게 하는 게 어때?
마이클: 그래. 그러자. 그럼 ❽ 정확한 날짜와 시간은 모두에게 연락을 해 본 후에 정할까?
리에: 응. 그게 좋을 것 같아.

보기 다음 주에 동아리 신입회원 환영회를 하기로 했어요.

❶ ______________________________

❷ ______________________________

❸ ______________________

❹ ______________________

❺ ______________________

❻ ______________________

❼ ______________________

❽ ______________________

02. 다음 대화를 완성하십시오.

> **보기** 가: 이번 과제 발표는 누가 하기로 했어요?
> 나: 웨이 씨가 하기로 했어요.

❶ 가: 이번 여행은 며칠 동안 할까?
나: 제주도는 볼 것이 많으니까 ______________________

❷ 가: 이번 신입생 환영회 장기자랑은 몇 팀이 준비하기로 했어요?
나: ______________________

❸ 가: 숙소 예약은 누가 하기로 했어?
나: ______________________

❹ 가: 쓰던 책상은 어떻게 하기로 했어요?
나: ______________________

❺ 가: 크리스마스 파티에 누구를 초대했어요?
나: ______________________

❻ 가: 다음 동아리 모임은 언제 할까요?
나: ______________________

❼ 가: 오늘은 어디에서 공부할까?
나: ______________________

❽ 가: 내일은 수업이 끝나고 뭘 할까?
나: ______________________

활동 친구 세 명이 한 팀이 되어서 여행 계획을 세운 후에 보기 와 같이 계획을 써 보십시오.

여행 장소	강원도	
여행 날짜	8월 2일~3일(1박 2일)	
교통편	관광열차	
숙소	민박	
구경할 곳	풍경 감상, 시장, 근처 관광지	
회비	1인당 7만원	

보기 우리는 이번 방학에 함께 강원도에 가기로 했다. 8월 2일부터 3일까지 1박 2일의 일정으로 가기로 했다. 서울에서 강원도까지 가는 관광열차가 있어서 그 열차를 타고 가기로 했다. 우리 세 명은 숙박비를 아끼기 위해서 민박집에서 자기로 했다. 관광열차를 타고 강원도의 멋진 풍경을 감상하고 근처 시장도 구경하기로 했다. 그리고 시내버스를 타고 근처 관광지도 여행하기로 했다. 교통비와 숙박비 그리고 식비 등을 포함해서 회비는 한 사람에 7만원씩 내기로 했다. 이번 여행이 정말 기대된다.

제5과 학교 시설

01 학위 논문을 보려면 4층 논문 열람실로 가 봐

02 중국으로 소포를 좀 보내려고요

03 건강센터에서 예방접종을 받을 수 있다지요?

04 통금 시간을 지켜야 하다니 불편하겠구나

01 학위 논문을 보려면 4층 논문 열람실로 가 봐

학습목표 자료 열람실 관련 어휘를 익혀서 활용할 수 있다.
'-느라고', '-으려면' 표현을 익혀서 활용할 수 있다.

웨이 : 요즘 보고서를 쓰느라고 여러 가지 자료를 찾고 있어요. 그런데 경영학 관련 학위 논문은 어디에서 볼 수 있지요?

민철 : 학위 논문을 보려면 4층 논문 열람실로 가 봐. 거기에 찾는 논문이 없으면 홈페이지에 들어가서 신청을 하면 돼. 아, 그리고 학교 부근에 있는 시립 도서관에서도 자료를 대출할 수 있으니까 한 번 알아봐.

새 어휘

관련	전공 관련 서적을 빌리러 도서관에 가요. 동아리 행사와 관련이 있는 사람 모두에게 연락하세요.
학위	리에 씨는 국어학으로 석사 학위를 받고 일본으로 돌아갔어요. 요즘은 박사 학위가 있어도 취직하기가 쉽지 않아요.
논문	논문을 쓰기 전에 논문 계획서를 교수님께 제출해야 해요. 마이클 씨는 석사 논문이 통과되어서 올 가을에 학위를 받아요.
부근	동생은 중학교를 졸업하고 우리 집 부근에 있는 고등학교에 다닐 거예요. 인사동 부근은 도로가 많이 막히니까 다른 도로로 돌아서 가십시오.
시립	시립 미술관에서 피카소의 그림을 전시하고 있어요. 시립 박물관에 가려고 하는데 몇 번 버스를 타야 해요?
대출하다	도서관에서 대출한 책을 읽고 보고서를 썼어요. 저는 집을 살 때 돈이 모자라서 은행에서 대출했어요.

01. 빈칸에 알맞은 말을 쓰십시오.

보기 졸업식 때문에 학교 부근의 도로가 많이 막혀요.

❶ 용산에는 컴퓨터 ________ 매장들이 많아요.

❷ 도서관에서 책을 ________ 을/ㄹ 때에는 학생증을 가지고 가세요.

❸ 이 잡지는 최근의 의학 ________ 을/를 알기 쉽게 소개하는 잡지입니다.

❹ 마이클 씨는 독일에서 독문학 박사 ________ 을/를 받고 한국에 왔어요.

02. 빈칸에 알맞은 말을 쓰십시오.

저는 대학을 졸업하고 회사에 다니고 있는데 대학원에 진학할 준비를 하고 있습니다. 내년에 대학원에 들어가서 석사 보기 학위를 을/를 받을 생각입니다. 그래서 주말에는 집 부근에 있는 ❶ ________ 도서관에 가서 전공 ❷ ________ 책도 보고 요즘 새로 나온 ❸ ________ 도 찾아봅니다. 집에서 공부할 책은 ❹ ________ 어서/아서/여서 시간이 날 때마다 봅니다.

주제 어휘

자료 열람실	• 검색	• 대출	• 학부생	• 대학원생	• 반납
	• 연장	• 연체료	• 자료실	• 열람실	

01. 알맞은 말을 연결하십시오.

보기 도서관에서 책을 빌리는 것 • ----- • 대출

❶ 기간을 길게 늘리는 것 •

❷ 빌린 것을 다시 돌려주는 것 •

❸ 도서관에서 책, 자료를 보는 방 •

❹ 약속한 날짜를 넘겼기 때문에 내는 돈 •

• 반납
• 대출
• 연체료
• 연장
• 열람실

02. 빈칸에 알맞은 말을 쓰십시오.

도서 대출 안내

1. 필요한 자료나 도서를 인터넷으로 보기 검색을 을/를 하십시오.
2. 자료실이나 ________ 에서 도서나 자료를 찾으면 학생증을 가지고 책을 빌립니다.
3. 대출 기간은 ________ 이/가 2주일이고 대학원생이 두 달입니다.
4. 대출 기간보다 책을 더 오래 보고 싶으면 대출 ________ 을/를 하십시오.
5. 대출 기간에 반납하지 않으면 ________ 을/를 내거나 연체한 날짜만큼 대출할 수 없습니다.

문법 1 -느라고

동사의 어간에 붙어서 목적이나 이유를 나타낸다. 이미 이루어진 행위에만 쓰기 때문에 후행절에 미래 시제나 청유형, 명령형을 쓰지 않고 선행절과 후행절의 주어가 같아야 한다.

❶ 누구를 좀 만나느라고 명동에 갔다가 왔어요.
❷ 저는 친구와 이야기하느라고 선생님 말씀을 못 들었어요.
❸ 미선 씨는 버스에서 조느라고 내릴 곳을 지나치고 말았어요.
❹ 저는 요즘 아르바이트를 하면서 공부하느라고 눈 코 뜰 새 없이 바빠요.

01. 알맞은 말을 골라서 보기 와 같이 쓰십시오.

학기말 보고서를 쓰다	샤워를 하다	학비를 벌다
친구와 이야기를 하다	급한 업무를 처리하다	월드컵 경기를 보다
학교 축제에 참가하다	요즘 유학 준비를 하다	대용량 파일을 다운로드하다

보기 요즘 유학 준비를 하느라고 아주 바빠요.

❶ ______________________느라고 밤을 새웠어요.

❷ ______________________느라고 은행에 가는 걸 깜빡 잊어버렸어요.

❸ ______________________느라고 잠을 못 자서 하루 종일 피곤했어요.

❹ ______________________느라고 전화를 못 받았어요.

❺ ______________________느라고 늦은 시간까지 퇴근을 못 했어요.

❻ ______________________느라고 컴퓨터로 보고서를 쓸 수 없었어요.

❼ ______________________느라고 수업에 가지 않았어요.

❽ ______________________느라고 요즘 아르바이트를 여러 개 하고 있어요.

02. 다음 대화를 완성하십시오.

보기 가: 뭘 하느라고 전화를 이렇게 늦게 받아?
나: 청소기를 돌리느라고 전화벨 소리를 못 들었어요.

❶ 가: 왜 이렇게 시험을 못 봤니?
나: ____________________

❷ 가: 오늘 아주 피곤해 보이는데 어제 잘 못 쉬었어요?
나: ____________________

❸ 가: 왜 돈을 빌렸어요?
나: ____________________

❹ 가: 제임스, 뭘 하느라고 아직 점심도 못 먹었어?
나: ____________________

❺ 가: 어제 모임에 왜 안 나왔어요?
나: ____________________

❻ 가: 왜 이렇게 힘이 없어 보여요?
나: ____________________

❼ 가: 또 도서관에 갔다가 왔어?
나: ____________________

❽ 가: 오늘 왜 이렇게 길이 막히지?
나: ____________________

문법 2 -으려면

동사의 어간에 붙어서 선행절의 행위가 이루어지기를 원하면 반드시 후행절의 조건이 있어야 함을 나타낸다. 어간에 받침이 있으면 '-으려면', 받침이 없으면 '-려면'을 쓴다.

❶ 명동에 가려면 몇 번 버스를 타야 돼요?
❷ 외국에 유학을 가려면 돈이 많이 들어요.
❸ 불고기를 만들려면 우선 얇게 썬 소고기를 준비하세요.
❹ 시험 기간에 도서관의 자리를 잡으려면 새벽에 일찍 가야 합니다.

01. 알맞은 말을 연결하고 보기 와 같이 쓰십시오.

보기 건강을 지키다 •	• 미리 예매해야 해요.
좋은 점수를 받다 •	• 뒤풀이에 참석하세요.
주말에 영화를 보다 •	• 교내 동아리에 들어 보세요.
동아리 선후배들과 친해지다 •	• 보고서를 제시간에 내세요.
아르바이트 정보를 찾다 •	• 지켜야 할 규칙을 정해야 해요.
무료로 영화를 감상하다 •	• 시티투어버스를 이용해 보세요.
다른 과 친구들을 사귀다 •	• 학교 홈페이지에 들어가 보세요.
룸메이트와 사이좋게 지내다 •	• 멀티미디어센터를 이용해 보세요.
짧은 시간에 서울 시내를 구경하다 •	• 일주일에 두세 번쯤 운동을 하세요.

보기 건강을 지키려면 일주일에 두세 번쯤 운동을 하세요.

❶ ______________________________

❷ ______________________________

❸ ______________________________

❹ ______________________________

❺ ______________________________

❻ ______________________________

❼ ______________________________

❽ ______________________________

02. 다음 글을 읽고 보기 와 같이 쓰십시오.

도서관 이용 안내

보기 도서관에 출입할 때 학생증을 단말기에 대십시오.

1) 자료 열람실은 오후 5시까지 이용할 수 있습니다.
2) 원하는 자료는 도서관 홈페이지에서 검색할 수 있습니다.
3) 대출 도서는 2회까지 연장 신청할 수 있습니다.
4) 오후 5시 이후에는 자동도서반납기로 도서 반납이 가능합니다.
5) 도서관에 없는 자료는 인터넷으로 신청할 수 있습니다.
6) 세미나실은 도서관 홈페이지에서 예약 후 이용할 수 있습니다.
7) 복사는 복사실을 이용하거나 복사 카드로 직접 복사할 수 있습니다.
8) 대출 자료를 연체했을 때 연체료를 내면 바로 대출이 가능합니다.

도서관 이용 Q & A

보기 Q: 도서관에 들어갈 때 학생증이 있어야 해요?
A: 네, 도서관에 출입하려면 학생증을 단말기에 대야 해요.

❶ Q 자료 열람은 몇 시까지 할 수 있어요?
A ______________________________

❷ Q 도서관에 제가 찾는 자료가 있을까요?
A ______________________________

❸ Q 책을 더 봐야하는데 오늘까지 반납해야 해요.
A ______________________________

❹ Q 5시가 넘으면 책을 반납할 수 없지요?
A ______________________________

❺ Q 제가 찾는 자료가 도서관에 없는데 어떻게 하지요?
A ______________________________

❻ Q 세미나실은 지금 바로 사용할 수 있어요?
A ______________________________

❼ Q 자료 복사는 어떻게 해요?
A ______________________________

❽ Q 도서를 연체하면 다른 책을 대출할 수 없지요?
A ______________________________

활동

보기 와 같이 고민을 말하고 조언을 해 보십시오.

고민	조언
한국어 단어 외우기가 힘들다.	단어만 외우지 말고 문장을 외우는 것이 좋다.
좋은 원룸을 찾기가 어렵다.	부동산중개소에 가서 좋은 원룸을 소개 받는 것이 좋다.
유학을 와서 건강이 나빠졌다.	

보기

가: 요즘 한국어 단어를 외우느라고 힘들어요. 단어를 잘 외우는 방법이 있을까요?

나: 단어를 잘 외우려면 단어만 외우지 말고 문장을 외우세요. 그러면 잊어버리지 않고 오래 기억할 수 있어요.

02 중국으로 소포를 좀 보내려고요.

학습목표 주소기표지 관련 어휘를 익혀서 활용할 수 있다.
'-으려고요', '-에 따라' 표현을 익혀서 활용할 수 있다.

웨이 : 중국으로 소포를 좀 보내려고요. 오늘 보내면 목요일까지 도착하기는 힘들겠지요?

직원 : 지역에 따라 다르기는 하지만 국제특급우편으로 보내시면 늦어도 수요일까지는 도착할 겁니다. 우선 상자를 저울 위에 올려 주시고 주소기표지도 작성해 주십시오.

새 어휘

지역	여행을 가면 그 지역 사람들이 자주 가는 시장에 가 보세요. 더운 지역 사람들은 추운 지역 사람들보다 성격이 외향적이라고 해요.
국제특급우편(EMS)	국제특급우편으로 소포를 보내면 늦어도 3일 안에 받을 수 있어요. 30킬로그램까지 국제특급우편으로 물건을 보낼 수 있어요.
저울	소포를 보내려면 저울 위에 물건을 올려 놓으세요. 소고기를 저울에 올리면 값을 알 수 있어요.
주소기표지	국제특급우편을 보내려면 우선 주소기표지를 써 주세요. 주소기표지에는 주소와 전화번호를 정확하게 써야 합니다.
작성하다	학기말에 한국문학사 보고서를 작성해서 내세요. 졸업식 행사에 참석할 사람들의 명단을 작성했어요.

01. 빈칸에 알맞은 말을 쓰십시오.

보기 물건을 빨리 받고 싶으면 국제특급우편으로 ~~으로/로~~ 보내라고 하세요.

❶ 제주 ______________ 말은 서울말과 많이 달라서 한국말이 아닌 것 같아요.

❷ ______________ 에 올려 놓으면 물건의 무게와 가격을 알 수 있어요.

❸ 비행기에서 내리기 전에 입국신청서를 ______________ 으면/면 시간이 덜 걸려요.

❹ ______________ 에 보내는 사람의 주소와 연락처도 반드시 써야 해요.

02. 빈칸에 알맞은 말을 쓰십시오.

다음 주 수요일은 중국에 계신 어머니 생신이다. 그래서 오늘 포장한 선물을 가지고 우체국에 갔다. 시간이 오래 걸리지 않는 보기 국제특급우편으로 ~~으로/로~~ 어머니 선물을 보내 드리기로 했다. 직원이 상자를 ❶ ____________ 에 올리라고 했다. 그리고 ❷ ____________ 을/를 주면서 보내는 사람과 받는 사람의 주소와 연락처 등을 정확하게 ❸ ____________ 으라고/라고 했다. 중국은 한국에서 가까운 ❹ ____________ 이기/기 때문에 요금도 싸고 하루 이틀 안에 도착할 거라고 했다. 선물이 어머니 마음에 들었으면 좋겠다.

주제 어휘

주소기표지	• 접수년월일시 • 중량 • 현금수납 • 요금후납 • 내용물 • 개수

01. 알맞은 말을 연결하십시오.

보기 우편물의 무게 ------------------------------ 중량

❶ 우편물을 보낼 때 돈을 냄 •　　　• 내용물

❷ 우편물을 받을 때 돈을 냄 •　　　• 현금수납

❸ 우편물을 보내는 날짜와 시간 •　　　• 요금후납

❹ 포장 상자 안에 들어있는 물건 •　　　• 접수년월일시

02. 빈칸에 알맞은 말을 쓰십시오.

EMS 보기 (국제특급우편)						
❶ ( )		2015 년 3 월 21 일 16 : 00 시				
보내는 사람	전화 번호	010-1234-5678	받는 사람	전화 번호	010-8765-4321	
	이름(영문)	Kim, Mi-jung		이름(영문)	Whang, Kai	
	주소	서울특별시 서대문구 통일로 2가 329번지		주소	중국 길림성 장춘시 길림대학교 한국어학과	
내용물		❷ ( )	가격	❸ ( )	☑ 현금수납	
책		12 개	15만원	11kg	☐ ❹ ( )	

문법 1 -으려고요

동사의 어간에 붙어서 행위를 하는 의도나 목적, 계획을 나타낸다. 어간에 받침이 있으면 '-으려고요', 받침이 없으면 '-려고요'를 쓴다.

❶ 여보세요. 음식을 좀 배달시키려고요.

❷ 교통 카드 기능이 있는 학생증을 만들려고요.

❸ 길을 몰라서 인터넷으로 미리 알아두려고요.

❹ 지난주에 신청한 신용카드를 찾으려고요.

01. 알맞은 말을 골라서 다음 대화를 완성하십시오.

앞머리를 좀 자르다	예약도서를 찾다
국제 우편을 보내다	비행기 표를 예약하다
수강 신청에 대해서 물어 보다	원룸 전세를 좀 알아보다
드라이클리닝을 좀 맡기다	깔끔한 정장을 한 벌 사다
신용카드를 만들다	

보기 학과 사무실 가: 무슨 일로 왔어요?
나: 수강 신청에 대해서 물어 보려고요.

❶ 은행 가: 어서 오십시오.
나: ____________________

❷ 우체국 가: 뭘 도와 드릴까요?
나: ____________________

❸ 도서관 가: 무슨 일로 오셨습니까?
나: ____________________

❹ 부동산 중개소 가: 어떤 집을 찾으십니까?
나: ____________________

❺ 세탁소 가: 어서 오십시오.
나: ____________________

❻ 미용실 가: 머리를 어떻게 해 드릴까요?
나: ____________________

❼ 옷가게 가: 찾는 옷이 있으십니까?
나: ____________________

❽ 여행사 가: 어서 오십시오.
나: ____________________

02. 다음 대화를 완성하십시오.

기자: 저는 지금 새해를 기다리는 시민들을 인터뷰하기 위해 보신각 앞에 나와 있습니다. 시민들의 새해 계획을 들어보도록 하겠습니다.

시민1: 저는 올해 대학교에 입학합니다. **보기** 대학에 가면 미팅을 많이 하려고요. ~~으려고요/려고요~~.

시민2: 저는 3년 동안 사귄 여자 친구가 있습니다. ❶ ________________

시민3: 10년 동안 담배를 피웠는데 올해 제 아이가 태어납니다.

❷ ________________________________

시민4: 집을 장만하기 위해 10년 동안 저축을 했습니다.

❸ ________________________________

시민5: 올해 어머니가 환갑이십니다. 그래서 ❹ ________________

시민6: 작년까지는 운동을 거의 안 했습니다.

그런데 ❺ ________________________________

시민7: 올해 대학교 4학년이 되는데 졸업하기 전에 ❻ ________________

시민8: 올해 고3이 됩니다. 그래서 ❼ ________________

시민9: 작년에는 엄마, 아빠 말씀 잘 안 들었는데 올해에는

❽ ________________________________

기자: 지금까지 시민들의 새해 계획을 들어 보았습니다. 새해 소망을 꼭 이루시기 바랍니다. 새해 복 많이 받으십시오.

문법 2 에 따라

명사에 붙어서 그 명사를 기준으로 하여 어떤 것이 결정되거나 달라짐을 나타낸다.

❶ 전공에 따라 등록금이 달라요.
❷ 시험 결과에 따라 진급이 결정됩니다.
❸ 의료보험료는 월급에 따라 다르게 냅니다.
❹ 세탁물의 종류에 따라 세탁 요금이 다릅니다.

01. 알맞은 말을 골라서 보기 와 같이 쓰십시오.

• 재료 • 통화량 • 시대 • 예금 기간 • 무게
• 크기 • 좌석 • 증상 • 환경

보기 결혼관은 시대에 따라 다릅니다.

❶ 전화 요금은 ________________ 에 따라 결정됩니다.

❷ 가방은 ________________ 에 따라 값이 다릅니다.

❸ 공연 표는 ________________ 에 따라 값이 다릅니다.

❹ 은행에서는 ________________ 에 따라 이자를 줍니다.

❺ 원룸은 ________________ 에 따라 가격이 결정됩니다.

❻ 국제우편 요금은 ________________ 에 따라 달라집니다.

❼ 위장병의 치료 방법은 ________________ 에 따라 다릅니다.

❽ ________________ 에 따라 피부색이 바뀌는 동물이 있습니다.

02. 다음 표를 보고 보기 와 같이 쓰십시오.

국제 우편 요금	거리	무게	내용물의 종류
집 값	크기	주위 환경	인테리어
옷 값	디자인	품질	브랜드
키	먹는 양	운동량	부모의 키
음식 맛	재료	조리 방법	조리 기구
택시 요금	이동거리	시간	택시 종류
노트북 컴퓨터 가격	무게	속도	디자인
세탁 요금	종류	무게	크기
자동차 가격	크기	엔진의 종류	디자인

보기 국제 우편 요금은 거리에 따라 결정돼요.

❶ ______________________________

❷ ______________________________

❸ ______________________________

❹ ______________________________

❺ ______________________________

❻ ______________________________

❼ ______________________________

❽ ______________________________

활동 주소기표지를 작성하고 보기 와 같이 대화를 만들어 보십시오.

<table>
<tr><td colspan="6">EMS 보기 국제특급우편</td></tr>
<tr><td colspan="2">접수년월일시</td><td colspan="4">년 월 일 : 시</td></tr>
<tr><td rowspan="3">보내는 사람</td><td>전화 번호</td><td></td><td rowspan="3">받는 사람</td><td>전화 번호</td><td></td></tr>
<tr><td>이름(영문)</td><td></td><td>이름(영문)</td><td></td></tr>
<tr><td>주소</td><td></td><td>주소</td><td></td></tr>
<tr><td colspan="2">내용물</td><td>개수</td><td>가격</td><td>중량</td><td>☑ 현금수납</td></tr>
<tr><td colspan="2">책</td><td>개</td><td>만원</td><td>kg</td><td>☐ 요금후납</td></tr>
</table>

중량	요금				중량	요금			
	미국	중국	일본	호주		미국	중국	일본	호주
2kg	52,000	22,600	21,800	40,300	15kg	150,900	58,300	51,400	113,900
4kg	67,000	28,000	26,400	54,800	20kg	188,900	72,000	62,800	140,800
6kg	82,400	33,600	31,000	65,500	25kg	225,700	85,300	74,000	167,500
8kg	97,600	39,000	35,500	76,300	30kg	271,000	96,100	84,400	203,500
10kg	112,800	44,600	40,100	87,100					

보기

직원: 어서 오십시오. 무엇을 도와 드릴까요?
웨이: 중국으로 국제특급우편을 보내려고요.
직원: 네. 상자를 저울에 올리시고 주소기표지를 작성해 주십시오.
(잠시 후)
직원: 안에 든 것이 무엇입니까?
웨이: 책이에요.
웨이: 요금은 얼마예요?
직원: 무게에 따라 다른데 6kg이니까 33,600원입니다.
지금 계산하시겠습니까, 아니면 요금후납으로 하시겠습니까?
웨이: 지금 계산하겠습니다.
직원: 네. 감사합니다.

03 건강센터에서 예방접종을 받을 수 있다지요?

학습목표 학생회관 관련 어휘를 익혀서 활용할 수 있다.
'-는다지요?', '-게 하다' 표현을 익혀서 활용할 수 있다.

웨이 : 학교 건강센터에서 독감 예방접종을 받을 수 있다지요?

민철 : 응. 학생회관 2층에 있는데 예방접종도 할 수 있고 웬만한 구급약도 받을 수 있으니까 한 번 이용해 봐. 게시판에 올려서 네 동기들도 이용하게 하는 것도 좋을 것 같아.

새 어휘

건강센터	우리 학교 건강센터에서 예방접종과 치과 진료를 받을 수 있어요. 최근에는 작은 회사에도 건강관리와 상담을 해 주는 건강센터가 있어요.
독감	독감을 예방하는 주사약이 있으니까 미리 맞으세요. 요즘 독감은 정말 독해서 걸리면 고생을 해요.
예방접종	요즘 A형 간염이 유행이니까 예방접종을 하세요. 초등학교에 입학하려면 예방접종 증명서가 있어야 해요.
구급약	갑자기 다치거나 아플 때 사용하기 위해 구급약을 준비해 놓았어요. 여행을 갈 때 간단한 구급약을 가지고 가면 편해요.
올리다	다음 모임 일정을 인터넷 게시판에 올려 주세요. 배낭여행을 가서 찍은 사진을 제 블로그에 올렸어요.

01. 빈칸에 알맞은 말을 쓰십시오.

보기 독감에 걸리지 않으려면 손을 자주 씻는 것이 좋아요.

❶ 여행을 가서 아플 지도 모르니까 ________________ 을/를 준비해 가세요.

❷ 답사 일정을 홈페이지에 ________ 었으니까/았으니까/였으니까 확인하도록 하세요.

❸ 꼭 필요한 ________________ 은/는 가까운 병원에서 무료로 할 수 있어요.

❹ 요즘은 ______________ 에서 금연이나 비만에 대한 상담도 받을 수 있어요.

02. 빈칸에 알맞은 말을 쓰십시오.

보기 건강센터 이용 안내

건강센터는 학생회관 2층에 있습니다. 우리 학교 학생과 직원은 건강검진과 간단한 치료를 받을 수 있습니다. 10월 한 달 동안 ❶ ________ ❷ ________ 도 합니다. 갑자기 다치거나 아플 때에는 필요한 ❸ ________ 도 드립니다. 자세한 이용 방법은 홈페이지에 ❹ ________ 어/아/여 놓았습니다. 많이 이용해 주십시오.

주제 어휘

학생회관	• 편의시설 • 여학생 휴게실 • 건강센터 • 동아리방 • 상담센터

01. 알맞은 말을 연결하십시오.

보기 여학생들이 공부하거나 쉬는 곳 •	• 건강센터
❶ 동아리 모임이나 공연 연습을 하는 곳 •	• 편의시설
❷ 예방접종이나 건강검진을 받는 곳 •	• 상담센터
❸ 생활, 적성, 취업 등을 상담하는 곳 •	• 동아리방
❹ 서점, 여행사, 미용실, 구둣방, 사진관 등 •	• 여학생 휴게실

02. 빈칸에 알맞은 말을 쓰십시오.

학교생활 Q&A

Q: 학교 기념품을 구입하고 싶어요. 어디에서 살 수 있어요?

A: 학생회관에 가 보세요. 기념품 가게와 여러 가지 보기 편의 시설이 ~~이/가~~ 있어서 서점, 여행사, 미용실, 구둣방, 사진관, 편의점 등을 이용할 수 있어요.

Q: 3학년인데 앞으로 취직이 걱정입니다. 특별히 하고 싶은 일이 없는데 어떤 직업을 선택해야 할지 모르겠습니다.

A: ❶ ________에 가서 상담을 받아 보세요. 학생들의 생활, 적성, 취업 문제 등을 전문가 선생님께서 친절하게 상담해 주십니다.

Q: 요즘 건강이 안 좋아진 것 같아서 걱정이에요. 제 건강 상태를 확인하고 상담 받고 싶어요.

A: 그럼 ❷ ________에 가 보세요.

Q: 몸살인 것 같아요. 오후에 중요한 시험이 있어서 집에 갈 수도 없는데 어떻게 하지요?

A: 학생회관에 있는 ❸ ________을/를 이용해 보세요. 공부방도 있고 휴게실도 있어서 몸이 좋지 않은 여학생들이 편하게 쉴 수 있는 곳이에요.

Q: 지금 들고 싶은 동아리가 생겼어요. 어떻게 하지요?

A: 학생회관에 가면 ❹ ________이/가 있어요. 직접 가서 동아리 가입 신청을 하시면 언제든지 환영입니다.

문법 1 -는다지요?

'-는다고 하지요?'의 줄임말로 동사나 형용사의 어간에 붙어서 다른 곳에서 알게 된 사실을 청자가 이미 알고 있을 거라고 생각하고 확인할 때 쓰인다. 동사 어간에 받침이 있으면 '-는다지요?', 받침이 없으면 '-ㄴ다지요?', 형용사에는 '-다지요?'를 쓴다. 받침이 있는 명사에는 '이라지요?', 받침이 없는 명사에는 '라지요?를 쓰고 '-었다지요?', '-겠다지요?', '-을/ㄹ 거라지요?'도 쓸 수 있다.

❶ 한국 사람들은 여름에 삼계탕을 많이 먹는다지요?
❷ 학교 앞에 있는 송도병원이 수술을 잘하기로 유명하다지요?
❸ 서울에서 외국인들이 가장 많이 찾는 곳이 명동이라지요?
❹ 월드컵에서 독일 축구팀이 우승했다지요?

01. 웨이 씨에 대해서 여러분이 알게 된 것입니다. 웨이 씨 친구에게 보기 와 같이 확인하는 질문을 만드십시오.

안녕하십니까? 보기 저는 중국에서 온 웨이라고 합니다. ❶ 올해 스무 살입니다. ❷ 지금 한국대학교에서 경영학을 전공하고 있고 ❸ 학교 기숙사에서 지내고 있습니다. ❹ 고향에 부모님이 계시고 ❺ 형제는 없습니다. ❻ 한국에서 제주도, 부산, 경주에 간 적이 있습니다. ❼ 여행을 다니면서 사진을 찍는 것을 좋아합니다. ❽ 가장 친한 친구는 미국에서 온 제임스입니다.

보기 웨이 씨가 중국에서 왔다지요?

❶ ____________________

❷ ____________________

❸ ____________________

❹ ____________________

❺ ____________________

❻ ____________________

❼ ____________________

❽ ____________________

02. 다음 대화를 완성하십시오.

사회자: 오늘 '세계를 안다' 프로그램에서는 20년 동안 세계 100여 개국을 여행하고 다니신 여행자 한 분을 모셨습니다. 세계 곳곳에 대해서 궁금하신 것을 질문하시면 대답해 주실 겁니다. 질문해 주십시오.

질문자: 보기 저 알프스 산 정상에서도 한국의 컵라면을 먹을 수 있다지요? 사실입니까?

여행자: 네, 그렇습니다. 한국인들을 위해서 알프스 산 정상에서도 컵라면을 판매하고 있습니다.

❶ 질문자: 중국에는 ______________________________

여행자: 그렇지 않습니다. 부모가 모두 외동일 때에는 아이를 두 명까지 낳을 수 있습니다.

❷ 질문자: 인도 고추가 ______________________________

여행자: 네, 맞습니다. 인도 고추가 세계에서 제일 맵습니다.

❸ 질문자: 아마존에는 ______________________________

여행자: 하하하, 아마존에 가 봤지만 여자들만 사는 나라를 직접 보지 못해서 잘 모르겠습니다.

❹ 질문자: 아프리카에는 ______________________________

여행자: 네, 아프리카의 어떤 나라에서는 전쟁 때문에 저도 자유롭게 여행을 하기가 어려웠습니다.

❺ 질문자: 태국 사람들은 ______________________________

여행자: 그렇습니다. 그래서 태국에는 불교 사원도 많고 국민들의 생활도 불교와 관계가 많습니다.

❻ 질문자: 알래스카에는 ______________________________

여행자: 네, 여름에는 밤에도 해가 지지 않아서 낮처럼 지내는 '백야'가 있습니다.

❼ 질문자: 네덜란드 ______________________________

여행자: 네덜란드에서는 어디서나 스케이트를 탈 수 있기 때문에 어떤 사람들은 스케이트를 타고 출근하기도 합니다.

❽ 질문자: 호주 사람들은 ______________________________

여행자: 네, 호주에서는 캥거루 고기를 슈퍼마켓에서 팝니다.

문법 2 —게 하다

동사의 어간에 붙어서 다른 사람에게 어떤 행위를 하도록 시키거나 어떤 상황이 되게 만든다는 의미를 나타낸다. 부정문은 '–지 못하게 하다'가 된다.

❶ 늦은 시간까지 일하게 해서 미안합니다.
❷ 제 친구는 약속을 하면 늘 저를 기다리게 해요.
❸ 어머니가 비를 맞고 들어온 아이에게 옷을 갈아입게 하셨어요.
❹ 선생님께서 학생들에게 수업 시간에 휴대전화를 사용하지 못하게 하셨습니다.

01. 보기 와 같이 쓰십시오.

보기 어머니: 지우야, 비가 오니까 창문 좀 닫아.
➡ 어머니께서 지우에게 창문을 닫게 하셨어요.

❶ 선생님: 여러분, 시험지에 반과 이름을 적으세요.
➡ ______________________

❷ 부모님: 정희야, 너무 짧은 치마를 입으면 안 돼.
➡ ______________________

❸ 어머니: 철수야, 슈퍼에 가서 주방 세제 좀 사 와라.
➡ ______________________

❹ 은행 직원: 고객님, 현금 카드 신청서를 써 주십시오.
➡ ______________________

❺ 제임스: 웨이 씨, 중국 노래를 듣고 싶으니까 불러 주세요.
➡ ______________________

❻ 교수님: 여러분, 일주일에 한 번씩 보고서를 내십시오.
➡ ______________________

❼ 경찰: 여기에 주차를 하시면 안 됩니다.
➡ ______________________

❽ 할머니: 철수야, 차에 짐을 좀 실어라.
➡ ______________________

02. 보기 와 같이 상담을 해 주십시오.

저희 아이는 중학교 1학년 남학생입니다. 키는 보통인데 몸무게가 많이 나갑니다. 운동을 별로 좋아하지 않고 요즘은 컴퓨터 게임을 많이 합니다. 그리고 채소는 별로 먹지 않고 고기와 튀긴 음식을 많이 먹는 편입니다.

상담: 보기 일주일에 세 번 이상 운동을 하게 하세요.

그리고 ❶ ______________________________

그리고 ❷ ______________________________

저희 어머니는 밤에 잠을 못 주무십니다. 그래서 늘 피곤해 하세요. 보통 낮잠을 두 시간씩 주무시고, 커피를 하루에 6~7잔씩 드십니다.

상담: ❸ ______________________________

그리고 ❹ ______________________________

제 딸이 쇼핑을 좋아해요. 계획을 세우지 않고 마음에 드는 것이 있으면 모두 사요. 지난달에는 카드 값이 많이 나와서 남편이 야단을 쳤어요.

상담: ❺ ______________________________

그리고 ❻ ______________________________

저희 큰 아이는 올해 대학에 입학한 후 집에 자주 늦게 와요. 전화도 안 하고 늦게 오는 날에는 저도 잠을 잘 못 자요. 왜 늦었냐고 하면 친구를 만나서 놀았다고 해요.

상담: ❼ ______________________________

그리고 ❽ ______________________________

활동 친구나 친구의 나라(고향)에 대해서 아는 것을 확인해 보고 맞으면 ○, 틀리면 × 하십시오.

	보기 웬웬 씨는 날마다 부모님과 전화통화를 한다지요?	○ ×
1		
2		
3		
4		
5		
6		
7		
8		
9		
10		
	총점	점

0점 : 두 사람은 친구가 아니군요!
1-3점: 친구에게 관심을~
4-6점: 조금만 친해지려는 노력을~
7-9점: 두 사람은 친하시군요!
10점: 가족이 아닌지 확인해 보세요.

04 통금 시간을 지켜야 하다니 불편하겠구나

학습목표 기숙사 관련 어휘를 익혀서 활용할 수 있다.
'-다니', '-게' 표현을 익혀서 활용할 수 있다.

웨이 : 기숙사 통행금지 시간이 다 되어서 난 그만 가 봐야겠어. 외박 신청을 안 하고 한 시가 넘어서 들어가면 벌점을 받아.

미선 : 시험 기간에도 통금 시간을 지켜야 하다니 불편하겠다. 하기는 우리 부모님도 너무 늦게 돌아다니지는 못하게 하시니까. 내일은 늦게까지 도서관에서 공부하게 미리 외박 신청을 하고 오는 게 어때?

새 어휘

통행금지(통금)	우리 기숙사에는 야간 통행금지 시간이 있습니다. 여기는 공사 중이라서 통행금지이니까 들어가지 마세요.
그만	하루 종일 놀았으니까 그만 집에 갑시다. 서로 오해를 한 거니까 이제 그만 화해하세요.
외박	대학생이 되었지만 부모님께서는 외박을 허락하지 않으신다. 오빠가 군대에서 외박을 나와서 난 집에 일찍 들어가야 해.
벌점	기숙사 생활 규칙을 지키지 않으면 벌점을 받아요. 교통법규를 안 지키면 벌점을 받는데 121점이 넘으면 면허가 취소돼요.
하기는	아, 배고파. 하기는 아침을 안 먹었으니까 배가 고플 거야. 왜 그만 먹어? 하기는 아프니까 입맛도 없겠지.

01. 빈칸에 알맞은 말을 쓰십시오.

보기 부모님께서 외박을 을/를 못하게 하셔서 엠티를 한 번도 못 갔어요.

❶ 밤이 늦었으니까 이제 ______________ 자도록 해.

❷ 우리 학교 기숙사는 야간 ______________ 시간이 한 시야.

❸ 피곤한데 잠이 안 와. __________ 커피를 다섯 잔이나 마셨으니까 잠이 안 오는 것이 당연하지.

❹ 운동 경기 중에 __________ 을/를 받은 선수는 다음 경기에 참가할 수 없어요.

02. 빈칸에 알맞은 말을 쓰십시오.

대학을 졸업하고 취직하면서 달라진 것이 있다. 10시까지 집에 들어가야 하는 **보기** 통행금지 시간이 없어진 것이다. 2박 3일 정도의 ❶ __________ 도 가능해졌다. 학생 때는 친구들이나 과모임 중간에 ❷ __________ 들어가 봐야 한다고 하면서 일어났다. 그리고 좀 늦으면 아버지께서 ❸ __________ 을/를 주시고 점수에 따라서 용돈도 깎으셨다. 학생 때까지 모든 것을 금지하셨던 부모님께서 취직을 한 후에 조금씩 허락해 주기 시작하셨다. ❹ __________ 세상에 위험한 것이 많으니까 부모님께서 걱정하시는 것도 당연하다. 부모님께서 걱정하지 않으시도록 지금은 내가 알아서 집에 일찍 들어간다.

주제 어휘

기숙사	• 공동생활	• 배정	• 입사	• 퇴사	• 규율	• 침해

01. 빈칸에 알맞은 말을 쓰십시오.

기숙사에 들어가면 많은 학생들이 함께 생활하는 곳이기 때문에 지켜야 할 것이 많습니다. 통행금지 시간을 지키지 않거나 다른 사람에게 피해를 주면 기숙사에서 나가야 하는 경우도 있습니다.

보기 기숙사에 들어가면 (입사)
❶ 많은 학생들이 함께 생활 (　　　　)
❷ 지켜야 할 것 (　　　　)
❸ 다른 사람에게 피해를 주면 (　　　　)
❹ 기숙사에서 나가야 (　　　　)

02. 빈칸에 알맞은 말을 쓰십시오.

여러분, 우리 기숙사에 오신 것을 환영합니다.

우리 기숙사는 공기가 좋은 산 아래에 있어서 조용히 공부하고 생활하기 좋은 곳입니다. 기숙사는 한 방에 두 명의 학생이 보기 배정을 을/를 받습니다. 기숙사는 여러 학생들이 ❶ ________ 을/를 하는 곳이기 때문에 다른 학생들의 사생활이나 학습권을 ❷ ________ 하지 않도록 주의해 주십시오. 공동생활에서 지켜야 할 ❸ ________ 을/를 꼭 지켜 주십시오. 방학에는 기숙사가 문을 닫으니까 ❹ ________ 기간을 지켜 주시기 바랍니다.

문법 1 -다니

동사나 형용사의 어간에 붙어서 어떤 상황을 보거나 듣고 믿을 수 없거나 놀랐을 때 쓰인다. 동사와 형용사 어간에는 '-다니', 받침이 있는 명사에는 '이라니', 받침이 없는 명사에는 '라니'를 쓴다.

❶ 9시 밖에 안 됐는데 문을 연 식당이 없다니 정말이야?
❷ 약속 시간에 한 시간이나 늦게 오다니 너무한 거 아니에요?
❸ 이렇게 많은 돈을 기부하시다니 정말 대단하십니다.
❹ 한국어로 이렇게 멋있는 시를 쓴 사람이 외국인이라니 믿을 수가 없군요.

01. 신문 기사의 제목을 보고 보기 와 같이 쓰십시오.

보기 30개월 아이, 영어책을 읽어
➡ 30개월밖에 안 된 아이가 영어책을 읽다니 사실이에요?

❶ 날마다 2시간 걸어서 학교 다녀
➡ ______________________

❷ 오늘 낮, 서울 40℃
➡ ______________________

❸ 못 먹는 닭고기, 아이들 간식으로 팔아
➡ ______________________

❹ 이번 주말, 백화점 옷값 90% 할인
➡ ______________________

❺ 핫도그 많이 먹기 대회, 67개 먹은 남자 우승
➡ ______________________

❻ 유명 삼계탕집, 2시간 기다려야
➡ ______________________

❼ 대학 등록금, 평균 660만원
➡ ______________________

❽ 저스틴 비버 내한 공연, VIP 표 값 145만원
➡ ______________________

02. 다음 대화를 완성하십시오.

제임스: 저는 신기한 가족을 만났어요. 제가 만난 친구는 영수 씨인데 영수 씨 아버지는 거의 날마다 12시에 집에 오세요.

마이클: 보기 날마다 12시에 집에 오시다니 사실이에요?

제임스: 네, 그리고 가족들이 아버지를 일주일에 한두 번밖에 못 만나요.

마이클: ❶ ______________________

제임스: 집안일은 거의 어머니 혼자서 하세요.

마이클: ❷ ______________________

제임스: 영수 씨는 대학교 4학년인데 취직 준비 때문에 학원을 3개나 다녀요.

마이클: ❸ ______________________

제임스: 영수 씨는 영어 공부를 열심히 해서 토익 점수가 만점이에요.

마이클: ❹ ______________________

제임스: 영수 씨 남동생은 고등학교 3학년인데 아침 7시까지 학교에 가요.

마이클: ❺ ______________________

제임스: 한국 고등학생들은 방학에도 학교에 가서 공부해요.

마이클: ❻ ______________________

제임스: 영수 씨 여동생은 초등학생인데 중학교 수학을 공부해요.

마이클: ❼ ______________________

제임스: 여동생은 친구들과 하루에 한 시간밖에 못 놀아요.

마이클: ❽ ______________________

제임스 씨, 정말 신기한 가족을 만났군요.

문법 2 -게

동사의 어간에 붙어서 선행절의 목적을 위해서 후행절의 행위를 함을 나타낸다.

❶ 뒤에 있는 사람도 잘 보게 칠판에 글씨를 크게 썼다.
❷ 수업에 늦지 않게 아침 7시에 좀 깨워 주세요.
❸ 가족들이 다 같이 먹게 김밥을 좀 많이 만드세요.
❹ 학생증을 교통 카드로 이용하게 교통 카드 기능을 넣어 주세요.

01. 알맞은 말을 연결하고 보기 와 같이 쓰십시오.

보기 옷을 사다 •	• 일찍 깨워 주세요.
❶ 단어를 찾다 •	• 잘 붙였어요.
❷ 모두가 듣다 •	• 용돈을 좀 주세요.
❸ 모자라지 않다 •	• 사전 좀 빌려 주세요.
❹ 학교에 일찍 가다 •	• 개인 접시 좀 주세요.
❺ 찌개를 덜어서 먹다 •	• 큰 소리로 말해 주세요.
❻ 감기에 걸리지 않다 •	• 옷을 따뜻하게 입으세요.
❼ 아이들이 만지지 못하다 •	• 높은 곳에 올려놓았어요.
❽ 포스터가 떨어지지 않다 •	• 음식을 많이 만들어 주세요.

보기 옷을 사게 용돈을 좀 주세요.

❶ ______

❷ ______

❸ ______

❹ ______

❺ ______

❻ ______

❼ ______

❽ ______

02. 보기 와 같이 기숙사 규정을 만드십시오.

보기 큰 소리가 나지 않게 문을 살짝 닫아 주세요.

❶ ______________________ 게 쓰레기를 정해진 장소에 버리세요.

❷ ______________________ 게 물건에 이름을 쓰세요.

❸ ______________________ 게 방에서 전열기구를 사용하지 마세요.

❹ ______________________ 게 방문을 항상 잠그고 다니세요.

❺ ______________________ 게 10시 이후에는 세탁기를 돌리지 마세요.

❻ ______________________ 게 음식물을 가지고 들어오지 마세요.

❼ ______________________ 게 음악은 헤드폰을 이용해서 들으세요.

❽ ______________________ 게 같이 사용하는 물건은 사용 후에 제자리에 두세요.

활동

여러분의 기숙사에 이런 사람이 있을 때 어떻게 하면 좋을지 보기 와 같이 말해 보십시오.

기숙사에 있는 사람	어떻게 할까요?
밤 12시가 넘은 시간에 세탁기를 돌리는 사람	12시 이후에는 세탁실 문을 잠근다.
공용 컴퓨터를 혼자서 계속 사용하는 사람	정해진 시간만큼 컴퓨터를 사용하게 한다.
청소나 정리를 잘 하지 않는 사람	

보기
가: 우리 기숙사에는 밤 12시가 넘은 시간에 세탁기를 돌리는 사람이 있어요.
나: 그렇게 늦은 밤에 세탁기를 돌리다니 정말 말도 안 돼요. 12시 이후에는 세탁기를 돌리지 못하게 세탁실 문을 잠그는 것이 좋겠어요.

제6과 만남

01 그 친구는 선후배들에게 인기가 많은 모양이야

02 여기에 오다가 과일이 싱싱해 보여서 샀어

03 요리 재료를 사다가 집에서 음식을 만들어 먹자

04 수요일로 미루다니? 좀 일찍 얘기하지

01 그 친구는 선후배들에게 인기가 많은 모양이야

학습목표 성격 관련 어휘를 익혀서 활용할 수 있다.
'-게 되다', '-는 모양이다' 표현을 익혀서 활용할 수 있다.

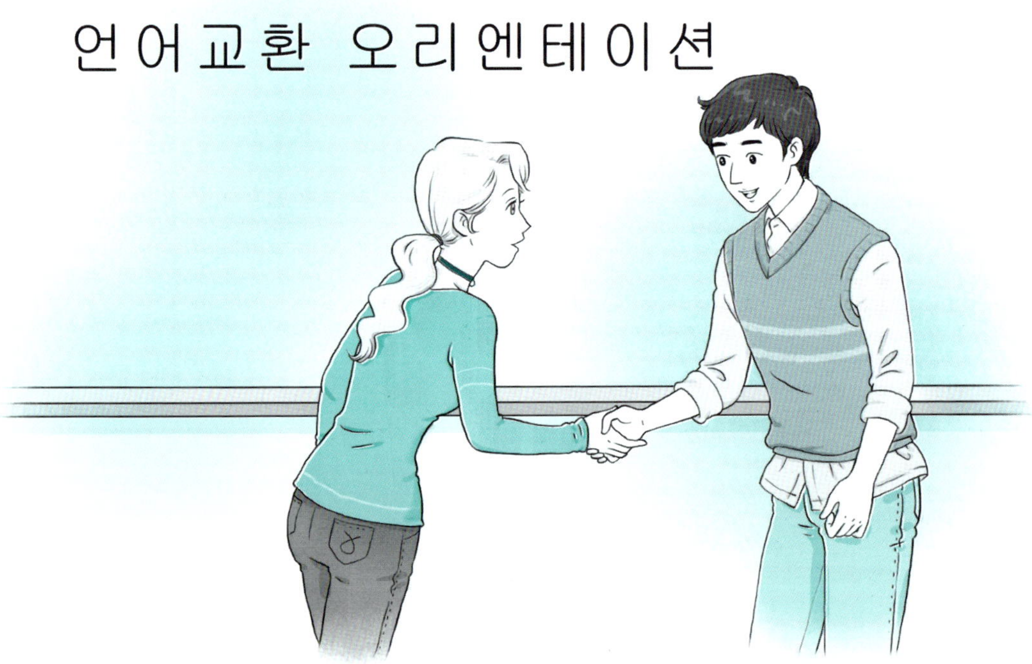

리 에 : 새로 소개 받은 언어 교환 친구는 어때?

마리아 : 첫인상은 좀 무뚝뚝해 보였는데 몇 번 만나 보니까 정이 많은 사람이라는 걸 알게 됐어. 남을 함부로 대하지 않고 배려할 줄도 알아서 선후배들에게 인기가 많은 모양이야.

새 어휘

무뚝뚝하다	제 친구는 좀 무뚝뚝하지만 마음은 따뜻해요. 친구의 오빠가 말을 잘 안 하고 표정이 없어서 무뚝뚝해 보여요.
정이 많다	우리 언니는 정이 많아서 무슨 음식이든지 이웃과 나눠 먹어요. 명절 때마다 아는 사람들한테 다 선물을 주다니 정말 정이 많은 사람이군요.
남	자기보다 남을 먼저 생각하는 것은 쉽지 않다. 남에게 말 못 할 것도 그 친구에게는 이야기할 수 있어요.
함부로	정확하게 모르는데 함부로 말하지 마. 친한 친구의 물건도 말하지 않고 함부로 쓰면 안 돼요.
대하다	친구의 어머니가 나를 아들처럼 가깝게 대해 주신다. 백화점 점원들이 손님들을 아주 친절하게 대한다.
배려하다	병원에서는 외국인을 배려해서 외국어 통역 서비스를 하고 있다. 엘리베이터에서 버튼을 눌러서 기다려 주는 것은 남을 배려하는 행동이다.

01. 빈칸에 알맞은 말을 쓰십시오.

보기 스팸 메일을 함부로 열어 보면 안 돼요.

❶ 하숙집 아주머니는 마치 엄마처럼 나를 따뜻하게 ____________ 어/아/여 준다.

❷ 내 친구는 ____________ 어서/아서/여서 어려운 사람들을 많이 도와 줘요.

❸ 사람들이 서로를 ____________ 으면/면 이 세상은 더 살기가 좋아질 거예요.

❹ 보통 여자들은 ____________ 은/ㄴ 남자를 싫어하는데 저는 그런 남자가 멋있어 보여요.

02. 빈칸에 알맞은 말을 쓰십시오.

생각해 봅시다

요즘 젊은 사람들이 노인들에게 예절을 잘 지키지 않아서 문제입니다. 지하철에서 노인이 타면 자는 척 하는 사람도 있습니다. 노인들을 **보기** 배려하기 위해서 만든 자리에는 앉지 맙시다. 그리고 노인들에게 ❶ ____________ 말을 하면서 기분 나쁘게 ❷ ____________ 는/은/ㄴ 사람도 있는데 자신이 노인이 돼서 똑같은 일을 경험하면 기분이 좋을까요? 그리고 노인들이 뭘 물어보면 ❸ ____________ 게 대답하지 말고 친절하게 대답해 드립시다. 모르는 노인들을 ❹ ____________ 이/가 아닌 우리 할아버지, 할머니라고 생각하면 어떨까요?

주제 어휘

성격	• 무뚝뚝하다 • 상냥하다 • 급하다 • 느긋하다 • 정이 많다 • 정이 없다

01. 빈칸에 알맞은 말을 쓰십시오.

보기 제 남자친구는 '사랑해, 고마워' 같은 말들을 잘 못합니다. (무뚝뚝하다)

❶ 우리 언니는 기다리는 것을 잘 못 참고 항상 서두릅니다. (　　　　)

❷ 제 방 친구는 어려운 사람들을 봐도 도와주지 않습니다. (　　　　)

❸ 제 여동생은 남을 대할 때 웃으면서 부드럽게 말합니다. (　　　　)

❹ 제 친구는 무슨 일이든지 서두르지 않고 결과가 빨리 안 나와도 잘 기다립니다. (　　　　)

02. 빈칸에 알맞은 말을 쓰십시오.

제 이상형에 대해서 말해 볼까 합니다. 우선 저는 보기 정이 많은 ~~는/은/ㄴ~~ 여자가 좋아요. 그런 여자는 우리 부모님도 남이라고 생각하지 않고 잘 대해 줄 것 같아요. 가까운 사람이 어려운 상황에 있어도 도와주지 않는 그런 ❶ ________ 는/은/ㄴ 여자는 싫어요. 그리고 성격은 저와 비슷했으면 좋겠어요. 저는 성격이 좀 ❷ ________ 어서/아서/여서 뭐든지 빨리 하는 것을 좋아하는데 여자가 성격이 너무 ❸ ________ 으면/면 저와 잘 안 맞을 것 같아요. 그리고 무뚝뚝한 여자보다는 ❹ ________ 는/은/ㄴ 여자가 저와 잘 어울릴 것 같아요.

문법 1 -게 되다

동사의 어간에 붙어서 주어의 의지와 상관없이 어떤 결과가 생겼음을 나타낸다.

❶ 서두르면 실수를 많이 하게 된다.
❷ 열심히 일하면 좋은 결과를 얻게 될 거야.
❸ 제가 이번 학기부터 동아리 회장을 맡게 됐어요.
❹ 갑자기 출장을 가게 돼서 약속을 못 지키게 됐습니다.

01. 보기 와 같이 쓰십시오.

보기 한국 친구들과 많은 시간을 보내서 한국말을 잘 해요.
➡ 한국 친구들 때문에 한국말을 잘 하게 됐어요.

❶ 제임스 씨와 같은 동아리에 들어서 제임스 씨를 알아요.
➡ ____________________

❷ 형의 결혼식에 참석해야 해서 다음 주에 고향에 돌아가요.
➡ ____________________

❸ 친구가 아르바이트를 소개해 줘서 지난주부터 하고 있어요.
➡ ____________________

❹ 제가 다니는 무역 회사가 한국에 있어서 지금 한국에 살아요.
➡ ____________________

❺ 급한 일이 생겨서 호텔 예약을 취소해요.
➡ ____________________

❻ 고향에 돌아가면 한국말을 안 쓰기 때문에 잊어버릴 거예요.
➡ ____________________

❼ 어제 책상 위에 동생 일기장이 놓여 있어서 봤어요.
➡ ____________________

❽ 비행기 표가 3시 표밖에 없어서 3시에 떠나요.
➡ ____________________

02. 다음 대화를 완성하십시오.

보기 가: 한국에 처음 왔을 때는 매운 음식을 잘 못 먹었는데 이제는 정말 잘 드시는군요.
나: 먹을 기회가 많아서 자주 먹으니까 매운 맛을 좋아하게 됐어요.

❶ 가: 기숙사에서 살고 싶어 했는데 왜 하숙집에서 살아요?
나: 친구가 하숙집을 소개해 줘서 ______________________

❷ 가: 한국 문화에 대해서 정말 관심이 많군요.
나: 한국어 수업을 듣고 ______________________

❸ 가: 이번 출장은 어디로 가는지 정해졌어?
나: 아직 정해지지는 않았지만 ______________________

❹ 가: 마이클 씨가 요즘 학교에 안 나오는데 무슨 일이 생겼어요?
나: 갑자기 병이 나서 ______________________

❺ 가: 갑자기 민호 씨의 송별회를 왜 해요?
나: ______________________

❻ 가: 이번 엠티에 같이 안 가세요?
나: ______________________

❼ 가: 한국 문학사 시간에 몇 번째로 발표하세요?
나: ______________________

❽ 가: 장학금 받기를 원했는데 어떻게 됐어?
나: ______________________

문법 2 -는 모양이다

동사나 형용사의 어간에 붙어서 보고 들은 내용을 근거로 추측을 나타낸다. 이 때 그렇게 추측한 이유가 반드시 있다. 동사 어간에는 '-는 모양이다', 형용사 어간에 받침이 있으면 '-은 모양이다', 받침이 없으면 '-ㄴ 모양이다', 명사에는 '인 모양이다'를 쓰고 '-은/ㄴ 모양이다', '-을/ㄹ 모양이다'도 쓸 수 있다.

❶ 날마다 한국어 교과서를 들고 다니는 걸 보니까 한국말을 배우는 모양이에요.
❷ 요즘에 연락을 자주 안 하는 걸 보니까 바쁜 모양이야.
❸ 인사도 없이 뛰어가는 걸 보니까 급한 일이 있는 모양이다.
❹ 발음을 들어 보니까 교포인 모양이에요.

01. 다음 표에서 알맞은 말을 골라서 대화를 완성하십시오.

수업이 재미있습니다.	자리가 없습니다.
뭔가 오해했습니다.	오늘은 안 올 겁니다.
요즘 회사일이 많습니다.	수업이 벌써 끝났습니다.
동생이 마음에 듭니다.	엘리베이터가 고장 났습니다.
볼거리가 많습니다.	

보기 가: 경주를 찾는 관광객이 1년에 천 명이 넘는다고 해요.
나: 경주에 볼거리가 많은 모양이에요.

❶ 가: 미선 씨가 아직 안 왔는데 오늘 모임이 있는 줄 알아요?
나: 알 텐데 연락이 없는 걸 보니까 ______________________

❷ 가: 사람들이 다 계단으로 올라가요.
나: ______________________

❸ 가: 사람들이 식당에 들어갔다가 다시 나오는데.
나: ______________________

❹ 가: 이번 학기 심리학 수업의 수강 신청이 벌써 마감됐다고 해요.
나: ______________________

❺ 가: 저는 잘못한 게 없는데 친구가 기분이 나쁜 것 같아요.
나: ______________________

❻ 가: 영수 씨는 나만 보면 내 동생에 대해서 물어봐.
나: ______________________

❼ 가: 민철 씨는 어제 늦게 퇴근했는데 오늘도 그랬어요.
나: ______________________

❽ 가: 교실 밖이 왜 이렇게 시끄럽지?
나: ______________________

02. 보기 와 같이 쓰십시오.

오늘 아침에 일찍 일어난다는 것이 늦잠을 자 버렸다. 알람 소리를 듣지 못했는데 보기 알람을 꺼 놓고 잔 모양이다. 아침에 집을 나오니까 구름이 많이 끼었다. ❶ ______________________. 택시를 탔는데 차가 너무 밀린다. 앞에 ❷ ______________________. 지하철로 갈아타고 학교에 겨우 도착해서 시험을 봤는데 우리 과 학생들의 표정이 별로 밝지 않다. ❸ ______________________. 친구를 만나려고 학생회관에서 기다리는데 한참 기다려도 오지 않는다. ❹ ______________________. 조금 더 기다리니까 친구가 뛰어왔다. 그리고 나한테 점심을 사 주겠다고 한다. ❺ ______________________. 친구와 같이 점심을 먹으러 처음 가 보는 식당에 갔는데 손님들이 줄을 길게 서 있다. ❻ ______________________. 한참 기다려서 점심을 먹고 영화를 보려고 극장에 갔는데 표가 다 매진됐다. ❼ ______________________. 그런데 친구가 나와 더 놀지 않고 집에 가겠다고 한다. ❽ ______________________. 오늘은 여러 가지로 힘든 하루이다.

활동 여러분의 친구에 대해서 보기 와 같이 써 보십시오.

어떻게 알게 됐습니까?	
친구의 성격은 어떻습니까?	
요즘 친구는 어떻게 지내는 것 같습니까?	

보기 나는 한국 친구가 별로 많지 않지만 친한 친구가 한 명 있다. 중국 친구가 소개해 줘서 그 친구를 알게 됐다. 그 친구는 성격이 좀 급하지만 나한테 항상 상냥하고 친절하게 대해 줘서 마음에 든다. 그런데 그 친구가 요즘 무슨 고민이 있는 모양이다. 별로 말도 안 하고 표정이 어둡다. 무슨 일이 있는지 만나면 한번 물어봐야겠다.

02 여기에 오다가 과일이 싱싱해 보여서 샀어

학습목표 방문 관련 어휘를 익혀서 활용할 수 있다.
'-다가', '-고 나서' 표현을 익혀서 활용할 수 있다.

영수 : 바쁘실 텐데 이렇게 먼 데까지 와 주셔서 감사합니다. 그냥 오셔도 되는데 뭘 이렇게 잔뜩 사 가지고 오셨어요?

준호 : 여기에 오다가 과일이 싱싱해 보여서 샀어. 모처럼 후배 집을 방문 하는데 빈손으로 오면 되겠어? 그건 그렇고 내가 졸업하고 나서 처음 만나는 거니까 우리 이게 얼마 만이지?

새 어휘

데	다친 데는 좀 괜찮아졌어요? 학교 식당은 너무 복잡하니까 다른 데 가서 먹읍시다.
잔뜩	짐을 잔뜩 들고 어디에 가세요? 약속 시간보다 30분쯤 늦게 가니까 여자 친구가 잔뜩 화가 나 있었다.
싱싱하다	고기의 색깔을 보고 싱싱한 것으로 골라야 한다. 꽃이 들어오는 월요일에 꽃시장에 가면 종류도 많고 싱싱해요.
모처럼	모처럼 가는 여행인데 날씨가 나빠서 기분이 안 좋았다. 항상 일하느라고 바빴는데 어제 모처럼 한가하게 집에서 쉬었어요.
빈손	고향에 갔다가 올 때에 빈손인 적이 없어요. 낚시하러 갔는데 한 마리도 못 잡고 빈손으로 왔어요.
그건 그렇고	가: 보고서는 다 썼어? 나: 조금만 쓰면 돼. 그건 그렇고 어제 본 공연은 재미있었어? 가: 이번 시험은 지난번 시험보다 쉽겠지? 나: 어려울지도 몰라. 그건 그렇고 제임스 생일 파티에 갈 거야?

01. 빈칸에 알맞은 말을 쓰십시오.

보기 요리가 맛있으려면 재료가 싱싱해야 ~~어야/아야/여야~~ 해요.

❶ 생일 파티에 __________ 으로/로 온 사람은 없었다.

❷ __________ 온 가족이 모여서 즐거운 시간을 보냈다.

❸ 일주일 동안 휴가를 다녀와서 할 일이 __________ 밀렸어요.

❹ 가: 늦어서 미안해. 갑자기 부장님이 불러서 바로 출발을 못했어.
나: 괜찮아. __________ 이사는 잘 했어?

02. 빈칸에 알맞은 말을 쓰십시오.

나는 요리하기를 싫어하지만 친구들에게 한국 음식을 대접하려고 시장에 갔다. 값이 싼 보기 데를 을/를 찾아서 가 봤는데 채소와 과일들이 ❶ __________ 쌓여 있었지만 별로 ❷ __________ 어/아/여 보이지 않았다. 그래서 결국 아무것도 못 사고 ❸ __________ 으로/로 집에 와 버렸다. ❹ __________ 요리를 해 볼까 했는데 그냥 평소처럼 배달시켜서 먹어야겠다.

주제 어휘

방문	• 방문 • 병문안 • 위문 • 면회 • 면담 • 면접

01. 빈칸에 알맞은 말을 쓰십시오.

보기 회사에서 일하고 싶어하는 사람을 만납니다. (면접)

❶ 병원에 입원한 친구를 찾아갑니다. (   )

❷ 양로원에 있는 노인들을 찾아갑니다. (   )

❸ 군대에 있는 오빠를 만나러 갑니다. (   )

❹ 학부모가 학교 선생님을 찾아가서 이야기합니다. (   )

02. 빈칸에 알맞은 말을 쓰십시오.

어린이 병원 입원실에 보기 면회 시간이 정해져 있어서 ❶ ________ 을/를 온 김 미진 양의 친구들이 지금 김 양을 만나려고 기다리고 있습니다. 김 양의 보호자는 의사와 ❷ ________ 을/를 하고 있고 마침 유명한 공연 단체가 병원을 ❸ ________ 해서 ❹ ________ 공연을 하고 있습니다.

문법 1 -다가

동사의 어간에 붙어서 선행절의 행위가 완전히 끝나기 전에 후행절의 행위가 이루어지는 것을 나타낸다. 선행절과 후행절의 주어가 같아야 한다.

❶ 축구하다가 넘어져서 다리를 다쳤어.
❷ 부모님과 같이 살다가 하숙집으로 이사했다.
❸ 회사에 다니다가 유학을 가게 돼서 그만뒀어요.
❹ 공부하다가 모르는 것이 있으면 나한테 언제든지 물어봐.

01. 알맞은 말을 연결해서 보기 와 같이 쓰십시오.

보고서를 씁니다.	잤어요.
밤에 잡니다.	그만뒀어요.
신촌에 삽니다.	세 개나 깼어요.
똑바로 갑니다.	극장에서 나왔어요.
아르바이트를 합니다.	시끄러워서 깼어요.
방에서 청소를 합니다.	송도로 이사했어요.
친구와 영화를 봅니다.	옛날 사진을 찾았어요.
그릇을 급하게 씻습니다.	다시 집으로 돌아왔어요.
공부하러 도서관에 갑니다.	사거리에서 우회전하세요

보기 보고서를 쓰다가 잤어요.

❶ ____________________
❷ ____________________
❸ ____________________
❹ ____________________
❺ ____________________
❻ ____________________
❼ ____________________
❽ ____________________

02. 다음 대화를 완성하십시오.

보기 가: 어제 보던 드라마를 끝까지 다 보셨어요?
나: 아니요, 조금 보다가 너무 피곤해서 잤어요.

❶ 가: 아까 사 가지고 온 김밥은 다 먹었어?
나: 아니, 너무 맛이 없어서 ____________________

❷ 가: 2시간 동안 계속 보고서만 썼어?
나: 아니, ____________________

❸ 가: 어제는 산꼭대기까지 올라갔어요?
나: 아니요, ____________________

❹ 가: 요즘도 요가를 계속 배우고 있어요?
나: 아니요, ____________________

❺ 가: 지금도 기숙사에 살아요?
나: 아니요, ____________________

❻ 가: 손은 왜 다쳤어요?
나: ____________________

❼ 가: 제임스 씨를 어떻게 알게 됐어요?
나: ____________________

❽ 가: 어제 놀러 왔던 친구는 몇 시에 돌아갔어요?
나: ____________________

문법 2 -고 나서

동사의 어간에 붙어서 선행절의 행위가 이루어진 이후에 후행절의 행위가 이루어짐을 나타낸다.

❶ 책을 다 읽고 나서 감상문을 썼어요.
❷ 비가 오고 나서 날씨가 갑자기 추워졌다.
❸ 한국어를 배우고 나서 다른 언어도 배울 거야.
❹ 영화를 보고 나서 가족의 소중함을 느꼈어요.

01. 다음을 보고 보기 와 같이 쓰십시오.

청소하는 순서	창문을 열어요. ➡ 물건을 정리해요. ➡ 먼지를 털어요. ➡ 청소기를 돌려요. ➡ 걸레로 닦아요. ➡ 걸레를 빨아요.

보기 창문을 열고 나서 물건을 정리합니다.

❶ ____________________고 나서 먼지를 털어요.

❷ ____________________고 나서 청소기를 돌려요.

❸ ____________________고 나서 걸레로 닦아요.

❹ ____________________고 나서 걸레를 빨아요.

파티를 준비하는 순서	초대할 사람을 정해요. ➡ 사람들에게 연락해요. ➡ 집안을 깨끗하게 청소해요. ➡ 음식을 만들어요. ➡ 상을 차려요.

❺ ________________________________

❻ ________________________________

❼ ________________________________

❽ ________________________________

02. 다음 대화를 완성하십시오.

보기 가: 질문이 있는데 지금 해도 돼요?
나: 발표가 아직 안 끝났으니까 발표를 다 듣고 나서 질문을 하세요.

❶ 가: 요즘 단 것을 많이 먹어서 그런지 이가 자주 아파요.
나: ______________________________

❷ 가: 어제 친구를 만나서 뭐 했어요?
나: ______________________________

❸ 가: 김 사장님의 성격이 많이 달라진 것 같아요.
나: ______________________________

❹ 가: 요즘 건강이 많이 좋아지신 것 같아요.
나: ______________________________

❺ 가: 한국말 실력이 늘었군요.
나: ______________________________

❻ 가: 뒤풀이는 언제쯤 시작될 예정이에요?
나: ______________________________

❼ 가: 아까는 기분이 안 좋았는데 지금은 기분이 좋아졌나 봐요.
나: ______________________________

❽ 가: 의사 선생님, 이 약은 언제 먹어야 해요?
나: ______________________________

활동 순서를 쓰고 보기 와 같이 말해 보십시오.

❶ 잡채를 만들 때

소고기에 여러 가지 양념을 넣는다. ➡ 섞는다. ➡ 시금치를 데친다. ➡ 간장과 참기름을 넣는다.

보기 잡채를 만드는 방법을 알려 드리겠습니다. 우선 가늘게 썬 소고기에 간장, 설탕, 참기름, 마늘, 맛술, 후추 가루를 넣고 나서 섞으세요. 시금치는 끝을 칼로 자르고 나서 깨끗하게 씻으세요. 그리고 끓인 물에 데치고 나서 간장, 참기름을 넣으세요.

❷ 소포를 부칠 때

( ) ➡ ( ) ➡ ( ) ➡ ( )

❸ 비자를 연장할 때

( ) ➡ ( ) ➡ ( ) ➡ ( )

03 요리 재료를 사다가 집에서 음식을 만들어 먹자

학습목표 모임 관련 어휘를 익혀서 활용할 수 있다.
'-고도', '-어다가' 표현을 익혀서 활용할 수 있다.

웨이 : 제임스가 개인 사정이 있어서 다음 주에 급하게 귀국하게 됐다고 하는데 송별회를 해야 하는 거 아니야? 알고도 가만히 있으면 섭섭해 하지 않을까?

미선 : 그렇지 않아도 친구들이 다들 그러자고 해. 이번에는 식당에서 하지 말고 요리 재료를 사다가 집에서 음식을 만들어 먹자.

새 어휘

개인	이번 행사에서 개인이 준비해야 할 것은 뭔가요? 개인 정보가 알려지지 않도록 하세요.
사정	세입자가 급한 사정이 생겨서 이사를 가야 한다고 해요. 회사 사정이 안 좋아서 직원들에게 월급을 못 주고 있어요.
귀국하다	수영 선수가 올림픽에서 금메달을 따고 오늘 오전에 귀국했다. 환율이 올라서 요즘 귀국하는 유학생이 많다.
가만히	다른 데 가지 말고 제자리에 가만히 앉아 있어. 움직이면 위험하니까 가만히 계세요.
섭섭하다	친구가 내 생일을 잊어버려서 섭섭했어요. 미선 씨가 나를 모임에 초대하지 않아서 섭섭했다.
그렇지 않아도	가: 오늘 저녁은 배달시켜서 먹을래? 나: 그렇지 않아도 지금 시켜 먹으려고 메뉴를 고르는 중이야. 가: 건강도 안 좋은데 담배를 끊는 게 어때? 나: 그렇지 않아도 담뱃값이 오른다고 해서 오늘부터 안 피우기로 했어.

01. 빈칸에 알맞은 말을 쓰십시오.

보기 그렇지 않아도 기분이 나빴는데 친구가 약속을 안 지켜서 더 화가 났다.

❶ __________ 보고 있지만 말고 빨리 와서 도와 줘.

❷ __________ 을/를 잘 이야기하면 선생님이 이해해 주실 거야.

❸ 대통령이 중국을 방문하고 24일에 __________ 을/ㄹ 예정이다.

❹ 먼저 단체 사진을 찍고 __________ 사진은 나중에 따로 찍을 거예요.

02. 빈칸에 알맞은 말을 쓰십시오.

가: 철수가 미국에서 언제 **보기** 귀국하는지 ~~는지/은지/ㄴ지~~ 알아?

나: ❶ __________ 궁금해서 물어보려고 했어. 한국을 떠날 때도 말없이 유학을 가서 좀 ❷ __________ 었는데/았는데/였는데. 철수가 고등학교에 다닐 때도 ❸ __________ 앉아서 공부만 했는데 지금까지 공부를 계속 하는구나. 그런데 왜 갑자기 귀국할까?

가: 글쎄, 귀국해야 할 무슨 ❹ __________ 이/가 있는 모양이야.

주제 어휘

모임	• 동문회 • 동호회 • 수련회 • 야유회 • 체육 대회 • 송년회

01. 빈칸에 알맞은 말을 쓰십시오.

보기 회사 직원들이 야외로 나가서 가벼운 운동을 하고 맛있는 음식도 먹습니다.
(야유회)

❶ 고등학교 후배, 동기, 선배들이 모두 한 자리에 모였습니다. ( )

❷ 과 친구들이 두 팀으로 나뉘어서 운동 경기를 합니다. ( )

❸ 취미가 음악 감상인 사람들이 모여서 같이 음악회에 갔습니다. ( )

❹ 여름 방학에 과 대표들이 모여서 여러 가지 체험도 하고 특별한 강의도 듣습니다. ( )

02. 빈칸에 알맞은 말을 쓰십시오.

우리 대학 경영학과 **보기** 동문회를 ~~을/~~를 소개합니다. 우리 모임에서는 선후배가 가까워지기 위해서 매년 여러 행사를 열고 있습니다. 5월에는 산이나 강으로 ❶ ________ 을/를 가고 있습니다. 가을에 학교 운동장에서 열리는 ❷ ________ 에는 여러 가지 상품이 준비되어 있습니다. 12월 말에는 ❸ ________ 을/를 열어서 같이 한 해를 보냅니다. 그리고 다양한 ❹ ________ 이/가 있어서 여러 취미 활동도 함께 할 수 있습니다.

문법 1 -고도

동사의 어간에 붙어서 선행절의 행위를 끝낸 상태에서 보통 예상할 수 없는 일을 할 때 쓰인다. 선행절과 후행절의 주어가 같아야 하며 '-었-'과 함께 쓰지 않는다.

❶ 얼굴을 보고도 금방 못 알아봤어요.
❷ 친구가 나를 불렀는데 듣고도 못 들은 척 했다.
❸ 좋은 일을 하고도 고맙다는 말을 못 들을 때가 있다.
❹ 친구가 나에게 큰돈을 빌려주고도 갚으라고 하지 않아요.

01. 알맞은 내용을 고르고 보기 와 같이 쓰십시오.

보기 저는 이야기를 들었어요.
① 이해를 잘 했어요. ②✓ 이해를 못 했어요.
저는 이야기를 듣고도 이해를 못했어요.

❶ 아이가 잠을 조금밖에 안 잤어요.
① 피곤해해요. ② 피곤해하지 않아요.

____

❷ 친구가 밥을 두 그릇이나 먹었어요.
① 배가 고프다고 해요. ② 배가 부르다고 해요.

____

❸ 동생이 부모님께 야단을 맞았어요.
① 또 실수를 했어요. ② 실수를 안 했어요.

____

❹ 고등학교 동창이 길에서 나를 봤어요.
① 인사를 했어요. ② 인사를 안 했어요.

____

❺ 저는 선물을 받았어요.
① 고맙다고 말했어요. ② 고맙다고 말하지 못했어요.

____

❻ 친구가 공부를 전혀 안 했어요.
① 시험을 잘 봤어요. ② 시험을 못 봤어요.

____

❼ 도둑을 봤어요.

① 경찰에게 알렸어요. ② 경찰에게 알리지 않았어요.

____

❽ 언니가 두 번이나 크게 다쳤어요.

① 조심해요. ② 조심하지 않아요.

____

02. 다음 대화를 완성하십시오.

보기 가: 미선이한테 연락을 했는데 안 올 건가 봐.
나: 연락을 받고도 안 온단 말이야?

❶ 가: 밍밍 씨, 기분이 안 좋은가 봐요.
나: 제 친구가 ______________________________ 고도 사과를 안 해서요.

❷ 가: 음악회 표를 구하기가 어렵다지요?
나: 그런데 저는 ______________________________ 고도 음악회에 못 갔어요.

❸ 가: 이 약을 먹으면 괜찮아질까?
나: 응, ______________________________ 고도 낫지 않으면 병원에 가 봐.

❹ 가: 지금 읽고 있는 책은 무슨 내용이야?
나: 전공 책인데 너무 어려워서 ______________________________

❺ 가: 지난달에 일을 많이 했으니까 월급을 많이 받았지요?
나: 많이 받기는요. ______________________________

❻ 가: 이번에 시험을 잘 봤는데 장학금을 받아?
나: 다른 학생들도 다 성적이 잘 나와서 ______________________________

❼ 가: 네 동생은 한국말을 오랫동안 배웠으니까 잘 하겠다.
나: 잘 하기는. ______________________________

❽ 가: 내가 이 종이에 뭐라고 썼지?
나: ______________________________

문법 2 —어다가

동사의 어간에 붙어서 선행절의 행위가 끝난 후에 그 결과물을 가지고 장소를 이동하여 뒤의 행위를 이어서 할 때 쓰인다.

❶ 심심해서 책을 빌려다가 읽었어요.
❷ 세탁소에서 옷을 찾아다가 입었어요.
❸ 식사할 시간이 없으면 김밥을 사다가 드세요.
❹ 책상 위에 있는 꽃병을 여기에 가져다가 놓으세요.

01. 보기 와 같이 쓰십시오.

보기 마트에서 소고기를 샀어요. 그 소고기로 집에서 불고기를 만들었어요.
➡ 소고기를 사다가 불고기를 했어요.

❶ 공원에서 그림을 그렸어요. 집에서 그 그림을 벽에 걸었어요.
➡ ______________________

❷ 산에서 사진을 찍을 거예요. 학교에서 그 사진을 친구에게 보여 줄 거예요.
➡ ______________________

❸ 도서관에서 자료를 빌립시다. 집에서 같이 숙제합시다.
➡ ______________________

❹ 마트에서 고양이 간식을 사자. 집에서 그 간식을 고양이에게 먹이자.
➡ ______________________

❺ 은행에서 돈을 찾았어요. 백화점에서 그 돈으로 친구 선물을 사 줬어요.
➡ ______________________

❻ 집에서 김치를 담글 거예요. 양로원에서 그 김치를 노인들에게 줄 거예요.
➡ ______________________

❼ 거실에서 자고 있는 아이를 안았어요. 그 아이를 방에 눕혔어요.
➡ ______________________

❽ 떡집에서 이사 떡을 샀어요. 아파트에서 이웃집에 나눠 줬어요.
➡ ______________________

02. 다음 대화를 완성하십시오.

보기 가: 갑자기 머리가 왜 이렇게 아프지?
나: 내가 약국에서 약을 사다가 줄까?

❶ 가: 부모님과 따로 사는데 식사는 잘 하세요?
나: 가끔 어머니가 반찬을 ______________________________

❷ 가: 아주머니, 거실에 있는 청소기를 우리가 써도 돼요?
나: 되고말고요. 필요하면 언제든지 ______________________________

❸ 가: 내가 지금 매점에 가는데 뭐 필요한 거 없어?
나: 그럼 ______________________________

❹ 가: 오늘 신문을 어디에 놓을까요?
나: 할아버지께서 아직 안 보셨으니까 ______________________________

❺ 가: 요즘 아이들의 옷값이 너무 비싸서 걱정이에요.
나: 중고품 시장의 옷도 괜찮다니까 ______________________________

❻ 가: 나한테 배달 온 물건은 어디에 있어?
나: 내가 ______________________________

❼ 가: 야유회에 가서 점심은 어떻게 할까요?
나: ______________________________

❽ 가: 심심할 때 뭐 하세요?
나: ______________________________

활동 어떤 사람을 이해할 수 없습니까? 보기 와 같이 말해 보십시오.

옆집 사람이 길에서 나를 봤다.	인사를 안 한다.
친구가 내가 하는 얘기를 들었다.	
같은 반 친구가 식당에서 음식을 산다.	교실에서 먹는다.
방 친구가 내 물건을 마음대로 가진다.	

보기
- 길에서 저를 보고도 인사를 안 하고 지나가는 옆집 사람한테 화가 나요.
- 식당에서 음식을 사다가 교실에서 먹는 사람은 남을 배려하지 않는 사람이라고 봐요.

04 수요일로 미루다니? 좀 일찍 얘기하지

학습목표 약속 관련 어휘를 익혀서 활용할 수 있다.
'-다니요?', '-지' 표현을 익혀서 활용할 수 있다.

영수 : 선배님, 다음 주 월요일의 조 모임을 수요일로 미뤄 주시겠어요? 그 날 고향에서 부모님이 오셔서 공항으로 마중을 나가야 돼서요.

민철 : 수요일로 미루다니? 벌써 다른 조원들한테 다 알렸는데 좀 일찍 얘기하지. 어쨌든 내가 다시 연락해서 시간을 맞춰 볼 테니까 신경 쓰지 마.

새 어휘

미루다	오늘 할 일을 내일로 미루지 마세요. 올 겨울에는 회사일이 많아서 해외여행을 내년으로 미루었다.
마중	선생님 댁이 어디인지 아니까 마중을 안 나오셔도 돼요. 고향에 갈 때마다 어머니는 기차역까지 마중을 나오신다.
어쨌든	가: 내일 회사에서 일이 몇 시에 끝날지 모르겠어. 나: 어쨌든 내가 회사 앞으로 갈게. 시험 결과가 걱정되기는 하지만 어쨌든 시험이 끝나서 시원하다.
시간을 맞추다	친구들이 다들 바빠서 약속 시간을 맞추기가 어려워요. 한국 친구와 시간을 맞춰서 언어 교환을 하기로 했다.
신경을 쓰다	너무 무리하지 말고 건강에 신경을 좀 쓰세요. 저에게 여러 가지로 신경을 써 주셔서 감사합니다.

01. 빈칸에 알맞은 말을 쓰십시오.

보기 교통사고가 나서 걱정을 많이 했는데 어쨌든 다치지 않아서 다행이에요.

❶ 건강 검진을 ____________ 지 말고 당장 받도록 하세요.

❷ 면접시험을 잘 보려면 옷차림에도 ____________ 어야/아야/여야 한다.

❸ 친구를 빨리 만나고 싶어서 지하철역으로 ____________ 을/를 나갔다.

❹ 휴가 때 고등학교 동창들과 ____________ 어서/아서/여서 여행을 같이 가기로 했다.

02. 빈칸에 알맞은 말을 쓰십시오.

가: 크리스마스 파티를 다음 주 토요일로 보기 미루게 됐어. 민철이가 갑자기 사정이 생겨서 친구들과 그때로 ❶ ____________ 었어/았어/였어.

나: ❷ ____________ 그 날 너희 집으로 가면 되지?

가: 우리 집에 처음 오는데 혼자 찾아올 수 있겠어? 내가 ❸ ____________ 을/를 나갈까?

나: 아니야, 혼자 찾아갈게. ❹ ____________ 어/아/여 줘서 고마워.

주제 어휘

약속	• 약속을 잡다	• 약속이 겹치다	• 선약이 있다
	• 약속을 변경하다	• 약속을 취소하다	• 약속을 어기다

01. 빈칸에 알맞은 말을 쓰십시오.

보기 친구가 같이 공부하러 도서관에 가자고 했는데 언어 교환 친구와 먼저 약속을 해서 못 간다고 합니다. (선약이 있다)

❶ 친구를 만나려고 시간과 장소를 정했습니다. (　　　　)

❷ 친구와 쇼핑을 하기로 했다가 안 하기로 합니다. (　　　　)

❸ 친구와 만날 약속을 했는데 친구가 약속 장소에 오지 않았습니다. (　　　　)

❹ 이번 주 금요일 저녁에 친구와 연극을 보러 가기로 했는데 동문회에도 가야 합니다. (　　　　)

02. 빈칸에 알맞은 말을 쓰십시오.

내일 친구 생일 파티에 가기로 한 **보기** 선약이 있었는데 ~~었는데/았는데/였는데~~ 깜빡 잊어버리고 다른 ❶ ____________ 었다/았다/였다. 미선이가 미술관에 같이 가자고 해서 그러자고 했다. 내일 생일 파티에도 가야 하고 미술관에도 가야 해서 ❷ ____________ 었다/았다/였다. 그래서 주말로 ❸ ____________ 으려고/려고 미선이에게 전화를 했는데 받지 않았다. 나는 ❹ ____________ 는/은/ㄴ 것을 제일 싫어하는데 연락이 안 되면 어떡하지?

문법 1 —다니요?

동사나 형용사의 어간에 붙어서 상대방의 말을 믿지 못하거나 부정할 때 쓰인다. 동사와 형용사 어간에는 '–다니요?', 받침이 있는 명사에는 '이라니요?', 받침이 없는 명사에는 '라니요'를 쓴다.

❶ 가: 도서관에서 보여 주는 영화는 무료인데 우리 영화나 볼까?
나: 무료라니요? 정말로 돈을 안 내고도 볼 수 있단 말이에요?

❷ 가: 제가 다음 주에 고향에 돌아가게 됐어요.
나: 고향에 돌아가다니요? 무슨 일이 있어요?

❸ 가: 학교 헬스클럽 회원 등록이 벌써 끝난 모양이야.
나: 등록이 끝나다니? 그렇게 인기가 많단 말이야?

❹ 가: 어제 친구하고 영화 '사랑'을 보러 갔는데 얼마나 지루했는지 몰라.
나: 지루하다니? 나는 참 재미있게 봤는데.

01. 다음 대화를 완성하십시오.

보기 가: 저 빨간색 옷을 입은 사람이 미선이 동생이야.
나: 동생이라니? 별로 안 닮았는데.

❶ 가: 나는 이번 주에 할일이 많아서 지난주에 보고서를 다 썼어.
나: ______________________? 그렇게 많은 걸 벌써 다 썼단 말이야?

❷ 가: 어제 모임에 온다고 하고 왜 안 왔어요?
나: ______________________? 제가 제일 먼저 왔는데요.

❸ 가: 수련회가 취소된 거 알고 있어?
나: ______________________? 왜 취소됐어?

❹ 가: 저 어제 기숙사 신청을 했어요.
나: ______________________? 하숙집에서 살 줄 알았는데.

❺ 가: 지금까지 결석 시간이 5시간이지요?
나: ______________________? 3시간밖에 안 한 것 같아요.

❻ 가: 엘리베이터가 고장 났어요.
나: ______________________? 조금 전만 해도 괜찮았는데요.

❼ 가: 4시 공연 표가 벌써 매진됐어.
나: ______________________? 조금 전에 팔기 시작했는데요.

❽ 가: 저는 일이 생겨서 이번 엠티에 못 갈 거예요.
나: ______________________? 무슨 일인데?

02. 오랜만에 만난 동창들의 대화입니다. 대화를 완성하십시오.

가: 정희는 세 달 전에 결혼했어.

나: **보기** 결혼하다니? 나한테는 결혼을 안 한다고 했는데.

가: 정희는 성격이 정말 무뚝뚝했는데.

나: ❶ ______________________________

그런데 다른 친구들에 대한 소식도 알아?

가: 철수는 의사가 됐다고 해.

나: ❷ ______________________________

가: 그리고 민철이는 지금 무역 회사에 다녀.

나: ❸ ______________________________

가: 잘 모르겠지만 좋은 기회가 있었나 봐. 지금 부산에 살고 있어.

나: ❹ ______________________________

가: 회사가 부산에 있는 모양이야. 그리고 진수는 지금 회사 사장이야.

나: ❺ ______________________________

그렇지 않아도 그 친구의 소식이 궁금해서 연락했는데 전화번호가 바뀐 것 같아.

가: ❻ ______________________________

나: 그럼 내가 전화를 잘못 건 모양이다. 그런데 준수는 요즘 뭐 해?

가: 준수는 대학 교수가 됐다고 해.

가: ❼ ______________________________

그리고 지훈이는 어떻게 지내?

나: 미영이와 사귀고 있어.

가: ❽ ______________________________

어쨌든 오랜만에 친구들 소식을 들으니까 반갑다. 동창회를 한번 해야겠어.

문법 2 -지

동사의 어간에 붙어서 바라는 행동을 상대방이 하지 않은 것에 대한 아쉬움이나 불만을 나타낸다. 부정문일 때는 '-지 말지'가 된다.

❶ 화가 나도 좀 참지.
❷ 뮤지컬 영화는 좀 지루한데 보지 말지.
❸ 나도 콘서트를 보고 싶었는데 좀 데리고 가지.
❹ 방 친구 생일인데 케이크 좀 사 가지고 가지.

01. **제임스가 다음과 같은 행동을 했을 때 친구에게 어떻게 말하겠습니까? 보기 와 같이 쓰십시오.**

보기 세일할 때 물건을 사지 않아서 나중에 비싸게 샀다.
"세일할 때 사지."

❶ 제임스가 머리를 잘랐는데 안 어울린다.
"_______________"

❷ 제임스가 옷을 따뜻하게 안 입어서 감기에 걸렸다.
"_______________"

❸ 제임스가 집에서 일찍 안 나와서 버스를 놓치고 말았다.
"_______________"

❹ 제임스가 커피를 많이 마셔서 밤에 잠을 못 잤다고 한다.
"_______________"

❺ 제임스가 음식에 설탕을 넣어서 맛이 이상해졌다.
"_______________"

❻ 제임스가 버스를 탔는데 차가 많이 밀려서 수업에 늦었다.
"_______________"

❼ 제임스가 약속 시간에 늦을 거라고 연락을 안 해서 다른 친구들이 오래 기다렸다.
"_______________"

❽ 제임스가 나에게 같이 영화를 보자고 하기가 미안해서 혼자 영화를 봤다.
"_______________"

02. 다음 대화를 완성하십시오.

보기 가: 부산에 갈 때 자동차로 갔는데 고속도로가 막혀서 얼마나 고생했는지 몰라.
나: 기차가 빠른데 기차를 타고 가지.

❶ 가: 나는 음악 감상 동아리에 들었어.
나: ________________. 우리 동아리가 더 재미있는데.

❷ 가: 어제 뒤풀이는 재미있었어?
나:너는 왜 안 왔어? ________________. 얼마나 즐거웠는지 몰라.

❸ 가: 이번에 수학여행을 갔던 곳은 볼거리가 별로 없어서 재미없었어.
나: ________________. 경주에는 볼거리가 정말 많은데.

❹ 가: 이사할 때 도와주는 사람이 없어서 얼마나 고생을 많이 했는지 몰라.
나: ________________. 나는 시간 많았는데.

❺ 가: 친구한테 화를 내서 사이가 멀어졌어.
나: ________________

❻ 가: 점심을 먹고 출발했는데 수원에서 서울까지 6시간이나 걸렸어요.
나: ________________

❼ 가: 식당에서 비빔냉면을 시켜서 먹었는데 너무 매워서 거의 다 남겼어요.
나: ________________

❽ 가: 주말에 영화를 보러 갔는데 표가 없었어.
나: ________________

활동 다른 사람의 이야기를 듣고 놀라움과 아쉬움을 나타내는 대화를 보기 와 같이 만들어 보십시오.

놀라운 사실	아쉬운 내용
미선이가 이번 시험에서 점수가 10점이나 떨어졌다.	미선이가 공부를 열심히 안 했다.
어제 학교에서 유명한 가수가 공연을 했다.	친구가 나한테 알려주지 않았다.
친구가 농구하다가 허리를 다쳤다.	

보기
가: 미선이가 이번 시험에서 점수가 10점이나 떨어졌다고 해.
나: 이번 시험은 별로 어렵지 않았는데 점수가 떨어지다니? 공부 좀 열심히 하지.

제7과 일상생활

01 드라이클리닝이 끝나는 대로 연락드리겠습니다

학습목표 세탁소 관련 어휘를 익혀서 활용할 수 있다.
'-자마자', '-는 대로' 표현을 익혀서 활용할 수 있다.

웨이 : 셔츠에 커피를 쏟아서 여기에 얼룩이 크게 졌어요. 집에 가자마자 한 번 빨았는데 지워지지 않아서 가져왔어요.

세탁소 주인 : 드라이클리닝을 하면 얼룩이 빠질 거예요. 시간은 이틀이면 충분하니까 드라이클리닝이 끝나는 대로 연락드리겠습니다.

새 어휘

쏟다	카펫이 더러워지니까 물감을 쏟지 않도록 해. 부모는 아이들에게 사랑과 관심을 쏟아야 한다.
얼룩이 지다	옷에 김치 얼룩이 져서 빼느라고 고생했어요. 마리아 씨가 눈물로 얼룩이 진 얼굴로 우리 집에 왔어요.
드라이클리닝을 하다	정장은 반드시 세탁소에서 드라이클리닝을 하십시오. 드라이클리닝을 하면 옷에서 냄새가 많이 나니까 밖에 잠깐 걸어 놓으세요.
빠지다	하얀 옷에 떨어진 김치 국물이 빠지지 않는데 어떻게 해야 해요? 아르바이트도 힘들고 해서 살이 조금 빠졌어.
충분하다	아침에는 김밥 하나만 먹으면 충분해요. 제가 드린 서류를 충분히 읽어 보시고 회의에 오십시오.

01. 빈칸에 알맞은 말을 쓰십시오.

보기 티셔츠는 드라이클리닝을 하지 말고 손빨래하세요.

❶ 피자 한 판이면 우리 셋이 먹기에 ____________ 어요/아요/여요.

❷ 과일을 먹다가 ____________ 으면/면 잘 안 지워지니까 조심해.

❸ 남자 친구가 일에만 관심을 ____________ 고 있어서 요즘 못 만나요.

❹ 웨이 씨, 중요한 모임이니까 ____________ 으면/면 안돼요.

02. 빈칸에 알맞은 말을 쓰십시오.

옷 관리 주의 사항

1. 처음에는 물빨래 하지 말고, **보기** 드라이클리닝을 하도록 하십시오.
2. 물세탁을 한 후에는 ❶ ____________ 게 말린 후 입으십시오.
3. 어두운 색 옷은 색이 ❷ ____________ 을/ㄹ 수 있기 때문에 밝은 색 옷과 따로 세탁하십시오.
4. 커피나 주스 등을 옷에 ❸ ____________ 었을/았을/였을 때는 ❹ ____________ 으니까/니까 바로 세탁하십시오.

주제 어휘

세탁소				
	• 세탁물	• 다림질하다	• 드라이클리닝을 하다	• 수선하다
	• 옷을 줄이다	• 옷을 늘리다	• 얼룩을 빼다	

01. 빈칸에 알맞은 말을 쓰십시오.

보기 옷을 다리미로 평평하게 폅니다. (다림질하다)

❶ 커피를 옷에 흘려서 식초와 세제를 사용해서 지웁니다. ( )

❷ 바지가 짧아서 길게 만듭니다. ( )

❸ 바지가 너무 길어서 조금 자릅니다. ( )

❹ 옛날에 입던 정장을 요즘 스타일로 바꿔서 입습니다. ( )

02. 빈칸에 알맞은 말을 쓰십시오.

새로운 세탁소가 문을 엽니다!

커피나 음식물 얼룩이 있어서 못 입는 하얀 옷이 있으시죠? 우리 세탁소에 맡기십시오. 깨끗하게 **보기** 얼룩을 빼 ~~어/아/여~~ 드립니다. 또 날마다 셔츠를 ❶ ____________ 느라고/라고 고생하셨지요? 우리 세탁소가 고민을 해결해드립니다. 전화를 주시면 언제든지 직접 방문해서 ❷ ____________ 을/를 가지러 갑니다. 치마나 바지가 너무 길 때 다른 세탁소의 반값으로 ❸ ____________ 어/아/여 드립니다. 또, 저희 세탁소에는 전문 디자이너가 있어서 입지 않는 오래된 옷들도 새로운 스타일로 ❹ ____________ 어/아/여 드립니다.

지금 바로 연락 주세요. 우리 세탁소가 여러분의 집까지 달려갑니다.

문법 1 -자마자

동사의 어간에 붙어서 어떤 일이 일어나거나 상황이 된 후에 바로 다른 일이 일어날 때 쓰인다. 선행절에는 부정의 표현은 쓰지 않고 후행절에는 현재, 과거, 미래의 시제를 모두 쓸 수 있다.

❶ 매일 아침 일어나자마자 물을 한 잔 마셔요.
❷ 많이 돌아다녀서 그런지 피곤해서 집에 가자마자 잤어요.
❸ 친구 전화를 기다리고 있다가 벨이 울리자마자 받았어요.
❹ 방학이 되자마자 아르바이트를 시작했으니까 이제 3주 됐어요.

01. 알맞은 말을 연결하고 보기 와 같이 쓰십시오.

보기 수업이 끝나다 •	• 숙제하러 도서관에 가요.
집에 들어가다 •	• 여자 친구하고 결혼하기로 했어요.
대학교를 졸업하다 •	• 친구들과 인사하고 같이 커피를 마셔요.
책을 사다 •	• 세수도 안 하고 밥부터 먹어요.
고향에 돌아가다 •	• 취직해서 일한 지 3년 됐어요.
점심을 먹다 •	• 너무 더워서 에어컨을 켰어요.
아침에 학교에 오다 •	• 너무 재미있어서 두 시간 만에 다 읽었어요.
신제품이 나오다 •	• 하루 만에 다 팔렸어요.
아침에 일어나다 •	• 아르바이트를 하러 명동에 가요.

보기 수업이 끝나자마자 아르바이트를 하러 명동에 가요.

❶ ______________________

❷ ______________________

❸ ______________________

❹ ______________________

❺ ______________________

❻ ______________________

❼ ______________________

❽ ______________________

02. 다음 대화를 완성하십시오.

보기 가: 어제는 학교 앞에 꽃이 활짝 피어 있었는데 오늘은 한 송이도 없어요.
나: 어젯밤에 비가 많이 와서 꽃이 피자마자 져 버렸어요.

❶ 가: 방학이 되면 뭘 하고 싶어요?
나: ______________________________

❷ 가: 어제 전화하기로 했는데 왜 안 했어?
나: 미안해. ______________________________

❸ 가: 월급 받은 지 며칠 안 됐는데 벌써 다 썼어?
나: ______________________________

❹ 가: 날마다 수업이 끝나고 뭘 해요?
나: ______________________________

❺ 가: 학교를 졸업하면 뭘 할 생각이에요?
나: ______________________________

❻ 가: 한국에 와서 제일 먼저 뭘 했어요?
나: ______________________________

❼ 가: 보통 집에 돌아가면 제일 먼저 뭘 하세요?
나: ______________________________

❽ 가: 결혼을 조금 빨리 하신 것 같은데 언제 결혼하셨어요?
나: ______________________________

문법 2 -는 대로

동사의 어간에 붙어서 앞에 어떤 일이나 상황이 끝나고 바로 뒤의 행위를 할 때 사용한다. 후행절에 미래 시제나 청유형, 명령형을 쓸 수 있다.

❶ 날마다 한국어 교과서를 들고 다니는 걸 보니까 한국말을 배우는 모양이에요.
❷ 요즘에 연락을 자주 안 하는 걸 보니까 바쁜 모양이야.
❸ 인사도 없이 뛰어가는 걸 보니까 급한 일이 있는 모양이다.
❹ 발음을 들어 보니까 교포인 모양이에요.

01. 다음 대화를 완성하십시오.

보기 가: 수업이 끝나면 바로 전화해.
나: 응, 수업이 끝나는 대로 바로 전화할게.

❶ 가: 반 친구들이 다 모이면 출발할까?
나: 그래, ________________________는 대로 출발하자.

❷ 가: 다른 사람들은 모두 보고서를 냈는데 아직 완성하지 못했어요?
나: ________________________는 대로 과 사무실에 내겠습니다.

❸ 가: 학교를 졸업하면 무슨 일을 할 거예요?
나: ________________________는 대로 대학원에 입학할 거예요.

❹ 가: 웨이 씨한테 할 말이 있는데 웨이 씨를 봤어요?
나: 아니요, ____________는 대로 미선 씨가 찾는다고 이야기해 줄게요.

❺ 가: ________________________는 대로 답장해 주세요.
나: 걱정하지 마세요. 편지를 받으면 바로 답장할게요.

❻ 가: 마리아 씨, 이번에 장학금을 받는다고 들었는데 한턱내세요.
나: 알았어요. ________________________는 대로 한턱낼게요.

❼ 가: 우리 언제 제주도에 갈까요? 방학을 하면 갈까요?
나: 그래요. ________________________는 대로 제주도에 갑시다.

❽ 가: 영화를 보고 싶은데 언제 시간이 있어? ____________는 대로 영화관에 갈까?
나: 좋아. 일을 끝내고 바로 가자.

02. 다음 대화를 완성하십시오.

보기 가: 언제 전화를 할까요? 나: 학교에 도착하는 대로 바로 전화해 주세요.

❶ 가: 출발해야 하는데 마이클 씨가 아직 안 왔어요.
나: ____________________는 대로 출발합시다.

❷ 가: 언제 고향에 돌아가요?
나: ____________________는 대로 고향에 돌아갈까 생각 중이에요.

❸ 가: 보통 미리 음식을 만들어 놓지 않아요?
나: ____________________는 대로 음식을 만듭니다.

❹ 가: 물건을 빨리 받고 싶은데 언제 보내 주실 거예요?
나: ____________________

❺ 가: 리에도 여행을 갈지 안 갈지 물어 봤니?
나: ____________________

❻ 가: 언제 도서관에 갈 거예요?
나: ____________________

❼ 가: 엠티는 어디로 가기로 했어?
나: ____________________

❽ 가: 좀 급한데 세탁물을 언제 찾을 수 있어요?
나: ____________________

활동 일상생활 속에서 문제를 어떻게 해결하는지 보기와 같이 말해 보십시오.

문제	해결 방법
셔츠에 김치 국물을 흘렸다.	얼룩이 졌을 때 바로 빤다.
배운 단어와 문법을 기억하지 못한다.	배운 날 바로 숙제하고 복습한다.
청소가 귀찮고 힘들어서 자주 못한다.	

보기 가: 오늘 점심을 먹다가 하얀 셔츠에 김치 국물을 흘렸어요. 시간도 없고 해서 그냥 두고 저녁에 집에 가서 빨았는데 지워지지 않았어요.
나: 음식 얼룩은 얼룩이 지자마자 빨면 바로 지워져요. 다음부터 음식물 같은 것은 옷에 떨어뜨리는 대로 바로 빨아서 지우세요.

02 이럴 때 관리를 잘 해야지 그렇지 않으면 후회할 거예요

학습목표 미용실 관련 어휘를 익혀서 활용할 수 있다.
'-는데도', '-어야지 그렇지 않으면' 표현을 익혀서 활용할 수 있다.

미　　　선 : 요즘 유행하는 스타일로 파마를 하고 싶은데 저한테 어울릴까요?
미용실 직원 : 머리카락이 많이 상했어요. 잦은 염색으로 머리카락이 많이 상했는데도 파마를 하려고 하는 손님이 많아요. 이럴 때 관리를 잘 해야지 그렇지 않으면 나중에 후회할 거예요. 오늘은 상한 부분만 조금 다듬는 게 좋겠어요.

새 어휘

잦다	마이클 씨가 잦은 실수로 회사에서 신용이 많이 떨어졌어요. 결석이 너무 잦으면 수업을 따라가기가 힘들 거예요.
염색	아버지가 흰 머리가 많아져서 제가 집에서 염색을 해 드렸어요. 가을이니까 이번에는 어두운 갈색으로 염색을 할까 해.
상하다	호두나 아몬드 같은 견과류를 먹을 때는 이가 상하지 않도록 조심하세요. 야근도 하고 밤에 인스턴트 식품을 많이 먹어서 건강이 많이 상했어요.
관리하다	피부를 관리하기 위해서 물을 많이 마시고 과일이나 채소를 많이 먹습니다. 환절기에는 건강을 잘 관리해야 한다.
후회하다	계획하지 않고 물건을 사서 후회한 적이 많아요. 후회하지 않는 여행이 되도록 저희 여행사가 최선을 다하겠습니다.
다듬다	머리를 기르고 싶으니까 많이 자르지 마시고 조금만 다듬어 주세요. 김치를 담그려고 배추를 다듬는 중이에요.

01. 빈칸에 알맞은 말을 쓰십시오.

보기 몇 년 전만 해도 머리를 빨간색으로 염색을 을/를 하는 것이 유행이었어요.

❶ 월급을 잘 ____________ 어야/아야/여야 빨리 돈을 모을 수 있어요.

❷ 여름에는 과일이 빨리 ____________ 으니까/니까 냉장고에 꼭 넣으세요.

❸ 콩나물을 깨끗하게 ____________ 은/ㄴ 후에 끓는 물에 넣으세요.

❹ 출장이 ____________ 으면/면 많이 힘들 텐데 괜찮으세요?

02. 빈칸에 알맞은 말을 쓰십시오.

부드러운 머릿결을 느껴 보세요!

보기 염색을 을/를 자주 해서 갈라지는 당신의 머리카락.

❶ ____________ 은/ㄴ 파마 때문에 건조하고 거칠어진 당신의 머리카락.

❷ ____________ 는/은/ㄴ 머리카락을 ❸ ____________ 느라고 또 돈과 시간을 쓰시나요?

이제 찰랑찰랑 에센스를 써 보세요. ❹ ____________ 지 않으실 거예요.

주제 어휘

미용실	• 헤어스타일	• 커트하다	• 다듬다	• 파마하다
	• 염색하다	• 머리를 감다	• 드라이를 하다	• 영양을 주다

01. 빈칸에 알맞은 말을 쓰십시오.

보기 머리가 너무 길어서 커트하려고요 ~~으려고요/려고요.~~

❶ 건조한 피부는 크림으로 ______________ 으세요/세요.

❷ 비를 맞아서 집에 가자마자 __________ 었어요/았어요/였어요.

❸ 오랜만에 미용실에 가서 ____________ 을/를 바꿔 볼까 해요.

❹ ______________ 은/ㄴ 지 6개월이 지나서 머리가 다 풀렸어.

02. 빈칸에 알맞은 말을 쓰십시오.

가: 리에야, 파마했어? 새로운 **보기** 헤어스타일이 ~~이/가~~ 잘 어울린다.

나: 아니, 아무것도 안 했어. 처음에는 그러려고 갔는데 머리가 상해서 할 수 없었어. 그냥 조금 ❶ __________ 었어/았어/였어.

가: 스타일이 많이 달라 보인다. 예쁘게 ❷ __________ 어서/아서/여서 그렇게 보였나 봐.

나: 고향에 있을 때는 여러 가지 색깔로 ❸ __________ 곤 했는데 요즘 머리카락이 너무 많이 상해서 아무것도 할 수가 없어.

가: 그럼 머리카락에 ❹ __________ 는/은/ㄴ 샴푸를 써 봐.

문법 1 -는데도

동사나 형용사의 어간에 붙어서 뒤에 있는 결과가 선행절에서 예상할 수 있는 것과 다르거나 예상할 수 없는 결과일 때 쓰인다. 동사 어간에는 '-는데도', 형용사 어간에 받침이 있으면 '-은데도', 받침이 없으면 '-ㄴ데도', 명사일 때는 '인데도'를 쓰고 이미 끝난 일에 대해서는 '-었는데도'를 쓴다.

❶ 저는 다른 사람보다 많이 먹는데도 살이 찌지 않아요.

❷ 마이클 씨는 집이 가까운데도 학교에 날마다 지각해요.

❸ 리에 씨는 일본 사람인데도 한국 사람처럼 한국말을 잘 해요.

❹ 어젯밤에 많이 잤는데도 너무 졸려서 커피를 한 잔 마실까 해요.

01. 다음 대화를 완성하십시오.

보기 가: 리에 씨, 감기가 나았어요? 쉬면 좀 나으니까 푹 쉬세요.
나: 주말에 푹 쉬었는데도 ~~는데도/은데도/ㄴ데도~~ 감기가 낫지 않아요.

❶ 가: 남자 친구가 외국 사람이니까 매운 음식을 잘 못 먹지?
나: 아니, ____________________ 는데도/은데도/ㄴ데도 매운 음식을 잘 먹어.

❷ 가: 한국에서 10년 살았으니까 한국말을 잘 하시겠어요.
나: ____________________ 는데도/은데도/ㄴ데도 영어만 써서 한국말을 잘 못해요.

❸ 가: 어제 잘 못 잤어? 많이 피곤해 보여.
나: ____________________ 는데도/은데도/ㄴ데도 오늘 많이 피곤해.

❹ 가: 마이클 씨는 부자니까 행복하겠어요?
나: ____________________ 는데도/은데도/ㄴ데도 행복하지 않은 것 같아요.

❺ 가: 날마다 연습하니까 발음이 많이 좋아지셨지요?
나: 아니요, ____________________ 는데도/은데도/ㄴ데도 발음이 좋아지지 않아요.

❻ 가: 아까 점심을 먹었는데 빵을 또 먹어요? 배가 부르지 않아요?
나: ____________________ 는데도/은데도/ㄴ데도 자꾸 먹고 싶어요.

❼ 가: 제임스 씨, 키가 커서 농구를 잘 할 것 같아요.
나: 아니요, ____________________ 는데도/은데도/ㄴ데도 농구를 잘 못해요.

❽ 가: 리에야, 시험 잘 봤지? 네가 제일 열심히 공부했잖아.
나: ____________________ 는데도/은데도/ㄴ데도 시험 점수가 안 좋아.

02. 다음 대화를 완성하십시오.

가: 나는 내 여자 친구한테 요즘 불만이 많아. 보기 내가 많이 바쁜데도 ~~는데도/은데도/ㄴ데도~~ 나한테 놀러 가자고만 해.

나: 그래? 난 여자 친구한테 불만이 없어. ❶ ____________________ 는데도/은데도/ㄴ데도 불평하지 않고 늘 기다려 줘.

가: 좋겠다. 내 여자 친구는 ❷ ____________________ 는데도/은데도/ㄴ데도 매운 음식만 먹자고 해.

나: 내 여자 친구는 ❸ ____________________ 는데도/은데도/ㄴ데도 나를 위해서 맵지 않은 음식만 먹는데.

가: 그리고 ❹ ____________________ 는데도/은데도/ㄴ데도 음식 값이 비싼 식당에만 가자고 하니까 요즘 좀 힘들어.

나: 내 여자 친구는 ❺ ____________________ 는데도/은데도/ㄴ데도 자기가 계산하겠다고 할 때도 많아.

가: 내 여자 친구하고 정말 다른 것 같아. 내 여자 친구는 ❻ ____________________ 는데도/은데도/ㄴ데도 전화도 안 해.

나: 내 여자 친구는 ❼ ____________________ 는데도/은데도/ㄴ데도 나를 위해서 약속 시간에 먼저 나와서 기다렸어.

가: 요즘 ❽ ____________________ 는데도/은데도/ㄴ데도 참고 있어.

나: 계속 참고 있단 말이야? 네가 원하는 것을 이야기해 보지 그래?

문법 2 -어야지 그렇지 않으면

동사나 형용사의 어간에 붙어서 선행절의 행위나 상태가 반드시 필요한 조건이며, 선행절의 행위나 상태가 이루어지지 않으면 후행절의 결과가 된다는 것을 표현할 때 쓰인다. 후행절에는 보통 부정적인 결과가 나타난다.

❶ 귀찮아도 운동을 해야지 그렇지 않으면 건강이 나빠질 수 있어요.
❷ 이가 아프면 빨리 치과에 가야지 그렇지 않으면 나중에 고생할 거야.
❸ 밤늦게 음식을 먹지 말아야지 그렇지 않으면 아침에 얼굴이 부어요.
❹ 졸려도 커피를 많이 마시지 말아야지 그렇지 않으면 밤에 잠을 못 잘 거예요.

01. 보기 와 같이 쓰십시오.

보기 무역 회사에 취직하려면 외국어를 잘 해야 해요.
➡ 외국어를 잘 해야지 그렇지 않으면 무역 회사에 취직할 수 없어요.

❶ 감기에 걸리지 않으려면 옷을 따뜻하게 입어야 해요.
➡ ______

❷ 연체료를 내지 않으려면 책을 제날짜에 반납해야 해요.
➡ ______

❸ 물건을 바꾸려면 영수증이 있어야 해요.
➡ ______

❹ 다리에 쥐가 나지 않으려면 수영하기 전에 준비 운동을 해야 해요.
➡ ______

❺ 아나운서가 되려면 발음이 정확해야 해요.
➡ ______

❻ 감기가 나으려면 푹 쉬어야 해요.
➡ ______

❼ 일찍 일어나려면 과음을 하지 말아야 해요.
➡ ______

❽ 마라톤을 끝까지 뛰려면 처음에 무리하지 말아야 해요.
➡ ______

02. 다음 대화를 완성하십시오.

보기 가: 감기에 걸려서 약을 먹었는데도 감기가 낫지 않아요.
나: 감기에 걸렸으면 충분히 쉬어야지 그렇지 않으면 감기가 낫지 않을 거예요.

❶ 가: 학생증을 잃어버렸는데 도서관에서 책을 빌릴 수 있을까?
나: ____________________

❷ 가: 이사 계약서를 꼼꼼하게 읽으시는군요.
나: ____________________

❸ 가: 요즘에는 아침에 늦게 일어나서 아침을 안 먹고 학교에 와요.
나: ____________________

❹ 가: 배가 자주 아픈데 매운 음식을 좋아해서 많이 먹게 돼요.
나: ____________________

❺ 가: 경찰도 없는데 그냥 건너갈까?
나: ____________________

❻ 가: 김밥이 남았는데 냉장고에 안 넣어도 되겠지?
나: ____________________

❼ 가: 이번 주말에 친구하고 영화를 보기로 했는데 예매를 안 해도 볼 수 있겠지?
나: ____________________

❽ 가: 아직 시간이 좀 있는데 커피 한잔 마시고 출발할까?
나: ____________________

활동 생활 속에서의 문제점을 보기 와 같이 말해 보십시오.

문제점	해결 방법
계속 염색을 해서 머리카락이 상했다.	머리카락의 건강을 회복시킨다.
말할 때 문법 실수가 많다.	문법을 신경 써서 정확히 말하는 연습을 한다.
이가 많이 아프지만 치과에 가기가 무서워서 가지 않는다.	

보기 가: 어제 요즘 유행하는 파란색으로 염색했는데 어때?
나: 또 염색을 했단 말이야? 머리카락이 이렇게 많이 상했는데도 신경 쓰지 않아서 걱정이다. 우선 머리카락의 건강을 회복시켜야지 그렇지 않으면 나중에 후회할 거야.

03 명함이 있어서 연락하려던 참이었어요

학습목표 분실물 센터 관련 어휘를 익혀서 활용할 수 있다.
'-었었-', '-으려던 참이다' 표현을 익혀서 활용할 수 있다.

웨 이 : 분실물 센터지요? 오후 1시쯤 가방을 지하철 선반 위에 올려놓고 그냥 내렸어요. 2호선 신도림 방향 지하철 뒤쪽에 탔었고, 주머니가 많은 파란색 가방인데 들어온 것이 있나요?

분실물 센터 직원 : 30분 전에 가방 하나가 접수되었는데 안에 명함이 있어서 연락하려던 참이었어요. 업무 시간은 오후 6시까지이니까 신도림역으로 찾으러 오세요.

새 어휘

분실물	지하철 안에 물건을 놓고 내렸으면 역내에 있는 분실물 센터에 가 보세요. 분실물을 주워서 경비실에 맡겼어요.
선반	사무실 선반 위에 서류들이 꽂혀 있었다. 선반에 놓여 있는 꽃병이 조금 불안해 보여요.
방향	반대 방향으로 가는 지하철을 타서 시간이 많이 걸렸어. 남산 타워에 가려면 어느 방향으로 가야 하는지 알아요?
접수	진료를 받기 전에 먼저 접수부터 시키고 오십시오. 올해부터 입사 지원서는 인터넷으로만 접수를 합니다.
명함	두 사람은 인사를 하고 명함을 한 장씩 주고받았다. 사람들에게 받은 명함을 가나다 순서로 잘 정리해 놓았어요.
업무 시간	은행 업무 시간은 10시부터 4시까지입니다. 업무 시간에 개인적인 일을 하지 않도록 하세요.

01. 빈칸에 알맞은 말을 쓰십시오.

보기 컴퓨터에 문제가 생기면 명함에 있는 연락처로 전화를 하십시오.

❶ 사거리에서 시청 ________ 으로/로 500m쯤 가면 덕수궁이 있어요.

❷ 서류 준비는 끝났고 이제 입학처에 ________ 만 시키면 돼요.

❸ ________ 센터에 사람들이 잃어버린 물건들이 가득 쌓여 있다.

❹ 오랫동안 청소를 안 해서 ________ 에 먼지가 하얗게 꼈다.

02. 빈칸에 알맞은 말을 쓰십시오.

가: 영수 씨, 어디에 가요?
나: 어제 지하철 **보기** 선반 위에 노트북 가방을 놓고 내려서 찾으러 가려고요. 잃어버리고 걱정했는데 어떤 사람이 가방 안에 있는 ❶ ________ 을/를 보고 연락을 해 줬어요.
가: 정말 다행이에요. 어디로 찾으러 가요?
나: 그 사람이 가방을 명동 지하철역 ❷ ________ 센터에 맡겨 놓았다고 해서 거기에 가요. ❸ ________ 이/가 6시까지라고 하니까 지금 빨리 가야 해요.
가: 명동에 가요? 저도 그 쪽 ❹ ________ 으로/로 가니까 같이 나가요.

주제 어휘

분실물 센터	• 분실하다 • 신고하다 • 접수하다 • 습득하다 • 보관하다 • 차량 위치

01. 빈칸에 알맞은 말을 쓰십시오.

보기 물건을 잃어버립니다. (분실하다)

❶ 물건을 잘 가지고 있습니다. (　　　　　)

❷ 잃어버렸다고 알립니다. (　　　　　)

❸ 다른 사람이 잃어버린 물건을 줍습니다. (　　　　　)

❹ 열차가 있는 곳 (　　　　　)

02. 빈칸에 알맞은 말을 쓰십시오.

지하철 분실물 센터 이용 안내

지하철에서 물건을 **보기** 분실했을 ~~었을/았을/였을~~ 때는 전화로 ❶ ________어/아/여 주십시오. 물건을 잃어버린 시간과 놓고 내린 곳의 ❷ ________을/를 확인하고 알려 주시면 더 빨리 찾을 수 있습니다. 물건을 찾으면 한 달 동안 ❸ ________어/아/여 드리니까 가능한 시간에 오셔서 찾아 가시기 바랍니다. 또 물건을 ❹ ________으신/신 분은 가까운 분실물 센터에 맡겨 주시기 바랍니다. 업무 시간은 오전 10시부터 오후 6시까지입니다.

문법 1 —었었—

동사나 형용사의 어간에 붙어서 과거에 어떤 행위를 했거나 어떤 상황이었지만 지금은 하지 않거나 과거와 상황이 달라졌을 때 쓰인다.

❶ 어렸을 때는 할머니 댁에 자주 갔었는데 지금은 바빠서 자주 못 가요.
❷ 지금은 술을 자주 마시지만 한국에 오기 전에는 술을 안 마셨었어요.
❸ 작년 여름에는 정말 더웠었는데 올 여름에는 별로 덥지 않아요.
❹ 지난번 시험은 어렵지 않았었지만 이번 시험은 좀 어려워요.

01. 다음 표를 보고 보기 와 같이 쓰십시오.

과거	현재
보기 옛날에는 탁구를 자주 쳤다.	요즘은 농구를 자주 한다.
❶ 고향에 있을 때는 주말에 등산을 했다.	요즘은 주말에 책을 읽는다.
❷ 어렸을 때 우유를 좋아했다.	지금은 우유를 못 마신다.
❸ 작년에는 학생이었다.	지금은 회사원이다.
❹ 10년 전에는 이 근처에 빌딩이 없었다.	지금은 빌딩이 많이 생겼다.
❺ 5년 전에는 한국에 관심이 없었다.	지금은 한국에 관심이 많아졌다.
❻ 오전에는 비가 많이 왔다.	지금은 날씨가 맑다.
❼ 어렸을 때는 내성적이었다.	지금은 많이 밝아졌다.
❽ 처음에는 한국음식이 너무 매웠다.	요즘은 익숙해져서 잘 먹는다.

보기 옛날에는 탁구를 자주 쳤었는데 ~~었었는데/았었는데/였었는데~~ 요즘은 농구를 자주 해요.

❶ ____________ 었었는데/았었는데/였었는데 요즘은 주말에 책을 읽어요.

❷ ____________ 었었는데/았었는데/였었는데 지금은 우유를 못 마셔요.

❸ ____________ 었었는데/았었는데/였었는데 지금은 회사원이에요.

❹ ____________ 었었는데/았었는데/였었는데 지금은 빌딩이 많이 생겼어요.

❺ ____________ 었었는데/았었는데/였었는데 지금은 한국에 관심이 많아졌어요.

❻ ____________ 었었는데/았었는데/였었는데 지금은 날씨가 맑아요.

❼ ____________ 었었는데/았었는데/였었는데 지금은 많이 밝아졌어요.

❽ ____________ 었었는데/았었는데/였었는데 이제는 익숙해져서 잘먹어요.

02. 과거와 비교해서 달라진 점을 보기 와 같이 쓰십시오.

보기 가: 옛날에는 자주 했는데 지금은 하지 않는 운동이 있습니까?
나: 옛날에는 농구를 자주 했었어요.

❶ 가: 매운 음식을 좋아하시는군요.
나: ______________________

❷ 가: 학교가 많이 달라졌지요?
나: ______________________

❸ 가: 키가 참 크군요. 어렸을 때도 컸어요?
나: ______________________

❹ 가: 동생하고 사이가 참 좋은 것 같아요.
나: ______________________

❺ 가: 요즘은 겨울인데도 눈이 많이 안 오는 것 같아.
나: ______________________

❻ 가: 한국말을 참 잘 하시는군요.
나: ______________________

❼ 가: 날마다 이렇게 외식만 하세요?
나: ______________________

❽ 가: 지금 밖에 비가 와요.
나: 그래요? ______________________

문법 2 −으려던 참이다

동사의 어간에 붙어서 어떤 행위를 하려고 생각하고 있었는데 마침 그 일이 우연히 일어났을 때 쓰인다. 어간에 받침이 있으면 '−으려던 참이다', 받침이 없으면 '−려던 참이다'를 쓴다.

❶ 가: 도서관에 같이 갈래?
나: 그렇지 않아도 책을 반납하러 도서관에 가려던 참이었어.

❷ 가: 반찬이 없는데 뭐 시켜 먹을까?
나: 나도 뭐 시켜 먹자고 말하려던 참이었어.

❸ 가: 이사할 때 내가 도와줄까?
나: 그렇지 않아도 너한테 부탁하려던 참이었어.

❹ 가: 배가 좀 고파서 식당에 가려고 해요.
나: 안 그래도 저도 배가 고파서 밥을 먹으려던 참이었는데 같이 가요.

01. 다음 대화를 완성하십시오.

엄마와 영수의 대화

엄마: 여보세요. 영수니? 너 요즘 왜 전화도 안 하니?
영수: 보기 안 그래도 전화하려던 참이었어요.
엄마: 저녁은 먹었니?
영수: ❶ ____________________
엄마: 9시가 넘었는데 아직 안 먹었어? 그럼 집 청소는 좀 했니?
영수: ❷ ____________________
엄마: 숙제는 했니?
영수: ❸ ____________________
엄마: 만화책만 보고 있는 거 아니야?
영수: ❹ ____________________
엄마: 그래, 이제 엄마 말 좀 들어라.

남편과 아내의 대화

아내: 여보세요. 여보, 지금 몇 시인데 안 들어와요?
남편: ❺ ____________________
아내: 늦었으니까 빨리 들어와요. 그런데 은행에서 돈은 찾았어요? 아침에 부탁했잖아요.
남편: ❻ ____________________
아내: 아니 지금 몇 시인데 은행에 간다는 거예요? 그냥 빨리 택시 타고 들어오세요.
남편: ❼ ____________________
아내: 당신은 늘 집에 늦게 들어오는데도 미안하다는 말을 안 하는 것 같아요.
남편: ❽ ____________________

02. 다음 대화를 완성하십시오.

보기 가: 감기에 걸리셨군요. 약을 먹어도 안 나으면 병원에 가 보세요.
나: 안 그래도 감기가 낫지 않아서 병원에 가려던 참이었어요.

❶ 가: 학생회관에 가는데 같이 갈 사람 없어요?
나: ______________________

❷ 가: 두 시간 동안 책을 읽으니까 눈도 아프고 피곤하다. 우리 커피 마시러 갈래?
나: ______________________

❸ 가: 미선아, 너희 집 근처에 도착했는데 아직 집에 있어?
나: ______________________

❹ 가: 에어컨 좀 꺼도 될까요?
나: ______________________

❺ 가: 지금 삼겹살을 먹으러 가는데 같이 갈래요?
나: ______________________

❻ 가: 피곤해 보이는데 좀 쉬세요.
나: ______________________

❼ 가: 컴퓨터 게임을 너무 오래 하는 거 아니니?
나: ______________________

❽ 가: 배달시킨 지 1시간이 지났는데 피자가게에 전화해 볼까?
나: ______________________

활동 여러분의 어렸을 때와 현재를 비교해서 보기 와 같이 말해 보십시오.

	어렸을 때	현재
키	키가 작았다.	다른 사람들보다 크다.
음식		
놀이		

보기 가: 어렸을 때도 이렇게 키가 컸어요?
나: 저는 어렸을 때 키가 작았었는데 지금은 다른 사람들보다 커요.

04 빨리 고쳐야 하는 것을 알면서도 오지 못했어요

학습목표 A/S센터 관련 어휘를 익혀서 활용할 수 있다.
'-었을 텐데요', '-으면서도' 표현을 익혀서 활용할 수 있다.

미　　　선 : 지난주부터 갑자기 핸드폰 화면이 꺼져서 아무것도 보이지 않는데 어디에 이상이 있을까요?

A/S 센터 직원 : 자세히 살펴봐야 원인을 알 수 있어요. 그런데 품질보증기간이 지나서 비용이 들 것 같아요. 며칠만 일찍 오셨으면 무료로 고칠 수 있었을 텐데요.

미　　　선 : 빨리 고쳐야하는 것을 알면서도 바빠서 오지 못했어요. 돈이 많이 드나요?

새 어휘

화면	화면도 좀 작고 해서 이번에 큰 TV로 바꾸려고요. 영화 내용은 조금 지루했지만 화면에 보이는 풍경은 참 아름다웠다.
살펴보다	고민이 되면 다시 가서 집을 잘 살펴보고 이사할지 말지 정하는 게 어때요? 제주도에 여행가고 싶어서 요즘 인터넷으로 여행 정보를 살펴보고 있어요.
원인	아이의 잘못된 행동은 부모에게 원인이 있을 때가 많다. 이번 경기에서 진 원인을 잘 따져보고 다음 경기를 준비합시다.
품질보증기간	전자 제품의 품질보증기간은 보통 1년 정도입니다. 품질보증기간 안에 이상이 생기면 무료로 수리해 드립니다.
고치다	차가 고장이 났는데도 고치지 않고 그냥 다닌단 말이에요? 나쁜 습관은 크면 고치기가 어려우니까 어렸을 때 고쳐야 해요.

01. 빈칸에 알맞은 말을 쓰십시오.

보기 핸드폰을 떨어뜨리면 화면이 ~~이/가~~ 깨질 수 있으니까 조심하세요.

❶ 선생님께서 ______________ 어/아/여 주신 부분을 다시 써 보세요.

❷ 사업 실패의 __________ 을/를 잘 조사해서 다음에는 꼭 성공하도록 합시다.

❸ ______________ 은/는 소비자가 제품을 구입한 날부터 시작된다.

❹ 저는 물건을 살 때 자세히 ______________ 고 사요.

02. 빈칸에 알맞은 말을 쓰십시오.

가: 정희 씨, 어디에 가요?

나: 산 지 얼마 안 된 컴퓨터가 고장이 나서 컴퓨터 수리 센터에 가는 길이에요. **보기** 화면에 줄이 생기고 키보드도 안 눌러져서요.

가: 제품 설명서는 잘 ❶ __________ 었어요/았어요/였어요?

나: 네, 자세히 읽어봤는데 ❷ __________ 을/를 모르겠어요. ❸ __________ 는/은/ㄴ 데 돈이 많이 들까 봐 걱정이에요.

가: 걱정하지 마세요. ❹ __________ 이/가 1년이니까 아마 무료로 고칠 수 있을 거예요.

주제 어휘

A/S 센터	• A/S 센터 • 품질보증서 • 품질보증기간 • 고장이 나다 • 수리하다 • 문의하다

01. 빈칸에 알맞은 말을 쓰십시오.

보기 제품에 이상이 있어서 고치러 가는 곳 (A/S 센터)

❶ 제품에 이상이 있어서 고칩니다. (   )

❷ 제품에 이상이 생겼습니다. (   )

❸ 제품의 문제가 무엇인지 물어봅니다. (   )

❹ 제품의 품질에 문제가 없다는 것을 약속하는 서류 (   )

02. 빈칸에 알맞은 말을 쓰십시오.

컬러 프린트기 A/S 안내

구입한 지 1년 내에 보기 고장이 났을 ~~었을/았을/였을~~ 때는 우선 전화나 인터넷으로 ❶ ________ 어/아/여 주십시오. 문제 확인 후 연락을 드리면 제품과 ❷ ________ 을/를 가지고 직접 ❸ ________ 에 방문하시거나 택배로 물건을 보내주십시오. 무료로 제품을 ❹ ________ 어/아/여 드립니다.

문법 1 -었을 텐데요

동사나 형용사의 어간에 붙어서 현실에서 어떤 행위가 이미 이루어졌다고 추측하거나 과거의 상태를 추측할 때 쓰이기도 하고 현실과 다른 상황을 가정해서 후회, 아쉬움을 나타낼 때 쓰이기도 한다.

❶ 가: 민수 씨가 저녁을 안 먹고 올까요?
나: 오늘 회식을 한다고 했으니까 이미 저녁을 먹었을 텐데요.

❷ 가: 여행은 재미있었니? 나도 여행 가고 싶었는데.
나: 아주 재미있었어. 너도 같이 여행을 갔으면 좋았을 텐데.

❸ 가: 5시간이나 등산을 했으면 많이 피곤했을 텐데요.
나: 조금 피곤했지만 기분이 좋았어요.

❹ 가: 음식이 입에 맞을지 모르겠어요. 고기를 더 넣었으면 더 맛있었을 텐데.
나: 아니요. 지금도 맛있어요.

01. 보기 와 같이 쓰십시오.

보기 공부를 열심히 하지 않아서 시험에 합격하지 못했다.
➡ 공부를 조금 더 열심히 했으면 시험에 합격했을 텐데요.

❶ 까만색 치마를 입었으면 더 잘 어울렸을 것 같다.
➡ ____________________

❷ 평소에 숙제를 열심히 하지 않아서 쓰기 시험을 잘 보지 못했다.
➡ ____________________

❸ 동창회에 갔으면 옛 친구도 만나고 선생님도 만날 수 있었을 것이다.
➡ ____________________

❹ 커피를 그렇게 많이 마시지 않았으면 밤에 잘 잘 수 있었을 거야.
➡ ____________________

❺ 떡볶이가 이렇게 매울 줄 알았으면 먹지 않았을 것 같다.
➡ ____________________

❻ 내가 농담을 해서 친구하고 싸웠다.
➡ ____________________

❼ 병원에 일찍 가지 않아서 감기가 아직도 낫지 않았다.

➡ ______________________________

❽ 퇴근 시간인데 지하철을 안 타고 택시를 타서 약속 시간에 늦었다.

➡ ______________________________

02. 다음 대화를 완성하십시오.

보기 가: 어제 몇 번 전화했는데 전화가 안 되더군요. 무슨 일 있었어요?
나: 친구들하고 놀다가 핸드폰을 잃어버렸어요. 좀 더 조심했으면 잃어버리지 않았을 텐데요.

❶ 가: 공연장에서 직접 표를 샀는데 좀 비싼 것 같아.
나: 공연장에서 직접 표를 샀단 말이야? ______________________________

❷ 가: 제가 끓인 라면이 어때요?
나: ______________________________

❸ 가: 미선 씨, 어디예요? 만나서 같이 학교에 갈까요?
나: 저는 벌써 학교에 왔어요. ______________________________

❹ 가: 닭갈비를 보니까 닭갈비를 참 좋아하던 웨이 씨가 생각나는군요.
나: ______________________________

❺ 가: 교통사고가 났다고 들었는데 괜찮아요?
나: ______________________________

❻ 가: 요즘 '사랑'이라는 영화가 재미있다고 하는데 보러 가자.
나: 어제 혼자 그 영화를 봤어. ______________________________

❼ 가: 오늘 내가 한턱낼게요. 같이 저녁 먹어요.
나: ______________________________

❽ 가: 마이클 씨, 어제 술을 너무 많이 마셨는데 괜찮아요?
나: ______________________________

문법 2 -으면서도

동사나 형용사의 어간에 붙어서 선행절과 후행절의 서로 반대되는 행위나 상태가 동시에 나타날 때 쓴다. 어간에 받침이 있으면 '-으면서도', 받침이 없으면 '-면서도'를 쓰고 이미 끝난 일에 대해서는 '-었으면서도'를 쓴다. 선행절과 후행절의 주어가 같아야 한다.

❶ 제임스 씨는 돈이 많으면서도 택시를 안 타요.
❷ 저는 비밀을 알면서도 말을 안 했어요.
❸ 친구는 요리를 잘 하면서도 저한테 음식을 만들어 주지 않아요.
❹ 친구들이 공부를 많이 했으면서도 안 했다고 해요.

01. 알맞은 내용을 고르고 보기 와 같이 쓰십시오.

보기 마이클 씨는 한국말을 잘 해요.
① 잘 한다고 해요 ② 못 한다고 해요
마이클 씨는 한국말을 잘 하면서도 못 한다고 해요.

❶ 담배가 건강에 안 좋은 것을 알아요.
① 피워요 ② 안 피워요

____

❷ 영수 씨는 돈이 많아요.
① 빌려줘요 ② 빌려주지 않아요

____

❸ 동생은 많이 먹었어요.
① 배고프다고 해요 ② 배부르다고 해요

____

❹ 두 사람은 사랑해요.
① 결혼해요 ② 결혼하지 않아요

____

❺ 남자 친구가 잘못했어요.
① 사과해요 ② 사과하지 않아요

____

❻ 두 사람은 성격이 안 맞아요
① 계속 만나요. ② 만나지 않아요

____

❼ 그 식당 음식은 맛이 없어요
① 비싸요 ② 싸요

____

❽ 코트가 얇아요.
① 따뜻해요. ② 시원해요.

____

02. 다음 대화를 완성하십시오.

보기 가: 마이클 씨가 한턱내는 것을 본 적이 없어요.
나: 마이클 씨는 돈이 많으면서도 돈을 안 써요.

❶ 가: 제임스 씨와 리에 씨가 서로 인사를 안 하는 것 같아요.
나: _______________

❷ 가: 웨이 씨가 운전을 못한다고 하는데 정말이야?
나: _______________

❸ 가: 미선 씨는 공부를 안 했다고 해요.
나: _______________

❹ 가: 마이클 씨가 리에 씨에게 좋아한다고 고백했어요?
나: _______________

❺ 가: 숙제는 날마다 해야지 그렇지 않으면 점점 하기 싫어질 거예요.
나: _______________

❻ 가: 운동을 하면 살도 빠지고 건강도 좋아져요.
나: _______________

❼ 가: 밍밍 씨가 마리아 씨한테 왜 그렇게 불친절하게 말해요?
나: _______________

❽ 가: 인스턴트 식품을 많이 먹으면 안 돼요.
나: _______________

활동 여러분은 지금 후회하는 일이 있습니까? 반대로 행동했을 때를 생각해 보고 보기 와 같이 말해 보십시오.

후회하는 일	반대로 행동했을 때 달라진 결과
어렸을 때 피아노를 열심히 치지 않았다.	피아니스트가 된다.
어제 술을 많이 마셨다.	

보기 어렸을 때 피아노를 열심히 쳤으면 지금 피아니스트가 됐을 텐데.

공공시설

제 8 과

01 머리가 아픈 데다가 소화도 잘 안 돼요

학습목표 치료 관련 어휘를 익혀서 활용할 수 있다.
'-는 데다가', '-고요' 표현을 익혀서 활용할 수 있다.

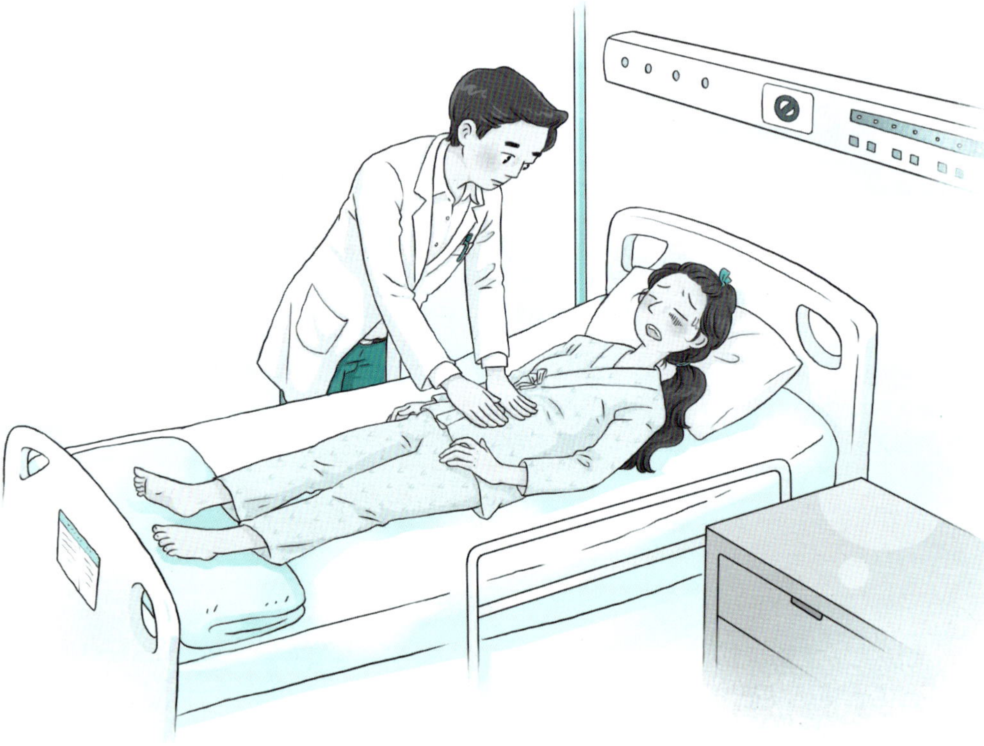

미선 : 머리가 아픈 데다가 소화도 잘 안 돼요. 어지럽고 토할 것 같아요.

의사 : 심하게 체한 것 같군요. 요즘 그런 환자가 많아요. 우선 처방해 드리는 약을 드셔 보고 그 후에도 증세가 좋아지지 않으면 다시 한 번 오세요. 오늘 주사도 맞으시고요.

새 어휘

어지럽다	차 안에서 책을 읽어서 그런지 좀 어지러워요. 건물 옥상에서 아래를 내려다보니까 정말 어지러워요.
심하다	제 룸메이트는 엄마처럼 잔소리가 심해요. 친구가 교통사고로 다리를 심하게 다쳐서 병원에 입원했어요.
체하다	요즘 스트레스가 심해서 음식을 먹으면 바로 체해요. 너무 급하게 먹어서 그런지 체한 것 같아요.
환자	환절기여서 병원에 감기 환자들이 많습니다. 입원한 환자들이 편히 쉴 수 있도록 면회 시간을 지켜 주세요.
처방	의사 선생님께서 이틀분의 약을 처방해 주셨어요. 감기약을 처방 받고 싶으면 먼저 병원에 가야 해요.
증세	독감에 걸리면 증세가 어때요? 병원에 다녀와서 푹 쉬니까 증세가 많이 좋아졌어요.
주사를 맞다	나는 지금도 주사를 맞는 게 무서워서 병원에 안 간다. 증세가 너무 심해서 주사를 맞아야 합니다.

01. 빈칸에 알맞은 말을 쓰십시오.

보기 약을 먹어도 낫지 않아서 병원에서 주사를 맞았다 ~~었다/았다/였다~~.

❶ ______________________ 지 않게 천천히 드세요.

❷ 기침이 ______________________ 어서/아서/여서 병원에 갔다.

❸ ______________________ 들을 위해서 병원에서 음악회를 열어 줬어요.

❹ 열이 나고 콧물이 나는 ____________ 이/가 있는데 어떻게 하면 빨리 나을까요?

02. 빈칸에 알맞은 말을 쓰십시오.

어젯밤에 친구의 송별회가 있어서 밤늦게까지 술을 마셨다. 아침에 일어나니까 머리가 **보기** 심하게 아프고 ❶ ____________ 었다/았다/였다. 보통 때와 다르게 배도 너무 아파서 병원으로 갔다. 의사 선생님께 ❷ ____________ 을/를 이야기하니까 약을 ❸ ____________ 해 주셨다. 그리고 ❹ ____________ 고 가라고 하셨다. 친구들과 있을 때는 기분이 좋아서 계속 마셨는데 오늘 이렇게 고생을 하니까 어제 일이 후회됐다. 다음부터는 과음하지 않도록 조심해야겠다.

주제 어휘

치료	• 처방전	• 치료	• 응급실	• 링거를 맞다
	• 엑스레이를 찍다	• 깁스를 하다	• 물리치료	

01. 빈칸에 알맞은 말을 쓰십시오.

보기 팔을 다쳐서 요즘 병원에서 치료를 을/를 받고 있어요.

❶ 감기 몸살이 너무 심해서 병원에서 2시간 동안 ________었다/았다/였다.

❷ 축구를 하다가 넘어져서 부러진 다리에 ________었어요/았어요/였어요.

❸ 할머니께서는 허리가 아프셔서 이틀에 한번 병원에 가서 ______을/를 받으세요.

❹ 밤에 갑자기 열이 많이 나서 ________에 다녀왔어요.

02. 빈칸에 알맞은 말을 쓰십시오.

지난 일요일에 친구들과 농구를 하다가 넘어졌는데 팔이 너무 아파서 일어날 수가 없었다. 친구들이 다친 나를 데리고 근처 병원의 **보기** 응급실로 ~~으로/로~~ 갔다. 의사 선생님은 먼저 ❶ ______________어/아/여 본 후에 팔이 부러져서 ❷ __________________어야/아야/여야 한다고 하셨다. 그리고 나중에는 ❸ ____________도 받아야 한다고 하셨다. 지금은 팔이 많이 아플 테니까 약을 좀 먹으라고 하시면서 ❹ ____________도 주셨다. 친구들 덕분에 치료를 잘 받았지만 다친 팔 때문에 불편한 일이 많다. 빨리 나았으면 좋겠다.

문법 1 -는 데다가

동사나 형용사의 어간에 붙어서 선행절의 행위나 상태에 후행절의 내용을 더하여 좋거나 나쁜 정도가 심함을 나타낸다. 동사 어간에는 '-는 데다가', 형용사 어간에 받침이 있으면 '-은 데다가', 받침이 없으면 '-ㄴ 데다가', 명사에는 '인 데다가'가 붙는다. 이미 끝난 일에 대해서는 '-은/ㄴ 데다가'를 쓴다.

❶ 열이 나는 데다가 목이 많이 부어서 아파요.
❷ 그 사람은 성격이 무뚝뚝한 데다가 고집도 세요.
❸ 휴가철인 데다가 날씨도 좋아서 사람이 굉장히 많아요.
❹ 버스가 늦게 온 데다가 길도 막혀서 약속시간에 늦었어요.

01. 보기 와 같이 쓰십시오.

> 보기 영수 씨는 말을 빨리 하다 / 발음이 나빠서 이해하기가 힘들어요.
> ➡ 영수 씨는 말을 빨리 하는 데다가 발음이 나빠서 이해하기가 힘들어요.

❶ 민철 씨는 날마다 지각을 하다 / 숙제도 하지 않아서 성적이 나빠요.
➡ ______________________________

❷ 요즘 거의 날마다 야근을 하다 / 술을 자주 마셔서 정말 피곤해요.
➡ ______________________________

❸ 마리아는 상냥하다 / 정이 많아서 주변에 친구가 많아.
➡ ______________________________

❹ 이 옷은 세련되다 / 디자인이 특이해서 인기가 많아요.
➡ ______________________________

❺ 백화점 세일 기간이다 / 주말이어서 주차하기가 힘들어요.
➡ ______________________________

❻ 동아리 회장이다 / 과 대표도 맡고 있어서 요즘 정말 바빠요.
➡ ______________________________

❼ 파마를 했다 / 염색도 해서 머리가 많이 상했어요.
➡ ______________________________

❽ 아침을 많이 먹었다 / 계속 앉아 있어서 소화가 안 돼요.
➡ ______________________________

02. 다음 대화를 완성하십시오.

보기 가: 지금 증세가 어떻습니까?
나: 머리가 아픈 데다가 소화도 잘 안 돼요.

❶ 가: 요즘 왜 그렇게 피곤해 보여요?
나: ______________________________

❷ 가: 마리아 씨는 외국어를 잘 하니까 취직도 잘 될 것 같아요.
나: 맞아요. ______________________________

❸ 가: 제임스 씨는 왜 항상 학생회관 미용실에 가요?
나: ______________________________

❹ 가: 웨이 씨 지도 교수님은 어떤 분이세요?
나: ______________________________

❺ 가: 요즘 연세백화점에 항상 사람이 많아요.
나: ______________________________

❻ 가: 왜 기숙사에 살지 않고 원룸에 살아요?
나: ______________________________

❼ 가: 왜 그렇게 기분이 안 좋아 보여요?
나: ______________________________

❽ 가: 왜 응급실에 갔어요?
나: ______________________________

문법 2 —고요

동사나 형용사의 어간에 붙어서 상대방이나 자신이 한 말에 내용을 덧붙일 때 쓰인다.

❶ 학교 앞 세탁소는 세탁을 깨끗하게 잘 해요. 값도 싸고요.
❷ 저기에 걸려 있는 옷은 모양이 좀 특이해요. 색깔도 화려하고요.
❸ 기숙사 식당은 음식이 정말 맛없어요. 서비스도 나쁘고요.
❹ 그 영화는 내용이 참 좋았어. 배경 음악도 멋있고.

01. 다음 표를 보고 대화를 완성하십시오.

보기 마트	할인을 자주 하다, 사은품을 많이 주다
❶ 하숙집	하숙비가 비싸다, 음식이 맛없다
❷ 펜션	방이 넓고 예쁘다, 시설이 좋다
❸ 운동	피곤하지 않다, 몸이 가볍다
❹ 처방	약을 3일 동안 먹다, 물리치료를 받다
❺ 뮤지컬	내용이 감동적이다, 음악이 좋다
❻ 휴대전화	화면이 켜지지 않다, 소리가 안 들리다
❼ 미용실	조금만 다듬다, 드라이를 하다
❽ 어제 한 일	친구 병문안을 가다, 동아리 모임에 가다

보기 가: 마트에 가려고 하는데 이 근처에 좋은 마트가 있을까요?
나: 학교 앞에 있는 연세 마트가 할인을 자주 해요. 사은품도 많이 주고요.

❶ 가: 이번에 이사한 하숙집이 어때요?
나: 하숙비가 비싸요. ______________________

❷ 가: 이번에 여행가서 묵었던 펜션은 어땠어?
나: 방이 넓고 예뻤어. ______________________

❸ 가: 운동을 하니까 어때요?
나: 피곤하지 않아요. ______________________

❹ 가: 선생님, 약을 얼마나 먹어야 하나요?
나: 3일 동안 드세요. ______________________

❺ 가: 어제 본 뮤지컬은 어땠어요?
나: 내용이 감동적이었어요. ______________________

❻ 가: 무슨 문제 때문에 오셨습니까?
나: 화면이 켜지지 않아요. ______________________

❼ 가: 어떻게 해 드릴까요?
나: 조금만 다듬어 주세요. ______________________

❽ 가: 어제는 뭐 했어?
나: 친구 병문안을 갔어. ______________________

02. 다음 대화를 완성하십시오.

보기 가: 건강을 위해서 뭘 하세요?
나: 운동을 자주 해요. 과일도 많이 먹고요.

❶ 가: 제임스 씨 동아리에서는 무슨 활동을 해요?
나: 사진 동아리이니까 자주 사진을 찍으러 가요. ____________

❷ 가: 웨이 씨는 성격이 정말 좋은 것 같아요.
나: 맞아요. ____________

❸ 가: 요즘 사람들은 바빠서 아침을 먹지 않는다고 하는데 리에 씨는 어때요?
나: 저는 간단하게 빵을 먹어요. ____________

❹ 가: 무엇을 하려고 한국에 왔어요?
나: ____________

❺ 가: (세탁소에서) 무엇을 해 드릴까요?
나: ____________

❻ 가: 어제 친구 집들이에 가서 뭘 했어?
나: ____________

❼ 가: 오늘 본 연극은 어땠어요?
나: ____________

❽ 가: 제임스, 취직 준비를 어떻게 했어?
나: ____________

활동 아팠던 경험에 대해서 보기 와 같이 말해 보십시오.

병	증세
식중독	설사를 했다. 배가 많이 아팠다. 열도 많이 났다.
감기	머리가 아팠다. 기침이 났다. 콧물이 났다.

보기 저는 지난 여름에 식중독에 걸린 적이 있어요. 설사를 한 데다가 배도 정말 많이 아팠어요. 열도 많이 나고요.

02 외국어로 설명을 들을 수 있다면 더 좋을 텐데요

학습목표 박물관 이용 관련 어휘를 익혀서 활용할 수 있다.
'이라든가', '-는다면' 표현을 익혀서 활용할 수 있다.

영수 : 한국 역사에 대해서 자세한 해설을 듣고 싶으면 국립중앙박물관이라든가 서울역사박물관 같은 곳에 가 보세요. 특히 국립중앙박물관은 한국에서 가장 큰 박물관이어서 유물이 많아요. 관람료도 무료이니까 홈페이지에서 해설 시간을 확인하고 가보세요. 아! 그런데 월요일은 휴관일이에요.

밍밍 : 좋은 정보를 알려줘서 고마워요. 외국어로 설명을 들을 수 있다면 더 좋을 텐데요.

새 어휘

해설	전시회에서 그림에 대한 해설도 함께 들으니까 이해가 잘 됐어요. 연습 문제를 푼 후에 정답과 해설을 확인했다.
유물	아파트를 짓다가 선사시대 유물을 발견했다고 해요. 유물과 관계있는 역사 이야기를 함께 들으니까 더 재미있었다.
관람료	클래식 공연은 관람료가 비싸다. 학생은 관람료 할인을 받을 수 있습니다.
휴관	매달 첫째 주, 셋째 주 월요일은 남산도서관 휴관일이에요. 미술 감상을 하러 시립미술관에 갔는데 휴관이어서 관람을 못 했어요.
설명	선생님의 설명을 들으니까 이해가 됐어. 한국말로 설명을 할 수 없어서 답답했어요.

01. 빈칸에 알맞은 말을 쓰십시오.

보기 올림픽 금메달리스트였던 김준호 씨가 지금 세계 수영 대회 해설을 ~~을/를~~ 하고 있다.

❶ 콘서트의 ______________ 이/가 얼마인지 알아보고 전화해 줄게.

❷ 국립 박물관에 가려고 하는데 언제 ______________ 인지 아세요?

❸ 유명한 유적지에는 역사적인 ______________ 이/가 많이 남아 있다.

❹ 수업 시간에 선생님이 한국 역사에 대해서 알기 쉽게 ________ 을/를 해 주셨다.

02. 빈칸에 알맞은 말을 쓰십시오.

한국 친구가 조선시대 보기 유물 전시를 함께 보러 가자고 해서 인터넷으로 정보를 알아봤다. 전시회 홈페이지에 들어가니까 여러 가지 정보가 잘 ❶ ________ 되어 있었다. 월요일은 ❷ ________ 이고 수요일에는 ❸ ________ 을/를 함께 들을 수 있다고 해서 우리는 수요일에 가기로 했다. ❹ ________ 은/는 만 원인데 학생증을 내면 2,000원 할인을 받을 수 있다고 한다. 오랜만에 전시를 보러 가는 거니까 친구와 함께 즐거운 시간을 보낼 수 있었으면 좋겠다.

주제 어휘

박물관 이용	• 전시물	• 음성 안내기	• 특별전	• 관람	• 전시실	• 관람객

01. 빈칸에 알맞은 말을 쓰십시오.

보기 이번 주 토요일부터 다음 주 금요일까지 일주일 동안만 특별전을 ~~을~~/를 해요.

❶ 지난주에 열린 한류 문화 전시회에는 세계 여러 나라에서 많은 ________ 이/가 관람하러 왔어요.

❷ 미술관 ________ 을/를 사용하면 작품에 대한 전문적인 해설을 들을 수 있어요.

❸ 국립중앙박물관에는 주제별로 6개의 ________ 이/가 있다.

❹ 박물관에 있는 ________ 은/는 손으로 만지면 안 돼요.

02. 빈칸에 알맞은 말을 쓰십시오.

국립한글박물관이 문을 열었습니다!

2014년 10월 9일 한글날에 국립한글박물관이 개관했다. 3층 건물로 지어진 한글박물관에는 1층에 한글 도서관이 있고, 2층과 3층에는 보기 전시실과 ~~과~~/와 한글 기념품점, 어린이 한글 놀이터, 외국인 한글 배움터가 있어서 한국인과 외국인 ❶ ________ 이/가 모두 즐겁게 ❷ ________ 할 수 있다. 한글과 관련이 있는 여러 ❸ ________ 을/를 보고 한글의 역사와 의미를 더 잘 알게 될 것이다. 3층에는 세종대왕 ❹ ________ 도 있다고 하니까 기대를 해 봐도 좋을 것이다.

문법 1 이라든가

명사에 붙어서 대표적인 예를 두 가지 이상 들어서 말할 때 쓰며 뒤에는 '같은, 처럼'과 함께 예를 든 것들의 공통점을 나타내는 명사를 써야 한다. 받침이 있는 명사에는 '이라든가', 받침이 없는 명사에는 '라든가'를 쓴다.

❶ 시간이 없어도 스트레칭이라든가 산책 같은 운동을 좀 해.
❷ 고등학교 졸업 선물로는 노트북이라든가 책 같은 그런 것이 좋아요.
❸ 아이들은 초콜릿이라든가 아이스크림처럼 단 맛이 나는 간식을 좋아해.
❹ 배가 많이 고프지 않으니까 김밥이라든가 샌드위치처럼 간단한 음식을 먹는 게 어때요?

01. 다음 표를 보고 대화를 완성하십시오.

보기 유적지	경주	부여	공주
❶ 학용품	공책	연필	필통
❷ 섬	제주도	울릉도	외도
❸ 절	불국사	낙산사	해인사
❹ 한국음식	불고기	잡채	비빔밥
❺ 동아리	독서 모임	면접 준비 모임	영어 공부 모임
❻ 간식	떡볶이	샌드위치	케이크
❼ 건강음료	인삼차	오미자차	매실차
❽ 휴양지	하와이	발리	몰디브

보기
가: 이번 방학에는 어디로 여행을 갈까?
나: 경주라든가 부여 같은 유적지로 가는 게 좋을 것 같아요.

❶ 가: 조카가 초등학교에 입학하는데 뭘 선물하면 좋을지 모르겠어요.
나: ______________________________

❷ 가: 방학 때 조용하고 경치가 좋은 곳으로 여행을 가고 싶은데 어디 좋은 곳이 없을까?
나: ______________________________

❸ 가: 한국에는 교회도 많지만 절도 참 많은 것 같아요.
나: 네, 맞아요. 한국의 산에는 ______________________________

❹ 가: 이번에 외국 친구들을 초대해서 집들이를 하는데 어떤 음식을 준비하는 게 좋을까?
나: ______________________________

❺ 가: 취업 준비 때문에 스트레스를 많이 받는데 재미있게 공부하는 방법이 없을까?
　 나: ____________________

❻ 가: 요즘 학생들은 간식으로 뭘 많이 먹어?
　 나: ____________________

❼ 가: 커피를 너무 많이 마셔서 잠도 잘 못자고 속도 자주 쓰려요.
　 나: ____________________

❽ 가: 한국 사람들은 신혼여행을 어디로 많이 가요?
　 나: ____________________

02. 다음 대화를 완성하십시오.

보기 가: 무슨 운동을 좋아하세요?
나: 스키라든가 스노보드 같은 겨울에 할 수 있는 운동을 좋아해요.

❶ 가: 시간이 있을 때 뭘 해?
　 나: ____________________

❷ 가: 요즘 날씨가 너무 더워서 더 피곤한 것 같아요.
　 나: ____________________

❸ 가: 한국에서는 결혼한 친구 집들이 때 무슨 선물을 해요?
　 나: ____________________

❹ 가: 리에 씨 취미가 음악 감상이지요? 무슨 음악을 자주 들으세요?
　 나: ____________________

❺ 가: 부모님 생신 선물을 사려고 하는데 뭐가 좋을까요?
　 나: ____________________

❻ 가: 한국 사람들은 어디로 피서를 많이 가?
　 나: ____________________

❼ 가: 이번에 친한 형이 아이 돌잔치를 한다고 하는데 무슨 선물을 해야 할지 모르겠어.
　 나: ____________________

❽ 가: 영수 씨는 어디로 해외여행을 가고 싶어요?
　 나: ____________________

문법 2 -는다면

동사나 형용사의 어간에 붙어서 일어날 가능성이 적거나 불가능한 사실을 가정할 때 쓰인다. 동사 어간에 받침이 있을 때는 '-는다면', 받침이 없을 때는 '-ㄴ다면', 형용사 어간에는 '-다면', 받침이 있는 명사에는 '이라면', 받침이 없는 명사에는 '라면'을 쓴다.

❶ 제가 장학금을 받는다면 한턱낼게요.
❷ 자동차가 없다면 정말 불편할 것 같아요.
❸ 만일 나에게 비행기가 있다면 세계 여행을 다닐 거야.
❹ 만약 내가 새라면 하늘을 날 수 있을 텐데.

01. 알맞은 말을 골라서 보기 와 같이 쓰십시오.

빨간 스포츠카를 살 거야.	세계 여행을 하겠어요.
아주 크고 멋진 집을 사고 싶어요.	세종대왕을 만나보고 싶어요.
지금 바로 고향에 갈 거야.	정말 열심히 공부를 할 텐데.
큰 놀이공원을 만들 거야.	타임머신을 만들 거예요.
사랑하는 사람에게 사랑 고백을 할 거다.	

보기 시간과 돈이 많다.
➡ 시간과 돈이 많다면 세계 여행을 하겠어요.

❶ 10억 원이 생긴다.
➡ ______________________________

❷ 조선 시대로 돌아간다.
➡ ______________________________

❸ 나에게 비행기가 있다.
➡ ______________________________

❹ 앞으로 일주일 동안만 살 수 있다.
➡ ______________________________

❺ 복권에 당첨된다.
➡ ______________________________

❻ 다시 고등학교 3학년이 된다.
➡ ______________________________

❼ 내가 과학자이다.

➡ ______________________________

❽ 제주도가 내 땅이다.

➡ ______________________________

02. 다음 대화를 완성하십시오.

보기 가: 옛날로 돌아갈 수 있으면 언제로 가고 싶어요?
나: 옛날로 돌아갈 수 있다면 유치원에 다닐 때로 돌아가고 싶어요.

❶ 가: 남자/여자가 될 수 있으면 무엇을 하고 싶어요?
나: ______________________________

❷ 가: 오늘 하루 종일 쉴 수 있으면 무엇을 할 거예요?
나: ______________________________

❸ 가: 한국 사람처럼 한국말을 잘 하면 무엇을 하고 싶어요?
나: ______________________________

❹ 가: 영원히 살 수 있으면 어떨 것 같아요?
나: ______________________________

❺ 가: 1년 동안 일을 하지 않아도 돈을 받을 수 있으면 무엇을 할 거예요?
나: ______________________________

❻ 가: 아무도 없는 섬에 혼자 가면 무엇을 가지고 갈 거예요?
나: ______________________________

❼ 가: 대통령이 되면 무엇을 하고 싶어요?
나: ______________________________

❽ 가: 다시 태어나면 어떤 사람으로 태어나고 싶어요?
나: ______________________________

활동 외국에 있는 친구가 여러분이 있는 곳을 방문한다면 어디를 구경하면 좋을지 **보기** 와 같이 소개해 보십시오.

	구경할 곳	할 일
우리 집 근처	연세대학교, 이화여자대학교	예쁜 가게 구경, 맛있는 음식 먹기
여의도	한강 공원, 여의도 공원	자전거 타기, 도시락 먹기

보기 우리 집 근처에는 연세대학교라든가 이화여자대학교 같은 대학교가 있어. 예쁜 가게들도 많아서 구경하는 것도 재미있고 식당도 많아서 맛있는 음식을 골라서 먹을 수 있어. 네가 놀러온다면 언제든지 내가 꼭 안내해 줄게.

03 야외에 가니까 도시락을 먹어야지요

학습목표 공원 이용 관련 어휘를 익혀서 활용할 수 있다.
'-는다고 보다', '-어야지요' 표현을 익혀서 활용할 수 있다.

민철 : 날씨도 좋은데 어디 가까운 데로 놀러 갈까? 나는 이런 날씨에는 한강 공원에 가는 것이 제일 좋다고 봐. 가까운 데다가 멋진 경치도 구경하고 자전거도 탈 수 있어. 밤에는 화려한 음악 분수 쇼도 볼 수 있고. 내일 점심을 먹고 출발하자.

웨이 : 야외에 가니까 도시락을 먹어야지요. 대여소도 여러 군데 있으니까 자전거를 빌리기도 어렵지 않을 거예요. 생각만 해도 정말 신나요.

새 어휘

멋지다	혼자 세계 여행을 하겠다니 정말 멋진 계획이에요. 오빠가 양복을 입으니까 정말 멋져 보였다.
분수	예술의 전당 음악당 앞에 있는 분수는 음악에 맞춰서 움직여요. 저녁에 한강 반포대교에 가면 레이저 분수 쇼를 볼 수 있어.
야외	가을은 비도 자주 오지 않아서 야외 활동을 하기에 좋은 계절이다. 어젯밤에 친구와 야외 공연을 봤는데 날씨도 좋고 분위기도 좋았어요.
도시락	남자친구와 함께 소풍을 가기로 해서 김밥과 과일로 도시락을 쌌어. 요즘 도시락을 싸 가지고 다니는데 점심 값도 아낄 수 있고 건강에도 좋아요.
대여소	한강 공원 자전거 대여소에서 자전거를 빌려서 탔다. 백화점에는 유모차를 빌려주는 대여소가 있어요.
신나다	조카가 크리스마스 선물을 받고 신나서 뛰어다녔다. 다음 주에 가기로 한 여행만 생각하면 정말 신나.

01. 빈칸에 알맞은 말을 쓰십시오.

보기 봄가을에 학생들이 도시락을 ~~을/를~~ 가지고 소풍을 가요.

❶ 더운 여름에 __________ 을/를 보면 조금 시원해져요.

❷ 기분이 좋지 않을 때는 __________ 는/은/ㄴ 음악을 들어 보세요.

❸ 한강에 가면 자전거 __________ 에서 자전거를 빌려서 타요.

❹ 주말에 서울 타워에 가서 __________ 는/은/ㄴ 야경을 봤어요.

02. 빈칸에 알맞은 말을 쓰십시오.

가: 지난 토요일에 올림픽공원에 다녀왔는데 날씨도 좋고 경치도 정말 보기 멋졌어 ~~었어/았어/였어~~.

나: 나는 올림픽공원에는 한 번도 안 가 봤어. 거기에 가서 뭐 했어?

가: 친구가 ❶ ______________ 을/를 싸 가지고 와서 같이 먹고 자전거 ❷ ______________ 에서 자전거를 빌려서 타고 공원 여기저기를 구경했어. 올림픽공원에는 '올림픽공원 9경'이라고 하는 아홉 군데의 구경할 곳이 있는데 그곳을 찾아다니는 것도 참 재미있었어.

나: 이름이 참 재미있다. 사진도 많이 찍었어?

가: 응, 여기 있어. 이건 1번 출입문에서 가까운 곳에 있는 ❸ ____________
인데 음악에 맞춰서 시원하게 물이 올라가는 모습이 정말 아름다웠어.
그리고 이건 공원 안에 있는 잔디밭인데 넓고 푸른 잔디밭을 보니까 너무
❹ ____________어서/아서/여서 한참 뛰어다녔어.

주제 어휘

공원 이용	• 인라인스케이트 • 2인용 • 시간당 • 벤치 • 산책로 • 자전거 도로

01. 빈칸에 알맞은 말을 쓰십시오.

보기 여자 친구와 함께 타기 위해서 2인용 자전거를 빌렸어요.

❶ 공원 주차장의 주차 요금은 ____________ 1,000원이에요.

❷ 운동을 하다가 너무 힘들어서 길에 있는 ____________에 앉아서 쉬었다.

❸ 우리 집 뒷산에는 ____________이/가 있어서 아무 때나 운동을 할 수 있다.

❹ 서울에는 ____________이/가 많지 않아서 안전하게 자전거를 타려면 공원에 가야 해요.

02. 빈칸에 알맞은 말을 쓰십시오.

공원에서 할 수 있는 운동에는 어떤 것들이 있을까요? 먼저 가장 많은 분들이 쉽게 생각하는 것이 바로 자전거 타기일 것입니다. 서울 시내에 있는 공원에는 보통 자전거 대여소가 있어서 1인용 자전거는 **보기** 시간당 3,000원, ❶ ____________ 자전거는 6,000원을 내면 이용할 수 있습니다. 요즘은 스케이트와 비슷하게 생긴 ❷ ____________을/를 타는 분들도 많이 늘었는데요. 공원 안에 스케이트를 탈 수 있는 장소가 따로 있으니까 그곳을 이용하시면 좋을 것 같습니다. 또 달리기나 걷기 운동을 하실 분들은 ❸ ____________을/를 이용하시고 자전거를 이용하실 분들은 ❹ ____________을/를 이용하셔서 사고가 나지 않게 조심하시면 더 좋겠지요?

문법 1 -는다고 보다

동사나 형용사의 어간에 붙어서 공적인 화제에 대한 자신의 의견을 말할 때 쓰인다. 동사 어간에 받침이 있으면 '-는다고 보다', 받침이 없으면 '-ㄴ다고 보다', 형용사 어간에는 '-다고 보다', 받침이 있는 명사에는 '이라고 보다', 받침이 없는 명사에는 '-라고 보다'를 쓴다. '-었다고 보다', '-을/ㄹ 거라고 보다'도 쓸 수 있다.

❶ 게임 중독은 고쳐야 한다고 봅니다.
❷ 성형수술은 해도 괜찮다고 봅니다.
❸ 아이에게는 어머니의 사랑이 제일 필요하다고 봅니다.
❹ 앞으로 세계 경제가 좋아질 거라고 봅니다.

01. 다음 표를 보고 대화를 완성하십시오.

	마리아	마이클
1. 성형수술	치료를 목적으로 하는 수술은 괜찮다.	부작용을 겪는 사람이 많기 때문에 안 하는 것이 낫다.
2. 환경문제	전 세계가 함께 노력해야 한다.	나라마다 해결 방법을 찾아야 한다.
3. 세계 경제	점차 좋아질 것이다.	한동안은 어려울 것이다.
4. 한국통일	좀 더 빨리 통일이 될 것이다.	앞으로도 지금과 같다면 통일이 되기 어렵다.
5. 사형제도	피해자의 아픔이 크기 때문에 사형제도가 필요하다.	사형수도 사람이기 때문에 사형제도는 없어져야 한다.

1. 마이클: 마리아 너는 성형수술에 대해서 어떻게 생각해?
   마리아: 글쎄, 나는 너무 예뻐지려고만 하는 수술은 불필요하지만 보기 치료를 목적으로 하는 수술은 괜찮다고 봐. 마이클 너는 어때?
   마이클: 나는 보기 성형수술 후에 부작용을 겪는 사람도 많기 때문에 안 하는 것이 좋다고 봐.

2. 마리아: 요즘 날씨가 정말 이상해진 것 같아. 이게 다 환경문제 때문이야.
   마이클: 맞아. 그래서 나는 ❶ ______________________
   마리아: 나는 그것보다 ❷ ______________________

3. 마이클: 세계 경제가 좋지 않아서 그런지 요즘 다들 취직 문제 때문에 힘들어하는 것 같아.
   마리아: 그래도 나는 ❸ ______________ 그럼 취직 문제도 해결되겠지.
   마이클: 나는 ❹ ______________ 우리가 더 열심히 해야 할 것 같아.

4. 마리아: 마이클 너는 한국통일 문제에 대해서 어떻게 생각해?
마이클: 남한과 북한의 관계가 ❺ ____________________
마리아 너는?
마리아: 나는 남한과 북한이 서로 대화한다면 ❻ ____________________

5. 마이클: 얼마 전에 사형수에 대한 영화를 보고 마음이 참 안 좋았어. 마리아 너는 사형제도에 대해서 어떻게 생각해?
마리아: 나는 피해자들의 아픔을 먼저 생각해야 할 것 같아.
❼ ____________________
마이클: 그렇긴 하지만 영화를 보니까 꼭 사형이 최선의 방법이 아닌 것 같아.
❽ ____________________

02. 다음 문제에 대한 자신의 생각을 보기 와 같이 쓰십시오.

보기 가: 앞으로 세계 경제가 어떻게 될 거라고 생각하십니까?
나: 아시아 경제가 좋아지면 세계 경제도 좋아질 거라고 봅니다.

❶ 가: 토요일에도 수업을 하는 것에 대해서 어떻게 생각하십니까?
나: ____________________

❷ 가: 앞으로 세계 기후가 어떻게 변할까요?
나: ____________________

❸ 가: 한국어 실력을 늘리기 위해서 뭐가 가장 중요할까요?
나: ____________________

❹ 가: 서울의 교통 문제를 해결하려면 어떻게 해야 한다고 생각합니까?
나: ____________________

❺ 가: 수업을 한 시간 일찍 시작하는 것에 대해서 어떻게 생각합니까?
나: ____________________

❻ 가: 쉬는 시간에 학교 식당에 학생들이 너무 많은데 어떻게 하면 좋을까요?
나: ____________________

❼ 가: 초등학교의 시험을 없애는 것에 대해서 어떻게 생각합니까?
나: ____________________

❽ 가: 유치원 때부터 외국어 공부를 시작하는 것에 대해서 어떻게 생각합니까?
나: ____________________

문법 2 —어야지요

동사나 형용사의 어간에 붙어서 상대방에게 어떤 행동을 부드럽게 시키거나 상대방이 하지 않은 일에 대해 부드럽게 충고할 때 쓰인다.

❶ 아무리 피곤해도 씻고 자야지요.
❷ 담배는 밖에 나가서 피워야지.
❸ 유학을 가려면 언어부터 배워야지요.
❹ 친구에게는 거짓말을 하지 말아야지요.

01. 알맞은 말을 골라서 보기 와 같이 쓰십시오.

청소를 자주 한다.
열심히 운동한다.
자주 전화를 드린다.
미리 전화를 한다.
호텔을 빨리 예약한다.
먼저 운전면허를 딴다.
우선 발음 연습부터 한다.
영어 공부부터 열심히 한다.
외국어 공부도 열심히 하고 성실히 일한다.

보기 살을 빼고 싶으면 열심히 운동해야지요.

❶ 미국 회사에서 일하려면 ____________________
❷ 빨리 승진하고 싶으면 ____________________
❸ 말하기 실력을 늘리고 싶으면 ____________________
❹ 부모님이 걱정하시지 않게 ____________________
❺ 애완동물을 키우면 ____________________
❻ 자동차 여행을 하고 싶으면 ____________________
❼ 약속시간에 늦을 것 같으면 ____________________
❽ 요즘 휴가철이니까 여행을 하려면 ____________________

02. 다음 대화를 완성하십시오.

보기 가: 항상 쓰기 시험 점수만 나빠요.
나: 연습책으로 날마다 복습하고 숙제도 열심히 해야지요.

❶ 가: 술을 마시면 머리도 너무 아프고 속도 안 좋아요.
나: ______________________________

❷ 가: 지난주에 받은 월급을 거의 다 써 버렸어요.
나: ______________________________

❸ 가: 책을 한 달이나 지나서 반납해서 연체료를 3천원이나 냈어요.
나: ______________________________

❹ 가: 내일 2시 비행기인데 몇 시까지 공항에 가면 될까요?
나: ______________________________

❺ 가: 방 청소 문제 때문에 방 친구와 자주 싸워.
나: ______________________________

❻ 가: 주말에 여자 친구와 데이트를 하기로 했는데 식당 예약을 해야 할까?
나: ______________________________

❼ 가: 비가 오니까 밖으로 나가지 않고 출입문 근처에서 담배를 피워도 되지요?
나: ______________________________

❽ 가: 날씨가 너무 더워서 아무 운동도 못하고 있어요.
나: ______________________________

활동 다음 주제에 대해서 보기 와 같이 여러분의 생각을 말해 보십시오.

주제	토론 내용
시험	시험은 꼭 필요한 것일까요?
운동	운동을 자주 하는 것이 좋을까요?
컴퓨터 게임	컴퓨터 게임을 자주 하는 것이 괜찮을까요?
인스턴트식품	인스턴트식품을 자주 먹어도 괜찮을까요?
음주	음주는 꼭 필요한 것일까요?
흡연	흡연에 대해서 어떻게 생각합니까?

보기

가: 저는 시험은 없어지는 게 좋다고 봅니다. 공부는 스스로 하는 것이고 시험 때문에 어쩔 수 없이 하는 것은 공부가 아닙니다. 시험 때문에 스트레스를 받으면 공부가 싫어질 수도 있습니다. 공부는 스스로 즐겁게 해야지요.

나: 저는 그렇게 생각하지 않습니다. 시험은 꼭 필요한 것이라고 봅니다. 시험을 보면 자신의 부족한 부분을 알 수도 있고 배운 것을 오래 기억할 수 있다고 봅니다. 또 다른 친구들과 비교하면서 더 좋은 공부 방법이나 문제 해결 방법을 알 수 있다고 봅니다. 시험 때문에 받는 스트레스 정도는 스스로 잘 해결해야지요.

04 통장에 잔액이 있어야 카드를 쓸 수 있어요

학습목표 은행 이용 관련 어휘를 익혀서 활용할 수 있다.
'-는 편이다', '-어야' 표현을 익혀서 활용할 수 있다.

은행원 : 통장을 만드시려면 신분증 좀 보여 주세요. 카드도 같이 만드시겠어요? 요즘은 신용카드보다 체크카드를 많이 쓰는 편이에요. 현금 인출도 할 수 있고 물건 살 때도 편리하니까요. 그리고 통장에 잔액이 있어야 카드를 쓸 수 있으니까 신용카드보다 돈을 계획적으로 쓸 수 있어요.

웨 이 : 그래요? 그럼 저도 체크카드를 같이 만들어 주세요. 수수료는 없나요?

은행원 : 네, 서류에 제가 표시한 부분에만 내용을 적어 주세요.

새 어휘

통장	통장을 만들 때 서명을 해도 돼요. 통장을 보면 어디에서 카드를 사용했는지 알 수 있어요.
신용카드	직업이 없는 사람은 신용카드를 만들기가 어려워요. 요즘은 신용카드를 교통카드로 사용할 수 있어요.
체크카드	체크카드로 통장에 있는 돈도 찾을 수 있고 물건도 살 수 있어요. 통장에 돈이 없어서 체크카드를 사용할 수 없었다.
현금	시장에서 물건을 살 때 현금을 내면 물건 값을 조금 깎아 줄 때도 있어요. 지갑이 무거운 게 싫어서 현금을 조금만 가지고 다녀.
인출	현금이 없어서 은행에 가서 돈을 인출을 했어요. 현금카드가 없어도 체크카드로 돈을 인출할 수 있다.
잔액	동아리 회비 잔액이 얼마 남지 않아서 이번 행사를 할 수 없어. 통장에 돈이 얼마나 남아 있는지 잔액을 확인했어요.
계획적	이번 방학에는 계획적인 생활을 하기 위해서 생활 계획표를 만들었다. 그 도시는 계획적으로 만들어졌기 때문에 교통도 편리하다.
수수료	다른 은행에서 돈을 찾을 때에는 수수료를 내야 합니다. 다른 나라로 돈을 보낼 때에는 수수료가 비싸요.
표시	잘 모르는 단어는 빨간색으로 표시를 해 놓으세요. 세계지도에 내가 여행한 나라들을 표시했어.

01. 빈칸에 알맞은 말을 쓰십시오.

보기 체크카드는 ~~은/는~~ 통장에 남은 금액만큼 돈을 사용할 수 있는 카드입니다.

❶ 틀린 문제는 다시 봐야 하니까 ____________ 을/를 해 놓으세요.

❷ 카드 결제일 전에 통장에 남은 ____________ 을/를 확인하세요.

❸ 대부분의 은행은 주말에 ____________ 을/를 하면 수수료를 내야 해요.

❹ ____________ 을/를 만들 때 현금카드도 같이 만들어서 사용해요.

02. 빈칸에 알맞은 말을 쓰십시오.

오늘 원피스를 사러 백화점에 갔는데 세일 기간이어서 싼 가격에 팔고 있었다. 마음에 드는 것을 하나 골라서 계산을 하려고 **보기** 체크카드를 을/를 냈다. 그런데 점원이 이 카드에 ❶ ________ 이/가 모자라서 사용할 수 없다고 했다. 정말 마음에 드는 원피스였는데 사지 않으면 후회가 될 것 같았다. 내가 실망한 표정을 하고 있으니까 친구가 돈을 빌려주겠다고 했다. 친구도 그때는 ❷ ________ 이/가 없어서 돈을 ❸ ________ 하러 같이 가까운 은행에 다녀왔다. 그곳은 친구가 이용하는 은행이 아니어서 돈을 찾을 때 ❹ ________ 을/를 조금 내야 했다. 친구에게 참 고맙고 미안했다. 친구에게 빌린 돈을 돌려줄 때 고마운 마음을 담아서 작은 선물도 줘야겠다.

주제 어휘

은행 이용	• 번호표를 뽑다	• 현금 자동 인출기(ATM)	• 적금	• 돈을 찾다
	• 창구	• 스마트폰뱅킹		

01. 빈칸에 알맞은 말을 쓰십시오.

보기 우체국에 갔는데 사람이 너무 많아서 번호표를 뽑고 기다렸다.

❶ 기숙사 1층에 ____________ 이/가 있어서 은행까지 가지 않아도 되니까 편해.

❷ 요즘은 은행에 직접 가지 않고 집에서 ____________ 을/를 사용해서 일을 처리하는 사람들이 많이 늘고 있다.

❸ 3년 후에 유럽 여행을 가기 위해서 한 달에 10만 원씩 넣는 ____________ 을/를 들었어요.

❹ 내 순서가 되어서 ____________ 으로/로 갔다.

02. 빈칸에 알맞은 말을 쓰십시오.

학교 안에 있는 은행에는 점심시간이 되면 기다리는 사람이 정말 많아진다. 보기 번호표를 뽑고 의자에 앉아서 잡지도 보고 음악도 듣고 핸드폰 게임을 하면서 30~40분 정도를 기다린 적도 있다. 그냥 간단히 ❶ ________는/은/ㄴ 일이면 ❷ ________을/를 이용하면 되겠지만 ❸ ________으로/로 가서 은행원을 만나서 해야 하는 일이 있을 때에는 꼭 기다려야 한다. 지난주에 은행에 갔을 때 너무 오래 기다려야 해서 불편하다고 이야기하니까 은행원이 스마트폰으로 은행 일을 할 수 있는 ❹ ________을/를 알려 주었다. 집에 와서 스마트폰으로 이것저것 눌러 보니까 내가 가지고 있는 통장에 있는 잔액도 모두 확인할 수 있고 간단한 은행 일도 다 할 수 있어서 정말 편리했다. 다른 친구들에게도 알려 줘야겠다.

문법 1 -는 편이다

동사나 형용사의 어간에 붙어서 어느 한 쪽에 가깝다는 의미를 나타낸다. 동사 어간에는 '-는 편이다', 형용사 어간에 받침이 있으면 '-은 편이다', 받침이 없으면 '-ㄴ 편이다', 명사에는 '인 편이다'를 쓰고 이미 끝난 일에 대해서는 '-은/ㄴ 편이다'를 쓴다.

❶ 동창들과 1년에 네 번쯤 보니까 자주 만나는 편이에요.
❷ 키가 180cm이니까 큰 편이에요.
❸ 내 동생은 성격이 내성적인 편이에요.
❹ 시험 점수가 85점이니까 시험을 잘 본 편이에요.

01. 다음 표를 보고 보기 와 같이 쓰십시오.

	보통 남학생들	웨이
보기 한 달 용돈	40만원	50만원
❶ 수업 후 공부 시간	하루에 네 시간	하루에 두 시간
❷ 운동 횟수	일주일에 두 번	일주일에 네 번
❸ 데이트 횟수	일주일에 세 번	일주일에 한 번
❹ 학교에서 집까지 걸리는 시간	30분쯤	20분쯤
❺ 키	180cm	173cm
❻ 몸무게	75kg	80kg
❼ 고향에 가는 횟수	세 달에 한 번	6개월에 한 번
❽ 영화 보는 횟수	한 달에 두 번	한 달에 네 번

보기 웨이 씨는 용돈을 한 달에 50만원 쓰니까 많이 쓰는 편이에요.

❶ 웨이 씨는 수업이 끝나고 하루에 2시간 공부하니까 ____________

❷ 웨이 씨는 일주일에 4번 운동하니까 ____________

❸ 웨이 씨는 ____________

❹ 웨이 씨는 ____________

❺ 웨이 씨는 ____________

❻ 웨이 씨는 ____________

❼ 웨이 씨는 ____________

❽ 웨이 씨는 ____________

02. 다음 대화를 완성하십시오.

보기 가: 박물관에 자주 가세요?
나: 네, 집에서 가깝고 역사 공부를 좋아해서 자주 가는 편이에요.

❶ 가: 야근을 자주 하세요?
나: ____________

❷ 가: 커피를 많이 드시는 것 같아요.
나: ____________

❸ 가: 책을 참 많이 읽는구나.
나: ____________

❹ 가: 노트북 수리비가 많이 나왔어?
나: ____________

❺ 가: 요즘 과일 값은 어때요?
나: ____________

❻ 가: 새로운 룸메이트 성격은 어때?
나: ____________

❼ 가: 영수 씨는 감기에 자주 걸리는 것 같아요.
나: ____________

❽ 가: 매운 음식을 정말 좋아하시나 봐요.
나: ____________

문법 2 -어야

동사나 형용사의 어간에 붙어서 후행절을 위해서 선행절의 기준이나 조건이 꼭 필요함을 나타낸다.

❶ 95점 이상 받아야 장학금을 받을 수 있어요.
❷ 재학증명서가 있어야 비자 연장을 할 수 있습니다.
❸ 버튼을 눌러야 물이 나와요.
❹ 인기가 많은 공연이어서 예매를 해야 볼 수 있어요.

01. 보기 와 같이 쓰십시오.

보기 술집에 가려면 20살 이상이 되어야 해요.
➡ 20살 이상이 되어야 술집에 갈 수 있어요.

❶ 한국말을 잘 하려면 연습을 많이 해야 해요.
➡ ______________________

❷ 운전을 하려면 운전 면허증이 있어야 해요.
➡ ______________________

❸ 비행기를 타려면 두 시간 전에 공항에 도착해야 해요.
➡ ______________________

❹ 서비스를 받으려면 먼저 신청서를 써야 합니다.
➡ ______________________

❺ 자료를 대출하려면 학생증이 있어야 합니다.
➡ ______________________

❻ 다음 학기 수업을 들으려면 오늘까지 등록해야 합니다.
➡ ______________________

❼ 수영장에 들어가려면 수영 모자를 써야 해요.
➡ ______________________

❽ 일찍 퇴근하려면 이 일을 끝내야 해요.
➡ ______________________

02. 다음 대화를 완성하십시오.

병원 접수 창구에서

직원: 어떻게 오셨습니까?
리에: 김 박사님께 진료를 받고 싶은데요.
직원: 예약을 하셨습니까? 김 박사님을 찾는 환자가 많아서 보기 예약을 해야 바로 진료를 받으실 수 있습니다.
리에: 그래요? 오늘은 예약을 못하고 왔어요.
직원: 그럼 오늘은 좀 오래 기다리셔야 합니다.
리에: 네, 알겠습니다.

진료실에서

의사: 어디가 불편하신가요?
리에: 감기에 걸린 지 좀 오래 되었는데 요즘 과로를 해서 그런지 잘 낫지 않아요.
의사: ❶ ______________________ 어야/아야/여야 빨리 나을 수 있어요.
리에: 요즘 일이 너무 많아서요. 저는 감기에 자주 걸리는 편인데 어떻게 하는 게 좋을까요?
의사: ❷ ______________________. 좋아하는 운동을 자주 해 보세요.
리에: 네, 그리고 제가 일본어 선생님이어서 말을 많이 해서 목이 자주 쉬어요.
의사: ❸ ______________________. 커피는 목을 건조하게 하니까 자주 드시지 마세요.
리에: 그렇군요. 제가 커피를 자주 마셔서 더 자주 쉬었나 봐요.
의사: 오늘은 주사를 맞으시고 집에 가서 푹 쉬세요.
리에: 꼭 주사를 맞아야 하나요? 저는 주사가 싫은데요.
의사: ❹ ______________________. 싫어도 꼭 맞고 가세요.
리에: 네, 알겠습니다. 그리고 저는 약을 먹으면 속이 쓰릴 때도 있는데요.
의사: 약을 먹을 때 ❺ ______________________. 약을 드실 때 물을 꼭 충분히 드세요. 그리고 증세가 나아지지 않으면 이틀 후에 다시 오세요.
리에: 네, 알겠습니다. 감사합니다.

진료실에서 나와서

직원: 오늘 진료비는 30,000입니다.
리에: 30,000원이요? 너무 비싼데요.
직원: ❻ ______________________. 건강보험이 없으면 할인이 안 돼요. 출입국관리사무소에 전화를 해서 물어보세요. 자세히 알려줄 거예요.
리에: 네, 감사합니다. 안녕히 계세요.
직원: 어? 이 처방전을 가지고 가세요. ❼ ______________________
리에: 아! 네, 깜빡했어요. 감사합니다.
그런데 ❽ ______________________
직원: 아니요, 아무 약국에서나 약을 살 수 있으니까 처방전을 가지고 가 보세요.

활동 여러분의 생활 습관을 보기 와 같이 말해 보십시오.

	필요 조건	결과	다른 사람과 비교했을 때
식사량	삼겹살을 3인분 정도 먹는다.	배가 부르다.	많이 먹는다.
자는 시간	8시간 정도 잔다.	피곤이 풀린다.	많이 잔다.
마시는 커피의 양	5잔쯤 마신다.	일에 잘 집중할 수 있다.	많이 마신다.

보기 저는 혼자서 삼겹살을 3인분 정도 먹어야 배가 부르니까 많이 먹는 편이에요.

제9과 취미

01 정보 공유는 물론 다양한 문화도 체험할 수 있어요

02 어렸을 때부터 독서를 좋아했거든

03 댄스스포츠를 하면 모든 일에 자신감도 생긴대요

04 다른 사람이 봉사하는 걸 보기만 했어요

01 정보 공유는 물론 다양한 문화도 체험할 수 있어요

학습목표 동아리 관련 어휘를 익혀서 활용할 수 있다.
'-네요', '는 물론' 표현을 익혀서 활용할 수 있다.

웨이 : 학생회관 앞에서 동아리 가입 안내를 하던데 어느 동아리에 들어야 할지 결정하기가 쉽지 않네요.

영수 : 전 여행을 좋아해서 여행 동아리에 가입했어요. 여행지에 대한 정보 공유는 물론 친구들과 함께 다양한 문화도 체험할 수 있어서 좋아요.

새 어휘

가입	동아리에 가입을 하려면 이 신청서를 작성해 주세요. 운전을 하는 사람은 반드시 자동차 보험에 가입을 해야 합니다.
결정하다	어느 제품을 살지 결정하셨습니까? 대통령 선거에서 누구를 뽑을지 아직 결정하지 못했어요.
여행지	한국에서는 제주도가 신혼여행지로 인기가 많아요. 하이난 섬은 중국의 대표적인 여행지예요.
다양하다	가을이 되면 전국 각지에서 다양한 축제가 열려요. 저희 매장에 다양한 전자제품이 전시되어 있으니까 꼭 들러 주십시오.
체험하다	배낭여행을 하면서 세계 여러 나라의 다양한 문화를 체험했습니다. 템플스테이는 절에서 스님들의 생활을 체험하는 프로그램이에요.

01. 빈칸에 알맞은 말을 쓰십시오.

보기 유제품 매장에는 다양한 ~~은/ㄴ~~ 종류의 치즈가 준비되어 있습니다.

❶ 도서관 홈페이지에 회원으로 ________ 을/를 하려면 학번이 필요해요.

❷ ________ 은/는 보통 물가가 비싸요.

❸ 요즘 여러 가지 직업을 ________ 어/아/여 볼 수 있는 시설들이 생겼어요.

❹ 유학을 가서 공부할 학교를 ________ 었어요/았어요/였어요?

02. 빈칸에 알맞은 말을 쓰십시오.

사람들은 나를 얼리어답터라고 부른다. 신제품이 나오면 다른 사람들보다 먼저 구입해서 보기 체험해 ~~어/아/여~~ 보고 소감을 인터넷 카페에 올린다. ❶ ________ 는/은/ㄴ 제품을 사용해 보고 솔직하게 소감을 써서 올리기 때문에 내 카페에 ❷ ________ 는/은/ㄴ 사람들은 나의 사용 후기를 보고 어떤 제품을 살지 ❸ ________ 기도 한다. 가끔 ❹ ________ 에 직접 가서 여행 상품을 경험해 보고 여행 후기를 올리기도 한다.

주제 어휘

자기소개	• 지원하다	• 가입하다	• 탈퇴하다
	• 신입 회원	• 활동	• 오디션을 보다

01. 빈칸에 알맞은 말을 쓰십시오.

보기 모임에서 하는 것 (활동)

❶ 모임에 들어갑니다 (   )

❷ 모임에서 나갑니다 (   )

❸ 모임에 새로 들어온 사람 (   )

❹ 회원이 되기 위해서 시험을 봅니다 (   )

02. 빈칸에 알맞은 말을 쓰십시오.

합창 동아리 보기 신입 회원을 을/를 모집합니다.

우리 동아리는 따뜻한 사랑을 노래로 전하는 합창 동아리입니다. 함께 노래를 부를 새 가족을 찾고 있습니다. 저희 동아리에 ❶ ________ 고 싶으신 분은 이메일로 ❷ ________ 어/아/여 주십시오. 간단한 ❸ ________ 은/ㄴ 후에 합격하신 분은 회원들과 함께 연습도 하고 발표회도 합니다. 합창 동아리 ❹ ________ 을/를 하고 싶은 분들의 연락을 기다리겠습니다.

문법 1 -네요

동사나 형용사의 어간에 붙어서 듣거나 보고 새로운 사실을 알게 됐을 때 쓰인다. '-었네요', '-겠네요'도 쓸 수 있다.

❶ 주말인데도 도서관에 사람이 많네요.
❷ 외국분인데 매운 음식을 아주 잘 드시네요.
❸ 아직 9시밖에 안 됐는데 가게 문을 벌써 닫았네요.
❹ 1시간 전에 떠났으면 곧 도착하겠네요.

01. **마이클이 여러분을 초대했습니다. 마이클의 집과 가족들을 보고 마이클에게 말하는 것을 보기 와 같이 쓰십시오.**

> 보기 집이 큽니다. ➡ 마이클 씨, 집이 크네요.

❶ 거실에 걸려 있는 그림이 멋있습니다.
➡ ______________________

❷ 정원이 아름답습니다.
➡ ______________________

❸ 아버지께서 친절하십니다.
➡ ______________________

❹ 어머니께서 미인이십니다.
➡ ______________________

❺ 어머니께서 요리를 잘 하십니다.
➡ ______________________

❻ 어머니께서 음식을 많이 준비하셨습니다.
➡ ______________________

❼ 남동생이 노래를 잘 부릅니다.
➡ ______________________

❽ 여동생이 예쁩니다.
➡ ______________________

02. 다음 대화를 완성하십시오.

안내원: 김치 박물관을 찾아 주셔서 감사합니다. 한국의 김치에 대해 소개해 드리겠습니다. 김치를 먹기 시작한 것은 약 2000년 전부터입니다.

학생 1: 보기 김치의 역사가 아주 오래 되었네요.

안내원: 그렇지요? 그리고 배추, 무, 오이, 호박 등 김치의 종류가 백 가지가 넘습니다.

학생 2: ❶ ____________________

안내원: 배추김치를 만들 때 배추와 여러 가지 양념이 필요합니다. 파, 생강, 마늘, 고춧가루, 새우젓, 설탕, 소금 등이 양념으로 들어갑니다.

학생 3: ❷ ____________________

안내원: 배추에 소금을 뿌린 후 12시간 정도 둬서 배추가 부드러워지게 만듭니다.

학생 4: ❸ ____________________

안내원: 김치를 꾸준히 드시면 소화가 잘 되고 암을 예방해 줍니다.

학생 5: ❹ ____________________

안내원: 그리고 변비도 해결해 주고 다이어트에도 효과가 있습니다.

학생 6: 저도 앞으로 ❺ ____________________

안내원: 옛날에는 김치를 오랫동안 신선하게 먹기 위해서 김칫독을 땅 속에 묻었어요. 그러면 온도가 변하지 않아서 김치 맛이 변하지 않아요.

학생 7: ❻ ____________________

안내원: 이것은 새로 담근 김장 김치예요. 한번 맛을 보세요.

학생 8: 저는 매운 음식을 잘 못 먹어요. 김치가 ❼ ____________________

안내원: 그러면 김치를 돼지고기와 함께 드세요.

학생 8: ❽ ____________________

문법 2 는 물론

명사에 붙어서 앞에 있는 명사는 말할 필요도 없고 뒤에 있는 명사도 역시 그러함을 나타낸다. 받침이 있는 명사에는 '은 물론', 받침이 없는 명사에는 '는 물론'을 쓴다.

❶ 마이클 씨는 한국말은 물론 중국어도 유창하게 말할 수 있어요.
❷ 전통 시장에서 음식 재료는 물론 생활필수품도 싸게 살 수 있어요.
❸ 비틀즈의 노래는 유럽에서는 물론 아시아에서도 인기가 많아요.
❹ 일이 많을 때는 토요일에는 물론 일요일에도 회사에 출근해야 해요.

01. 보기 와 같이 쓰십시오.

어른/아이	자전거/오토바이	토요일/일요일	국내 여행/해외 여행	낮/밤
숙제/시험	동물/사람	학비/생활비	평소/시험 기간	

보기 가: 한국 사람들은 된장찌개를 좋아하지요?
나: 네, 어른은 물론 아이들도 된장찌개를 좋아해요.

❶ 가: 전 세계가 환경오염이 심해서 걱정이에요.
나: 맞아요. 환경오염이 심해지면 ____________________

❷ 가: 학생 여러분, 이 세상에서 숙제가 없어지면 좋겠지요?
나: 네, ____________________

❸ 가: 아버지께서 많이 바쁘세요?
나: 네, ____________________

❹ 가: 저희 아이가 컴퓨터 게임을 너무 많이 해요.
나: 저희 아이도 ____________________

❺ 가: 부모님께서 학비를 보내 주세요?
나: 네, ____________________

❻ 가: 자전거를 잘 타시네요.
나: 네, ____________________

❼ 가: 웨이 씨는 여행을 좋아하시나 봐요.
나: 네, ____________________

❽ 가: 시험이 며칠 안 남았는데 웨이 씨는 준비를 안 하는 것 같아요.
나: 맞아요. ____________________

02. 다음 대화를 완성하십시오.

보기 가: 중국 사람들은 만두를 좋아하지요?
나: 네, 어른은 물론 아이들도 만두를 좋아해요.

❶ 가: 집 근처에 마트가 있습니까?
나: 네, ______________________________도 있어서 아주 편리해요.

❷ 가: 이 DVD는 한국어 자막이 있습니까?
나: ______________________________

❸ 가: 캠핑카 안에 부엌이 있어요?
나: ______________________________

❹ 가: 웨이 씨는 가수처럼 노래를 잘 한다지요?
나: ______________________________

❺ 가: '해리포터'는 아이들이 좋아하는 영화지요?
나: ______________________________

❻ 가: 대학에 입학하려면 한국어 성적이 중요하지요?
나: ______________________________

❼ 가: 마이클 씨가 스키를 아주 잘 타시네요.
나: ______________________________

❽ 가: 요즘 한류스타들이 아시아에서 인기가 있다고 들었어요.
나: ______________________________

활동 여러분은 어떤 동아리를 만들고 싶습니까? 여러분이 만들고 싶은 동아리에 대해서 설명하고 보기 와 같이 대화를 만들어 보십시오.

내가 만들고 싶은 동아리	동아리의 특징
봉사 동아리	사정이 어려운 학생들을 위해 외국어를 가르쳐 주는 동아리. 학생들의 고민도 상담해 줌.
댄스 동아리	한국의 K-pop 댄스도 배우고 세계의 유명한 가수들의 춤도 배우고 연습함.
여행 동아리	

보기 가: 저는 봉사 동아리를 만들고 싶어요. 사정이 어려운 학생들을 위해서 외국어 학습은 물론 고민 상담도 해 주고 싶어요.

나: 어려운 학생들을 위해 꼭 필요한 동아리네요. 그 동아리 덕분에 학생들이 희망을 가지고 더 열심히 공부하겠네요.

02 어렸을 때부터 독서를 좋아했거든

학습목표 취미 생활 관련 어휘를 익혀서 활용할 수 있다.
'-거든요', '이라도' 표현을 익혀서 활용할 수 있다.

영수 : 선배님은 공강 시간에 주로 뭐 하세요?
민철 : 나는 틈틈이 책을 읽는 게 습관이 됐어. 어렸을 때부터 독서를 좋아했거든. 독서를 하면 여러 가지를 간접적으로 경험을 할 수 있고 글쓰기에도 도움을 받을 수 있어서 좋아. 그래서 한 달에 한 권이라도 읽으려고 노력하고 있어.

새 어휘

공강	화요일에는 공강 시간이 없어서 피곤해요. 공강 시간에 캠퍼스에 앉아서 친구와 대화를 나누는 것이 나의 즐거움이다.
주로	우리 학교 근처의 원룸에는 주로 대학생들이 많이 살아요. 저는 고기를 안 좋아해서 주로 채소를 가지고 요리를 해요.
틈틈이	바쁘지만 틈틈이 운동을 하려고 해요. 남자 친구한테 선물하려고 틈틈이 스웨터를 짜고 있어요.
습관	나쁜 습관을 빨리 고치도록 하세요. 저는 식사 후에 커피를 마시는 습관이 있어요.
간접적	담배를 피우는 사람은 다른 사람에게 간접적인 피해를 줍니다. 어느 회사가 제품을 팔아서 번 돈으로 기부를 한다면 우리는 그 회사의 물건을 사 줘서 간접적으로 기부할 수 있다.
글쓰기	해마다 한글날에 외국인 글쓰기 대회가 열려요. 글쓰기를 잘 하려면 독서를 많이 해야 해요.
노력하다	아무리 노력해도 시험 성적이 안 올라요. 열심히 노력해서 결국 올림픽에서 금메달을 땄다.

01. 빈칸에 알맞은 말을 쓰십시오.

보기 노력하면 으면/면 좋은 결과를 얻을 수 있을 거예요.

❶ __________ 시간을 이용해서 체육관에서 운동을 한다.

❷ 작가가 되고 싶어서 __________ 연습을 하고 있어요.

❸ 우리 가게를 이용하는 손님은 __________ 회사원들이다.

❹ __________ 으로/로 거절할 수 있는 방법을 알려 주세요.

02. 빈칸에 알맞은 말을 쓰십시오.

나는 요즘 취직을 하기 위해서 **보기** 틈틈이 영어 공부를 하려고 ❶ ________ 고 있다. ❷ ________ 지하철을 탈 때나 ❸ ________ 시간에 단어도 외우고 회화 MP3도 듣는다. 이렇게 시간을 아껴서 쓰니까 하루가 더 길어지는 것 같아서 좋다. 앞으로도 계속 이런 ❹ ________ 을/를 유지하도록 해야겠다.

주제 어휘

취미 생활	• 독서	• 수집	• 감상	• 악기 연주	• 학원 수강	• 사진 촬영

01. 빈칸에 알맞은 말을 쓰십시오.

보기 사진을 찍습니다. (사진 촬영)

❶ 전시회에 갑니다. ( )

❷ 바이올린을 켭니다. ( )

❸ 요리를 배웁니다. ( )

❹ 우표를 모읍니다. ( )

02. 빈칸에 알맞은 말을 쓰십시오.

대학신문에서 남자 대학생 2천5백 명에게 취미 생활에 대해서 물어 봤다. 취미가 인터넷이라고 대답한 학생이 23%로 제일 많았고 그 다음으로는 21%의 학생들이 운동이라고 답했다. 그 다음으로 음악과 영화 보기 감상이라고 ~~이라고/라고~~ 대답한 학생이 각각 15%였다. 음악을 듣기만 하지 않고 직접 ❶ ________ 을/를 한다고 하는 학생도 있었다. 이보다 조금 적은 14%는 ❷ ________ 을/를 한다고 대답했는데 옛날에 비해서 책을 많이 읽지 않는 것을 알 수 있다. 그 밖에 취직을 위해서 ❸ ________ 을/를 하거나 좋아하는 물건을 ❹ ________ 한다고 대답한 학생도 있었다.

문법 1 -거든요

동사나 형용사의 어간에 붙어서 앞에 말한 내용에 대한 이유를 설명할 때 쓰이며 구어체에서 많이 사용한다. '-었거든요', '-을/ㄹ 거거든요'도 쓸 수 있다.

❶ 제가 내일 제시간에 도착할 수 있을지 모르겠어요. 회사일이 늦게 끝나거든요.

❷ 음식을 넉넉하게 준비해 주세요. 손님이 많이 오거든요.

❸ 가: 요즘 동호회에 왜 잘 안 나오세요?
나: 제가 요즘 유학 준비를 하느라고 바쁘거든요.

❹ 가: 모두들 공연을 보러 가는데 안 가?
나: 나는 안 갈 거야. 벌써 봤거든.

01. 알맞은 말을 골라서 보기 와 같이 쓰십시오.

배탈이 났다.	성격이 명랑하다.
할인 행사가 있다.	내가 약속을 어겼다.
오해가 풀렸다.	그렇지 않으면 기차를 놓친다.
시설이 좋다.	보고서를 오늘까지 끝내야 한다.
표정이 무뚝뚝해 보인다.	

보기 저는 차가운 음식을 먹으면 안 돼요. 배탈이 났거든요.

❶ 오늘 저는 같이 놀러 갈 수 없어요. ____________________

❷ 서둘러야 해요. ____________________

❸ 두 사람은 사이가 좋아졌어요. ____________________

❹ 사람들이 제 친구한테 쉽게 말을 못 걸어요. ____________________

❺ 제가 살고 있는 집은 월세가 비싸요. ____________________

❻ 오늘 연세 마트에 꼭 가야 해요. ____________________

❼ 친구가 나한테 화가 많이 난 것 같아요. ____________________

❽ 제 동생은 친구들한테 인기가 많아요. ____________________

02. 다음 대화를 완성하십시오.

보기 가: 늘 연세 미용실에서 머리를 하시네요.
나: 네, 서비스가 좋거든요.

❶ 가: 내일 나하고 기숙사 신청하러 같이 갈래?
나: 내일은 못 갈 것 같아. ______________________

❷ 가: 뒤풀이는 맥주집에서 하면 좋겠는데 어디가 좋을까?
나: 학교 앞에 있는 '파이팅'에서 해. ______________________

❸ 가: 미선이가 요즘 어떻게 지내는지 알아?
나: 아니, 잘 몰라. ______________________

❹ 가: 오늘 안색이 안 좋은데 어디 아프니?
나: ______________________

❺ 가: 오늘 기분이 좋아 보이네요.
나: ______________________

❻ 가: 테니스 실력이 아주 뛰어나시네요.
나: ______________________

❼ 가: 마이클 씨는 한국 사람처럼 발음이 좋네요.
나: ______________________

❽ 가: 지하철 분실물 센터에는 왜 가세요?
나: ______________________

문법 2 이라도

명사에 붙어서 제일 좋은 것은 아니지만 다음으로 괜찮다는 것을 표현할 때 쓰인다. 받침이 있는 명사에는 '이라도', 받침이 없는 명사에는 '라도'를 쓴다.

❶ 도장이 없으면 사인이라도 하세요.
❷ 오렌지 주스는 없는데 물이라도 드릴까요?
❸ 해외여행을 가고 싶지만 국내 여행이라도 했으면 좋겠다.
❹ 볼펜이 없으면 연필로라도 쓰세요.

01. 다음을 보고 **보기** 와 같이 쓰십시오.

제일 좋은 것	그 다음으로 괜찮은 것
에어컨	선풍기
5만 원	3만 원
여자친구	여동생
생일 선물	축하 전화
취직	아르바이트
밥	라면
도서관	집
소고기	돼지고기
전화번호	이메일 주소

보기 에어컨이 비싸면 선풍기라도 사세요.

❶ 5만 원을 빌려줄 수 없으면 ______________________

❷ 여자 친구를 파티에 데리고 올 수 없으면 ______________________

❸ 생일 선물을 주지 못하면 ______________________

❹ 취직하기가 어려우면 ______________________

❺ 밥이 없으면 ______________________

❻ 도서관에 자리가 없어서 공부를 못하면 ______________________

❼ 소고기가 비싸면 ______________________

❽ 전화가 없으면 ______________________

02. 다음 대화를 완성하십시오.

보기 가: 이제 곧 회의가 시작될 텐데 아침을 못 먹어서 배가 고프네요.
나: 그럼 빵이라도 드세요.

❶ 가: 음악회에 가면 연주자의 사인을 받을 수 있을까?
나: 사인을 받기가 어려우면 ____________________

❷ 가: 이사를 해야 하는데 도와줄 사람이 없네요.
나: 그럼 ____________________

❸ 가: 지금 따뜻한 물은 없어요.
나: ____________________

❹ 가: 감기 증세가 좀 있는데 병원에 갈 시간이 없네요.
나: ____________________

❺ 가: 기부하려면 한 10만 원은 해야 되지 않아?
나: ____________________

❻ 가: 이번 주에는 너무 바빠서 못 만날 것 같아.
나: ____________________

❼ 가: 나는 파란색 볼펜밖에 없는데 꼭 까만색 볼펜이 필요해?
나: ____________________

❽ 가: 운동을 해야 하는데 시간이 없네요.
나: ____________________

활동 여러분의 취미에 대해서 보기 와 같이 말해 보십시오.

취미가 무엇입니까?	
그 취미의 좋은 점은 무엇입니까?	
그 취미에 대해서 조금이라도 하는 것은 무엇입니까?	

보기 제 취미는 노래 부르기예요. 노래를 부르면 마음이 편안해지거든요. 제가 좋아하는 가수의 얼굴이라도 보려고 가끔 콘서트에 가요.

03 댄스스포츠를 하면 모든 일에 자신감도 생긴대요

학습목표 운동의 장점 관련 어휘를 익혀서 활용할 수 있다.
'-던데', '-는대요' 표현을 익혀서 활용할 수 있다.

민철 : 취미가 하나 있으면 여가를 잘 활용할 수 있을 것 같은데 뭐 활동적인 것이 없을까?
영수 : 댄스스포츠가 운동량이 많다고 하던데 한번 배워 보시지요. 그것을 하면 다양한 사람들과 인간관계도 쌓을 수 있고 모든 일에 자신감도 생긴대요. 학교 동아리에 가입하면 비용이 별로 많이 안 들 거예요.

새 어휘

여가	지금까지 너무 바빠서 여가 생활을 하지 못했다. 여가를 어떻게 보내야 할지 모르는 사람이 많다.
활동적	학교를 졸업하면 활동적인 직업을 찾아서 하고 싶어요. 저는 활동적인 편이어서 치마보다 바지를 많이 입어요.
댄스스포츠	댄스스포츠를 추고 있는 두 사람이 참 잘 어울려요. 댄스스포츠는 음악에 맞춰서 춤을 추니까 즐겁게 운동할 수 있다.
운동량	겨울철에는 평소보다 운동량을 좀 줄여야 한다. 아이들은 운동량이 부족하면 식욕이 떨어져서 편식을 하게 된다.
인간관계	우리는 인간관계 때문에 스트레스를 받을 때가 많다. 직장 생활을 잘 하기 위해서는 인간관계가 중요하다.
쌓다	해외여행을 하면 경험을 많이 쌓을 수 있다. 운동선수들은 연습도 많이 하고 경기에도 참가하면서 실력을 쌓아요.

01. 빈칸에 알맞은 말을 쓰십시오.

보기 독서를 많이 해서 지식을 쌓으려고 ~~으려고/려고~~ 노력했어요.

❶ 살을 더 빼려면 ____________ 을/를 늘려야 한다.

❷ 여행을 하면서 ____________ 을/를 즐기는 사람들이 많아졌다.

❸ 약속을 잘 지키는 사람들은 보통 ________ 이/가 좋다고 할 수 있다.

❹ 집에만 있지 말고 좀 더 ________ 인 취미생활을 하도록 해야겠다.

02. 빈칸에 알맞은 말을 쓰십시오.

요즘 사람들은 **보기** 운동량이 ~~이/가~~ 부족해서 문제이다. ❶ ________ 시간에 TV를 보거나 영화 감상을 하는 사람들이 대부분인데 바빠서 운동할 시간이 없고 운동을 귀찮게 생각해서 그럴 것이다. 이런 사람들은 쉽게 살이 찌게 되고 여러 가지 병에 걸릴 수 있기 때문에 생활습관을 바꿔야 한다. 건강을 위해서 ❷ ________ 이라든가/라든가 배드민턴이라든가 인라인 스케이트 같은 ❸ ________ 인 취미를 가지는 것은 어떨까? 이런 취미 생활을 다른 사람과 같이 하면 ❹ ________ 도 좋아질 것이다.

주제 어휘

운동의 장점	• 인간관계를 쌓다	• 체력을 기르다	• 피로를 풀다
	• 스트레스를 해소하다	• 성취감을 느끼다	

01. 빈칸에 알맞은 말을 쓰십시오.

보기 더 많은 사람들을 알게 되고 친해집니다. (인간관계를 쌓다)

❶ 피곤함이 없어집니다. (　　　)

❷ 더 튼튼해지고 힘이 강해집니다. (　　　)

❸ 긴장감이나 안 좋았던 기분이 없어집니다. (　　　)

❹ 자신이 어떤 것을 끝까지 해서 이루었다고 생각합니다. (　　　)

02. 빈칸에 알맞은 말을 쓰십시오.

조깅을 하면 좋은 점이 많다. 우선 몸이 약한 사람들은 **보기** 체력을 기를 ~~을/ㄹ~~ 수 있어서 좋고 ❶ ________ 어서/아서/여서 다음날 아침 일찍 일어날 수 있으니까 좋다. 그리고 조깅은 ❷ ________ 을/ㄹ 수 있는 좋은 방법이기 때문에 노래방에서 노래하는 것만큼 효과가 있다. 목표로 정한 거리를 끝까지 다 뛴 후에는 ❸ ________ 기도 한다. 그리고 동네에서 같이 조깅하는 사람들을 만나서 인사를 하면 ❹ ________ 을/ㄹ 수 있다.

문법 1 -던데

동사나 형용사의 어간에 붙어서 후행절의 내용을 말하기 위해서 자신이 이미 보거나 듣거나 느낀 것을 선행절에서 말할 때 쓰인다. 이미 끝난 일에 대해서는 '-었던데'를 쓴다.

❶ 미선이가 아까 너를 찾던데 만났어?
❷ 제임스가 언어 교환 친구를 구하던데 네가 한 명 소개해 줘.
❸ 웨이가 병원에 입원했다고 하던데 시간 있을 때 병문안을 갑시다.
❹ 학교 앞에 식당이 새로 생겼던데 우리 거기에 한번 가 봅시다.

01. 보기 와 같이 쓰십시오.

보기 서점에서 책을 싸게 파는 것을 봤다.
➡ 서점에서 책을 싸게 팔던데 나하고 같이 가 볼래?

❶ 도서관에 보고서 자료가 많은 것을 봤다.
______________________ 던데 거기에 한번 가 봐.

❷ 영수가 표정이 안 좋은 것을 봤다.
______________________ 던데 영수한테 무슨 일이 있는지 알아?

❸ 학교에 헬스클럽이 있는 것을 봤다.
______________________ 던데 같이 다닐래?

❹ 영화가 참 지루하다고 느꼈다.
______________________ 던데 보지 마세요.

❺ 민철이가 무역 회사에 취직한 것을 알았다.
______________________ 던데 알고 있었어?

❻ 에어컨이 고장 난 것을 봤다.
______________________ 던데 왜 수리를 안 하고 있어?

❼ 멀티미디어 센터에서 영화를 무료로 상영한다고 들었다.
______________________ 던데 같이 보러 가자.

❽ 철수가 인터넷 쇼핑몰에서 컴퓨터를 싸게 샀다고 들었다.
______________________ 던데 한번 알아보세요.

02. **다음은 친구에게 이벤트에 대한 정보를 알려 주는 대화입니다. 대화를 완성하십시오.**

가: 이번 주 일요일이 여자 친구와 사귄 지 100일이 되는 날인데 어떻게 보내야 할지 모르겠어.

나: 보기 이벤트를 해 주면 여자들이 감동하던데 이벤트를 한번 계획해 봐.

가: 그 날 어디에 같이 가는 게 좋을까?

나: ❶ ______________________ 던데 한강 공원에 한번 가 봐.

가: 한강 공원에 가면 보통 뭐 해?

나: ❷ ______________________ 던데 유람선을 같이 타 봐.

가: 어느 식당에서 저녁 식사를 하는 게 좋을까?

나: ❸ ______________________ 던데 거기에서 먹어.

가: 저녁 식사하고 나서 커피는 어디에서 마실까?

나: ❹ ______________________

가: 꽃도 선물해야 할 텐데 무슨 꽃을 주는 것이 좋을까?

나: ❺ ______________________

가: 커플링은 금반지로 사 줄까?

나: ❻ ______________________

가: 여자들에게 필요한 물건을 선물한다면 뭘로 해 주는 게 좋을까?

나: ❼ ______________________

가: 그 밖에 또 무슨 이벤트를 해 주면 좋아할까?

나: ❽ ______________________

가: 어휴, 왜 이런 것들을 다 남자가 준비해야 하지?

문법 2 -는대요

'-는다고 해요'의 줄임말로 동사나 형용사의 어간에 붙어서 들은 내용을 전할 때에 쓰인다. 동사 어간에 받침이 있으면 '-는대요', 받침이 없으면 '-ㄴ대요', 형용사에는 '-대요'를 쓴다. 받침이 있는 명사에는 '이래요', 받침이 없는 명사에는 '래요'를 쓰고 '-었대요', '-겠대요', '-을/ㄹ 거래요'도 쓸 수 있다. '-냬요, -래요, -재요'는 각각 '-냐고 해요, -라고 해요, -자고 해요'의 줄임말이다.

❶ 소포를 국제특급으로 보내면 이틀이 걸린대요.
❷ 교수님이 저에게 졸업하고 뭐 할 거냬요.
❸ 방 친구가 쓰레기봉투를 사 가지고 오래요.
❹ 과 친구들이 강화도로 엠티를 가재요.

01. **다음은 웨이와 밍밍의 대화입니다. 두 사람의 대화를 읽고 웨이와 미선의 대화를 완성하십시오.**

웨이: 밍밍, 너는 취미가 뭐야?
밍밍: 보기 내 취미는 요가야.
웨이: 요가를 한 지 오래 됐어?
밍밍: 응, ❶ 요가를 시작한 지 한 2년 됐어. 너는 ❷ 요가를 해 본 적이 없어?
웨이: 응, 없어. 그런데 요가를 얼마나 자주 해?
밍밍: ❸ 요즘은 시간이 없어서 일주일에 두 번 정도밖에 안 해.
웨이: 해 보니까 어때?
밍밍: ❹ 장점이 많아. ❺ 살도 많이 빠지고 스트레스도 풀려. ❻ 무료로 일일 체험을 할 수 있는 곳도 있으니까 한번 가 봐.
웨이: 혼자 가기는 좀 싫은데.
밍밍: 그럼 ❼ 내일 수업이 끝나고 같이 가자. ❽ 너도 요가를 마음에 들어할 거야.

미선: 밍밍하고 어제 무슨 이야기를 했어?
웨이: 취미에 대해서 얘기했는데 보기 밍밍의 취미가 요가래.
미선: 그래? 언제부터 시작했대?
웨이: ❶ ______________ 그리고 나한테 ❷ ______________
그래서 없다고 했어. 그리고 ❸ ______________
미선: 요가의 장점이 뭐래?
웨이: ❹ ______________ ❺ ______________
❻ ______________

미선: 그래서 간다고 했어?
웨이: 혼자 가기 싫다고 하니까 ❼ ____________________
❽ ____________________

02. 다음 대화를 완성하십시오.

보기 가: 우리 내일 여행을 떠나는데 일기예보를 봤어?
나: 아침에는 비가 좀 오는데 오후부터 갠대.

❶ 가: 약속시간에서 1시간이나 지났는데 민철 씨가 왜 안 오지요?
나: 제가 민철 씨에게 연락해 봤는데 ____________________

❷ 가: 교수님께 보고서를 언제까지 제출해야 하는지 여쭤 봤어?
나: 응, ____________________

❸ 가: 정희 씨에게 송별회에 올 수 있는지 없는지 물어봤어요?
나: 네, ____________________

❹ 가: 동아리 엠티는 어디로 가는지 정해졌어요?
나: 네, ____________________

❺ 가: 한국 사람들이 마이클 씨를 처음 만나면 뭐라고 물어봐요?
나: ____________________

❻ 가: 휴대전화를 수리 센터에 맡기니까 뭐라고 해요?
나: ____________________

❼ 가: 웨이가 어떻게 지내는지 궁금한데 들은 소식이 있어?
나: ____________________

❽ 가: 병원에 가니까 의사 선생님이 뭐라고 하세요?
나: ____________________

활동 여러분이 보거나 들은 정보를 알려주는 대화를 보기 와 같이 만들어 보십시오.

	직접 경험한 것	들은 정보
취미 생활	요즘 사람들이 우쿨렐레를 많이 친다.	크기가 작고 줄이 네 개라서 기타보다 배우기 쉽다.
쇼핑	동대문 시장에 가 봤는데 물건이 다양하고 쌌다.	거기에 편리한 시설들이 많이 생겼다.
맛집		
건강		

보기 가: 여가 시간에 취미생활을 하려고 하는데 뭘 하는 게 좋을까요?
나: 요즘 우쿨렐레를 많이 치던데 한번 배워 보세요. 크기가 작고 줄이 네 개라서 기타보다 배우기 쉽대요.

04 다른 사람이 봉사하는 걸 보기만 했어요

학습목표 봉사활동 관련 어휘를 익혀서 활용할 수 있다.
'-기만 하다', '-을 뿐이다' 표현을 익혀서 활용할 수 있다.

영수 : 웨이 씨, 봉사활동을 한다고 들었는데 사실이에요? 다른 사람이 봉사하는 걸 보기만 하고 실제로 해 본 적이 없는데 저도 참여할 수 있을까요?

웨이 : 그럼요. 마음만 먹으면 봉사할 수 있는 기회는 얼마든지 있어요. 저도 대단한 봉사를 하는 건 아니고 중국인 관광객의 통역을 좀 도와줄 뿐인데 고마워하는 분들을 보면 보람을 느껴요.

새 어휘

실제로	실제로 일어난 일을 소설로 썼어요. 내가 좋아하는 작가를 실제로 만날 수 있을 거라고는 상상도 하지 못했다.
참여하다	백화점에서 하는 이벤트에 참여해서 선물로 화장품을 받았어요. 다음 달에 글쓰기 대회가 열리니까 한 번 참여해 보세요.
마음먹다	어렸을 때 반드시 외교관이 되겠다고 마음먹었어요. 장학금을 받기로 마음먹고 열심히 공부했어요.
대단하다	이번 월드컵에 대한 국민들의 관심이 대단합니다. 대단한 선물도 아닌데 부모님은 선물을 받고 아주 기뻐하셨어요.
통역	몇 년 후에는 남한과 북한의 언어가 많이 달라져서 통역이 필요할 거예요. 요즘 휴대폰에는 간단한 말을 통역해 주는 기능이 있어요.
보람	열심히 공부했지만 노력한 보람도 없이 대학 입학시험에서 떨어지고 말았어요. 인생에서 보람 있는 일을 하고 싶어서 봉사활동을 시작했어요.

01. 빈칸에 알맞은 말을 쓰십시오.

보기 열심히 공부하는 학생은 학교 행사에도 열심히 참여해요 ~~어요/아요/여요~~.

❶ 저는 외국인 환자를 위해서 병원에서 영어 ________ 봉사를 하고 있어요.

❷ 비타민, 칼슘 같은 것을 먹고 있지만 ________ 효과가 있을지 모르겠어요.

❸ 저도 ________________고 공부하면 반에서 일등을 할 수 있어요.

❹ 집들이 음식을 혼자서 다 준비했다니 ________________는군요/군요.

02. 빈칸에 알맞은 말을 쓰십시오.

올 연말에는 그동안 해 보고 싶었던 봉사활동을 하기로 보기 마음먹었습니다 ~~었습니다/았습니다/였습니다~~. '사랑의 김장 나누기' 행사가 있다고 해서 ❶ ________ 었습니다/았습니다/였습니다. ❷ ________ 는/은/ㄴ 일을 한 것은 아니지만 내가 만든 김치를 받고 좋아하는 이웃들을 보고 ❸ ________ 을/를 느꼈습니다. 여러분도 봉사를 하고 싶다는 생각만 하고 있지요? ❹ ________ 한번 도전해 보세요!

주제 어휘

봉사활동	• 봉사 단체	• 자원 봉사	• 구호물품	• 노력 봉사
	• 재능 봉사	• 교육 봉사	• 의료 봉사	

01. 봉사활동을 추천해 주십시오.

보기 저는 영어를 잘 합니다. (교육 봉사)

❶ 저는 치과 의사인데 주말에 시간이 있습니다. (　　　　　　)

❷ 저는 청소와 요리를 좋아합니다. (　　　　　　)

❸ 저는 미용을 배워서 염색, 파마를 할 수 있어요. (　　　　　　)

❹ 저는 한국 전통 춤을 가르칠 수 있습니다. (　　　　　　)

02. 빈칸에 알맞은 말을 쓰십시오.

어려운 이웃을 도와주실 보기 자원 봉사자를 모집합니다.

저희는 전쟁이나 질병, 자연 재해 때문에 어려움을 겪는 어린이들을 돕기 위해서 만든 ❶ ____________ 입니다. 세계 여러 지역에서 모은 옷, 약, 음식 등의 ❷ ____________ 을/를 보내기도 하고 병원이 없거나 약이 모자라는 지역에 ❸ ____________ 을/를 가기도 합니다. 특별한 재능이 없어도 할 수 있는 ❹ ____________ 도 환영합니다. 함께 따뜻한 세상을 만듭시다!

문법 1 -기만 하다

동사의 어간에 붙어서 다른 행위는 하지 않고 한 가지 행위만 하는 것을 나타낼 때 쓰인다.

❶ 웨이 씨는 책을 사기만 하고 보지는 않아요.
❷ 요즘은 데우기만 하면 먹을 수 있는 즉석 식품이 잘 팔려요.
❸ 서류를 다 만들었으니까 팩스로 보내기만 하면 돼요.
❹ 말만 하고 행동을 하지 않는 사람은 믿지 마세요.

01. 알맞은 말을 골라서 보기 와 같이 쓰십시오.

내다	사다	쓰다	먹다	울다	받다	놀다	졸다	전화 드리다

보기 보고서를 다 썼으니까 이제 교수님께 내기만 하면 으면/면 돼.

❶ 아이가 밥도 안 먹고 ________________ 어요/아요/여요.

❷ 저희 남편의 취미가 책 수집인데 책을 ________________ 고 읽지는 않아요.

❸ 지방에 계신 부모님께 ________________ 고 자주 찾아뵙지는 못 해요.

❹ 우리 아이가 공부는 안 하고 ________________ 어서/아서/여서 걱정이에요.

❺ 운동은 안 하고 ________________ 어서/아서/여서 다시 살이 쪘어요.

❻ 늘 이렇게 도움을 ________________ 어서/아서/여서 어떻게 하지요?

❼ 상담을 받으려면 여기 있는 신청서를 ________________ 으면/면 됩니다.

❽ 어제 잠을 못 자서 강의 내내 ________________ 었어요/았어요/였어요.

02. 보기 와 같이 광고를 만드십시오.

먹으면 살이 빠지는 약	살이 쪄서 고민이세요? 걱정 마세요. 보기 먹기만 하면 ~~으면/면~~ 살이 빠지는 약이 있으니까요.
잠이 잘 오는 침대	❶ ______________으면/면 잠이 솔솔~ 여기에 여러분의 불면증을 해결해 줄 침대가 있습니다.
이름을 부르면 걸리는 전화기	전화기에 손을 댈 필요가 없어요. ❷ ______________ 으면/면 그 사람에게 전화가 걸려요.
주인이 오면 열리는 문	두 손에 짐이 가득~ ❸ ______________ 으면/면 문이 열려요.
기억력이 좋아지는 물약	자주 깜빡 잊어버리세요? ❹ ______________ 으면/면 기억력이 좋아집니다.
자동으로 물을 주는 화분	❺ ______________으세요/세요. 물은 화분이 알아서 주니까 신경을 안 써도 됩니다.
자동 주차 버튼이 있는 자동차	좁은 주차장에서 주차하기 힘드셨지요? ❻ ______________으면/면 알아서 주차해 주는 자동차가 나왔습니다.
머리카락이 많아지는 샴푸	머리카락이 자꾸 빠진다고요? 걱정 마세요. ❼ ______________어도/아도/여도 머리카락이 많아지는 샴푸가 있으니까요.
자동 요리 냄비	요리가 어려우세요? ❽ ______________으면/면 맛있는 음식이 금방 만들어져요. 참 쉽죠?

문법 2 -을 뿐이다

동사나 형용사의 어간에 붙어서 다른 행위나 상태는 없고 그 행위나 상태만 있거나 중요한 일이 아님을 나타낼 때 쓰인다. 어간에 받침이 있으면 '-을 뿐이다', 받침이 없으면 '-ㄹ 뿐이다'를 쓰고 이미 끝난 일에 대해서는 '-었을 뿐이다'를 쓴다.

❶ 가끔 물을 줄 뿐인데 화분의 꽃들이 잘 자라요.

❷ 가: 건강 검진 결과가 나왔어요?
나: 네, 혈압이 조금 높을 뿐이래요.

❸ 제임스는 제가 사귀는 사람이 아니고 회사 동료일 뿐이에요.

❹ 가: 정말 감사합니다.
나: 아닙니다. 저는 할 일을 했을 뿐입니다.

01. 알맞은 말을 골라서 보기 와 같이 대화를 완성하십시오.

• 가구를 바꿨다.	• 같은 반 친구이다.	• 취미로 가끔 그린다.
• 리모컨을 눌렀다.	• 머리가 조금 아프다.	• 수업만 열심히 듣는다.
• 농담을 했다.	• 해야 할 일을 했다.	• 비가 좀 내렸다.

보기 가: 집안 인테리어를 새로 했어요?
나: 아니요, 가구만 바꿨을 뿐인데 ~~는데/은데/ㄴ데~~ 집안 분위기가 달라 보이지요?

❶ 가: 네가 텔레비전을 고장 냈니?
나: 아니에요. 저는 ______________ 는데/은데/ㄴ데 소리만 나고 화면이 안 나와요.

❷ 가: 너 마이클 씨하고 사귄다던데 사실이야?
나: 아니야, 그냥 ______________ 어/아/여.

❸ 가: 그림을 잘 그리시네요. 그림을 전공하셨어요?
나: 아니에요. ______________ 어요/아요/여요.

❹ 가: 미선 씨, 몸이 안 좋은 것 같은데 대청소는 내일 할까요?
나: 오늘 해도 괜찮아요. ______________ 어요/아요/여요.

❺ 가: 이번 태풍 피해가 심한 것 같던데 네가 사는 곳은 어때?
나: 우리 동네는 괜찮아. ______________ 고 큰 문제는 없어.

❻ 가: 마리아 씨가 왜 저렇게 화가 났어요?
나: 제가 친해지려고 ____________________는데/은데/ㄴ데 저렇게 화를 내네요.

❼ 가: 시험 점수가 좋네요. 어떻게 공부해요?
나: ____어요/아요/여요.

❽ 가: 이렇게 도와 주셔서 감사합니다.
나: 뭘요. 제가 ________________________________습니다/ㅂ니다.

02. 다음 대화를 완성하십시오.

사회자: 오늘은 한국을 대표하는 배우 송태희 씨를 모시고 인터뷰를 하겠습니다. 지난번에 출연하신 영화에서 훌륭한 연기를 보여 주셨습니다.

송태희: 과찬이십니다. 그냥 **보기** 평소처럼 최선을 다했을 뿐입니다.

사회자: 요즘은 방송 출연을 안 하셔서 연기를 그만둔 것이 아니냐는 말들이 있습니다.

송태희: 그건 아니고 다음 작품을 위해서 ❶ ________________________. 연기를 그만둘 생각은 없습니다.

사회자: 오랜만에 뵈니까 얼굴이 많이 달라진 것 같습니다. 혹시 성형 수술이라도 하신 거 아닙니까?

송태희: 하하, ❷ ________________________

사회자: 그렇군요. 요즘 가수 왕지훈 씨와 함께 있는 모습을 봤다는 사람이 많습니다.

송태희: 왕지훈 씨와 저는 ❸ ________________________. 가끔 만나서 ❹ ________________________

사회자: 인터넷에 커플 옷을 입은 사진이 있었는데요.

송태희: 하하, 우연히 ❺ ________________________. 이제 다른 이야기를 하는 게 어때요?

사회자: 아, 네. ❻ ________________________. 기분이 나쁘셨다면 죄송합니다. 참, 얼마 전에 '착한시민상'을 받으셨지요? 소년소녀 가장을 10년 넘게 도와주셨지요? 대단하십니다.

송태희: 아닙니다. ❼ ________________________. 저를 좋게 봐 주셔서 ❽ ________________________

활동 여러분이 필요로 하는 제품의 광고를 보기 와 같이 만들어서 발표해 보십시오.

한국어로 말하면 원하는 언어로 통역하는 휴대폰	보기 휴대폰에 대고 한국어로 말했을 뿐인데 영어로 통역을 해 주네요. 무슨 언어든지 말하기만 하면 원하는 언어로 통역해 주는 휴대폰이 나왔습니다.
숫자를 말하면 자동으로 계산하는 계산기	

제 10 과

문화생활

01 내일 시간이 있거든 같이 가자

02 남자 주인공의 연기가 아주 인상적이던데요

03 프랑스 미술품 전시를 한다면서요?

04 아마 네가 하고 싶은 건 다 할 수 있을걸

01 내일 시간이 있거든 같이 가자

학습목표 콘서트 관련 어휘를 익혀서 활용할 수 있다.
'-을 뿐만 아니라', '-거든' 표현을 익혀서 활용할 수 있다.

미선 : 지난 주말에 간 콘서트는 어땠니? 기대를 많이 했잖아.
웨이 : 그저 그랬어. 야외 공연이어서 콘서트 내내 너무 추웠을 뿐만 아니라 무대가 너무 멀어서 가수 얼굴은 보이지도 않았어. 이야기하는 것도 알아듣기가 좀 어려웠고.
미선 : 기대를 많이 해서 오히려 실망이 컸겠다. 나한테 재즈 공연 표가 생겼는데 내일 시간이 있거든 같이 가자. 워낙 실력 있는 그룹이어서 이번에는 실망하지 않을 거야.

새 어휘

그저 그렇다	유명한 식당이라고 해서 줄까지 서서 기다렸는데 음식 맛은 그저 그랬어요. 요즘 특별히 재미있는 일도 없고 그저 그렇게 지내고 있어.
내내	밤에 모기 때문에 잠을 설쳐서 오늘 수업 시간 내내 졸았다. 식당 안이 어찌나 더운지 밥 먹는 내내 땀이 났어요.
알아듣다	미선이는 말이 너무 빨라서 가끔 알아듣기가 힘들다. 아이가 잘못했을 때는 잘 알아듣게 이야기해 줘야 해요.
오히려	다른 친구들은 시험을 잘 봤는데 저는 오히려 지난번보다 못 봤어요. 길이 너무 막혀서 오히려 걷는 게 빠를지도 몰라.
실망하다	실패는 성공의 어머니라고 하니까 너무 실망하지 마. 남자 친구가 거짓말을 한 것을 알고 많이 실망했어요.
재즈	마리아 씨가 재즈 음악에 맞춰서 가볍게 춤추는 걸 봤는데 정말 멋있었어요. 리에 씨는 재즈댄스를 배워서 그런지 여러 가지 춤을 다 잘 춰요.
워낙	제임스 씨는 워낙 조용한데 오늘은 특별히 더 말이 없네요. 리에 씨는 성격이 워낙 밝아서 늘 웃는 얼굴로 사람을 대해요.

01. 빈칸에 알맞은 말을 쓰십시오.

보기 공부를 열심히 했는데 시험을 못 봐서 실망했어요 ~~었어요/았어요/였어요~~.

❶ 치킨을 __________ 좋아해서 일주일에 세 번 이상 먹어요.

❷ 회사 일이 많아서 일주일 __________ 늦게 퇴근했어요.

❸ 영화 내용이 재미없고 지루해서 __________었어/았어/였어.

❹ 사람이 너무 친절하면 __________ 부담스러울 때가 있어요.

02. 빈칸에 알맞은 말을 쓰십시오.

한여름 밤, 아름다운 클래식 음악에 취해 보세요!

보기 그저 그런 ~~는/은/ㄴ~~ 클래식 공연에 ❶ __________은/ㄴ 적이 있으신가요? 8월 10일부터 16일까지 일주일 ❷ __________ 시청 관현악단과 해외의 실력 있는 ❸ __________ 연주자가 함께 여러분에게 아름다운 음악을 연주해 드립니다. 클래식 음악을 현대적으로 연주해서 편하게 들을 수 있고, ❹ __________기 쉬운 해설도 함께 하니까 시민 여러분의 많은 관람을 바랍니다.

주제 어휘

콘서트	• 콘서트	• 공연	• 좌석 등급	• 관람 연령	• 예매처
	• 현장 구매	• 무대	• 초대권	• 입장권	

01. 빈칸에 알맞은 말을 쓰십시오.

보기 노래나 음악 연주를 들을 수 있는 모임 (콘서트)

❶ 자리를 수준이나 값으로 나누어 놓은 것 (　　　　)

❷ 공연하는 장소에서 그날 표를 사는 것 (　　　　)

❸ 어떤 장소에 들어갈 수 있는 표 (　　　　)

❹ 표를 미리 사는 곳 (　　　　)

02. 빈칸에 알맞은 말을 쓰십시오.

2020 K-POP 콘서트

보기 공연 일시 : 2020년 7월 31일

❶ ________ : R석

❷ ________ : 12세 이상

주의사항 : 이 ❸ ________으로/로 입장하실 경우 신분증을 제시해 주시고 비용은 따로 들지 않습니다. 콘서트 ❹ ________은/는 사진 촬영할 수 없습니다.

문법 1 -을 뿐만 아니라

동사나 형용사의 어간에 붙어서 앞의 행위나 상태만 있는 것이 아니고 또 다른 상황이 더해진다는 의미를 나타낸다. 어간에 받침이 있으면 '-을 뿐만 아니라', 받침이 없으면 '-ㄹ 뿐만 아니라'를 쓰고 이미 끝난 일에 대해서는 '-었을 뿐만 아니라'를 쓴다. 명사 뒤에 '뿐만 아니라'가 바로 붙을 수도 있다.

❶ 남대문 시장은 물건 값이 쌀 뿐만 아니라 물건의 종류도 많아요.
❷ 친구 하숙집은 시설이 안 좋을 뿐만 아니라 집주인도 불친절하대요.
❸ 영수 씨는 잘 생겼을 뿐만 아니라 유머 감각이 있어서 인기가 있어요.
❹ 존슨 씨는 운동 뿐만 아니라 노래도 잘 해요.

01. 다음 표를 보고 **보기** 와 같이 쓰십시오.

학교 식당	깨끗하다	사람이 많다	싸다	종류가 별로 없다
제주도	경치가 좋다	여행경비가 비싸다	음식이 맛있다	관광객이 많다
태권도	재미있다	위험하다	배우기가 쉽다	배우기가 어렵다
순두부찌개	맛있다	맛없다	값이 싸다	값이 비싸다
리에 씨	예쁘다	내성적이다	게으르다	친절하다
어제 본 영화	내용이 지루하다	주인공이 잘생겼다	음악이 좋다	주인공이 연기를 못한다
우리 집 근처 주차장	넓다	주차요금이 싸다	좁다	주차요금이 비싸다
백화점	물건 값이 비싸다	복잡하다	교통이 편리하다	서비스가 좋다
인터넷 예매	표를 싸게 살 수 있다	편하다	가입이 어렵다	표가 금방 팔린다

보기 학교 식당은 깨끗할 뿐만 아니라 음식값도 싸요.

❶ 제주도는 ____________________
❷ 태권도는 ____________________
❸ 순두부찌개는 ____________________
❹ 리에 씨는 ____________________
❺ 어제 본 영화는 ____________________
❻ 우리 집 근처에 있는 주차장은 ____________________
❼ 백화점은 ____________________
❽ 인터넷으로 예매하면 ____________________

02. 다음 대화를 완성하십시오.

보기 가: 어제 봤던 뮤지컬은 어땠어요?
나: 배우들이 연기를 잘 할 뿐만 아니라 음악도 아름다워서 좋았어요.

❶ 가: 이 앞에 새로 생긴 식당에 가 볼까?
나: 내가 가 봤는데 ______________________

❷ 가: 리에 씨, 이번에 핸드폰을 새로 샀다고 들었는데 써 보니까 어때요?
나: ______________________

❸ 가: 버스도 편한데 왜 지하철만 타세요?
나: ______________________

❹ 가: 언어 교환을 하면 좋은 점이 뭐야?
나: ______________________

❺ 가: 왜 기숙사로 이사해요?
나: ______________________

❻ 가: 내가 보기에는 예쁜데 왜 옷을 바꾸려고 하니?
나: ______________________

❼ 가: 사람들이 왜 제주도에 여행을 많이 가요?
나: ______________________

❽ 가: 오늘 시험이 있는데 왜 학교에 늦었어요?
나: ______________________

문법 2 -거든

동사나 형용사의 어간에 붙어서 후행절의 행위를 하는 조건으로 앞의 행위나 상태를 제시할 때 쓰인다. 후행절에는 명령형과 청유형을 쓴다.

❶ 모르는 것이 있거든 선생님께 물어 보세요.
❷ 제임스가 한국에 오거든 같이 술 한잔할까?
❸ 리에 씨한테서 전화가 오거든 도서관으로 7시까지 오라고 전해 주세요.
❹ 마이클 씨를 만나거든 나한테 전화 좀 해 달라고 해 줘.

01. 알맞은 말을 골라서 보기 와 같이 쓰십시오.

공항에 도착하다	쉬는 시간에 마리아 씨가 찾아오다
약을 먹어도 감기가 낫지 않다	웨이 씨한테서 전화가 오다
일이 일찍 끝나다	잠이 안 오다
컴퓨터에 또 문제가 생기다	방이 좀 덥다
선물이 마음에 안 들다	

보기 공항에 도착하거든 저한테 전화부터 해 주세요.

❶ ____________________ 거든 따뜻한 우유를 드셔 보세요.

❷ ____________________ 거든 이따가 영화관으로 오라고 전해주세요.

❸ ____________________ 거든 조금만 기다리라고 이야기해 줘.

❹ ____________________ 거든 창문을 여세요.

❺ ____________________ 거든 병원에 꼭 가 보세요.

❻ ____________________ 거든 서비스센터에 연락하십시오.

❼ ____________________ 거든 백화점에 가서 바꾸세요.

❽ ____________________ 거든 농구를 하러 가자.

02. 다음 상황에서 친구에게 하고 싶은 말을 보기 와 같이 쓰십시오.

외국으로 유학을 가는 친구에게 하고 싶은 말

보기 유명한 관광지에 가거든 사진을 찍어서 블로그에 올려.

❶ ________________________거든 꼭 병원에 가.
❷ ____________________거든 나한테 꼭 알려 줘.
❸ ______________거든 내 한국 친구한테 연락해 봐.
❹ ____________________거든 언어 교환을 해 봐.

산으로 캠핑 가는 친구에게 하고 싶은 말

❺ _________________거든 옷을 여러 개 입도록 해.
❻ _______________________거든 초콜릿을 먹어.
❼ _______________거든 중간에 꼭 쉬었다가 올라 가.
❽ __________거든 나침반과 지도를 잘 보고 길을 찾아.

활동 친구가 하고 싶은 일에 대해서 보기 와 같이 말해 보십시오.

하고 싶은 일	추천하는 것	그 이유
뮤지컬을 보고 싶다.	'캣츠'	내용이 재미있다. 무대가 화려하다.
한국에서 여행을 가고 싶다.	제주도	풍경이 아름답다. 음식이 맛있다.
책을 사고 싶다.		

보기 가: 요즘 뮤지컬이 보고 싶은데 뭐가 좋을까요?
나: 뮤지컬을 보고 싶거든 '캣츠'를 보세요. 내용이 재미있을 뿐만 아니라 무대도 화려해요.

02 남자 주인공의 연기가 아주 인상적이던데요

학습목표 영화 관련 어휘를 익혀서 활용할 수 있다.
'-을 만하다', '-던데요' 표현을 익혀서 활용할 수 있다.

민철 : 시험도 끝나고 해서 영화나 볼까 하는데 요즘 무슨 영화가 볼 만해?
영수 : 요즘 '7번방의 선물'이 인기가 제일 많아요. 지적장애인인 아빠하고 어린 딸의 이야기인데 아주 재미있었어요. 게다가 아빠로 나오는 남자 주인공의 연기가 아주 인상적이던데요.
민철 : 그래? 난 그런 심각한 주제보다는 코미디 장르를 좋아하는데.
영수 : 이 영화는 감동적이고 무거운 주제를 재미있게 표현한 가족 영화예요.

새 어휘

지적장애인	지적장애인도 비장애인들과 똑같이 살아갈 수 있게 직업교육을 받아야 한다. 동생이 지적장애인이라서 이해하기 쉽게 천천히 말하는 습관이 생겼어요.
게다가	학생 식당은 음식값이 싸고 게다가 맛도 있어서 자주 가요. 아침에 비가 많이 왔어요. 게다가 바람도 많이 불어서 옷이 다 젖었어요.
주인공	결혼식의 주인공인 신랑과 신부의 모습이 정말 행복해 보였어요. 어제 영화를 봤는데 주인공 이름도 모른단 말이에요?
인상적이다	눈이 쌓인 하얀 산이 인상적이었어요. 가장 인상적인 장면은 높은 빌딩 위에서 모두 함께 악기를 연주하는 모습이었어요.
심각하다	도시의 공기 오염이 점점 심각해지고 있습니다. 그 연극은 심각한 주제를 재미있게 표현했다.
코미디	스트레스가 많이 쌓이거든 코미디 프로그램을 보면서 푸세요. 아무 생각 없이 보고 웃을 수 있는 코미디 영화를 좋아해요.
장르	저는 장르에 관계없이 다양한 음악을 들어요. 제가 자주 보는 드라마 장르는 역사 드라마입니다.

01. 빈칸에 알맞은 말을 쓰십시오.

보기 이 소설의 주인공은 ~~은/는~~ 어려운 환경에서도 희망을 잃지 않는 소녀이다.

❶ 웨이 씨는 똑똑하고 ____________ 유머 감각도 풍부해서 인기가 많아요.

❷ 제 취미는 다양한 ____________의 문학 작품을 읽는 것입니다.

❸ 밍밍 씨가 수술을 받는다고 하던데 ____________은/ㄴ 상태인가요?

❹ 마트의 점원들이 친절하게 인사하는 모습이 꽤 ________었어요/았어요/였어요.

02. 빈칸에 알맞은 말을 쓰십시오.

영화 해설 : 레인맨

영화 '레인맨'의 **보기** 주인공 찰리는 어릴 때 집에서 나와 힘들게 생활한다. 그러다가 아버지가 돌아가시면서 지능이 낮은 ❶ ____________인 형에게 많은 재산을 남겼다는 사실을 알게 된다. 찰리는 아버지의 재산을 가지고 싶어서 형과 함께 여행을 떠난다. 특히 ❷ ________ 는/은/ㄴ 장면은 같이 여행을 하면서 찰리가 형의 놀라운 기억력과 지적 능력을 알게 되는 것이다. 결국 주인공이 형제의 사랑을 깊게 느끼면서 영화가 끝난다. '레인맨'은 ❸ ________ 과/와 드라마의 ❹ ________ 을/를 넘나드는 재미와 감동을 동시에 주는 훌륭한 영화이다.

주제 어휘

영화	• 감독 • 배우 • 연기 • 자막 • 장면 • 상영시간 • 개봉일자 • 배경음악

01. 빈칸에 알맞은 말을 쓰십시오.

보기 그 감독은 은/는 감동적인 내용에 아름다운 화면을 더하여 멋진 영화를 만들었다.

❶ ________________ 이/가 너무 길어서 중간에 화장실에 한 번 다녀왔어요.

❷ 추석 연휴에 맞춰서 영화의 ________________ 을/를 바꿨대요.

❸ 유명한 영화의 ________________ 을/를 모아 놓은 CD를 샀다.

❹ 영화 E.T에서 자전거를 타고 하늘을 나는 ________ 이/가 가장 기억에 남아요.

02. 빈칸에 알맞은 말을 쓰십시오.

가: 학교 강당에서 한국 영화 '올드 보이'를 상영한다고 하던데 같이 보러 갈래요? **보기** 배우들이 ❶ ________ 을/를 진짜 잘 한대요.

나: 저도 그 영화를 알아요. 영화를 만든 ❷ ________ 이/가 해외 영화제에서 상도 받아서 유명하거든요. 그런데 제 한국말 실력이 모자라서 영화를 이해할 수 있을지 모르겠어요.

가: 걱정하지 마세요. 영어 ❸ ________ 이/가 있어서 괜찮을 거예요. 저는 그것보다 조금 무서운 ❹ ________ 이/가 있다고 해서 걱정이에요.

나: 제가 옆에 있잖아요. 무섭지 않을 거예요.

문법 1 -을 만하다

동사의 어간에 붙어서 어떤 행위를 하는 것이 괜찮거나 할 가치가 있다고 말할 때 쓰인다. 어간에 받침이 있으면 '-을 만하다', 받침이 없으면 '-ㄹ 만하다'를 쓴다.

❶ 요즘 상영하는 영화중에서 '향수'가 볼 만해요.
❷ 웨이 씨는 믿을 만한 사람이니까 일을 한 번 맡겨 보세요.
❸ 한가할 때 읽을 만한 책이 있으면 추천해 줘.
❹ 3반의 연극이 내용도 재미있고 배우들이 연기도 잘 해서 상을 받을 만했어요.

01. 다음 표를 보고 보기 와 같이 대화를 완성하십시오.

보기	삼겹살	비빔밥	순두부찌개
❶	해리포터	로미오와 줄리엣	춘향전
❷	괴물	왕의 남자	7번방의 선물
❸	수박	포도	복숭아
❹	웨이 씨	리에 씨	마이클 씨
❺	마이클 잭슨	비틀즈	빅뱅
❻	제임스 씨	마리아 씨	영수 씨
❼	명동	동대문 시장	홍대 앞
❽	경주	설악산	부산

보기 가: 이 식당은 무슨 음식이 맛있어요?
나: 이 식당에서는 삼겹살이 제일 먹을 만해요.

❶ 가: 무슨 책을 읽으면 좋을까?
나: 도서관에 있는 책 중에서 ______

❷ 가: 무슨 영화를 봐야할지 모르겠어요.
나: 요즘 영화중에서 ______

❸ 가: 무슨 과일을 먹을까?
나: 여름 과일 중에서 ______

❹ 가: 누구한테 이 일을 맡기면 좋을까요?
나: 우리 반 친구 중에서 ______

❺ 가: CD가 진짜 많아요. 뭘 들어볼까요?
나: 여기에 있는 CD 중에서 ________________

❻ 가: 누가 과대표를 하면 좋을까요?
나: 우리 과 학생들 중에서 ________________

❼ 가: 주말에 쇼핑을 해야 하는데 어디가 좋을지 추천해 주세요.
나: 요즘 서울에서 ________________

❽ 가: 가을에 여행을 가기로 했는데 어디가 좋을까?
나: 가을에는 어디로 여행을 가도 괜찮지만 ________________

02. 다음 대화를 완성하십시오.

> **보기** 가: 음식이 너무 매운 것 같은데 괜찮아요?
> 나: 아니에요. 조금 맵지만 먹을 만해요.

❶ 가: 미선 씨가 장학금을 받았다고 하던데 들었어요?
나: 들었어요. 미선 씨는 항상 열심히 노력하잖아요. ________________

❷ 가: 코트가 너무 오래 돼서 버릴까 해요.
나: 버리지 말고 저에게 주세요. ________________

❸ 가: 영수 씨는 농담을 했을 뿐인데 영수 씨한테 화를 내서 너무 미안해요.
나: 영수 씨 농담이 너무 심했어요. ________________

❹ 가: 이 차를 산 지 10년도 더 됐지?
나: 맞아. 하지만 ________________

❺ 가: 저는 더 못 걷겠는데 제임스 씨는 괜찮아요?
나: 힘드세요? ________________

❻ 가: 집에서 학교까지 두 시간이나 걸리는데 힘들지 않아?
나: ________________

❼ 가: 수업 끝나고 아르바이트하기가 힘들지 않니?
나: ________________

❽ 가: 어제 술을 마시고 마리아 씨에게 내 비밀을 말해 버렸는데 괜찮겠지?
나: ________________

문법 2 -던데요

동사나 형용사의 어간에 붙어서 과거에 직접 봤거나 경험해 본 후의 느낌을 회상해서 말할 때 쓰인다. 이미 끝난 일에 대해서는 '-었던데요'를 쓴다.

❶ 오늘 8시 반에 학교에 오니까 아무도 없던데요.
❷ 조금 전에 마이클 씨가 학생 식당에서 밥을 먹던데요.
❸ 어제 웨이 씨가 영수 씨 여자 친구를 봤는데 눈이 크고 아주 예쁘다고 하던데요.
❹ 아침에 마리아 씨를 만났는데 감기에 걸렸던데요.

01. 다음 리에의 일기를 읽고 대화를 완성하십시오.

10월 9일 토요일 맑음

오늘 친구들과 같이 북한산으로 등산을 갔다. 날씨도 좋고 토요일이라서 그런지 **보기** 등산객이 아주 많았다. 요즘 회사일이 바빠서 학교에 계속 오지 못했던 ❶웨이 씨도 와서 ❷정말 반가웠다. 제임스 씨는 한국인 여자 친구를 데리고 왔는데 ❸성격이 밝고 얼굴도 예뻤다. 두 시간 쯤 등산을 하니까 ❹땀도 나고 다리도 조금 아파서 잠시 쉬었다. 작은 공원이 하나 있었는데 그곳에는 김밥을 먹는 사람들도 있고 커피를 한잔 하면서 이야기하는 사람들도 있었다. 우리는 마리아가 만들어 가지고 온 샌드위치를 먹었는데 ❺모양도 예쁘고 아주 맛있었다. 점심을 먹고 다시 정상까지 등산을 했다. ❻정상에서 보는 서울의 모습이 참 아름다웠다. 산에서 내려오니까 피곤하기는 했지만 ❼기분이 상쾌하고 좋았다. 친구들하고 뒤풀이를 하면서 술도 한 잔 마시고 노래도 같이 부르니까 친구들하고 조금 더 가까워진 것 같아서 기분이 좋았다. 웨이 씨가 ❽가을에는 설악산 단풍이 정말 아름답다고 했다. 이번 달 말에는 친구들하고 설악산에 등산하러 가기로 약속했다. 원래 등산을 좋아하지 않았는데 몇 번 등산을 해 보니까 정말 좋은 것 같다. 멋진 취미가 하나 생긴 것 같아서 기분이 좋다.

리에: 주말에 친구들과 같이 북한산으로 등산을 갔어요. 날씨도 좋고 토요일이라서 그런지 **보기** 사람이 아주 많던데요.
밍밍: 친구들이 모두 갔어요? 웨이 씨는 요즘 학교에 못 오는데 등산도 못 갔지요?
리에: 아니에요. ❶ __________. 오랜만에 만나니까 ❷ __________. 참, 제임스 씨 여자 친구도 왔어요. ❸ ______________________________.
밍밍: 저는 등산을 별로 안 좋아해요. 너무 힘들지 않아요?

리에: 맞아요. 두 시간 쯤 등산하니까 ❹ ______________. 그래서 공원에서 쉬면서 마리아가 만들어 온 샌드위치를 먹었어요. 샌드위치가 ❺ ______________. 마리아는 요리를 잘 하는 것 같아요.

밍밍: 정상까지 올라갔어요?

리에: 네. ❻ ______________________________.

밍밍: 그래도 다섯 시간 가까이 등산을 했으면 많이 피곤했을 것 같아요.

리에: 네, 조금 피곤했지만 ❼ ______________. 그래서 다음에는 설악산에 가기로 했어요.

밍밍: 설악산은 좀 험해서 등산하기가 힘들지 않을까요?

리에: 웨이 씨가 ❽ ______________. 힘들겠지만 꼭 가보고 싶어요. 등산을 해 보니까 건강에도 좋고 재미있는 것 같아요. 멋진 취미가 생긴 것 같아서 기분이 좋아요.

02. 다음 대화를 완성하십시오.

보기 가: 제주도에 가 보니까 어땠어요?
나: 경치도 아름답고 음식도 맛있던데요.

❶ 가: 낙지볶음이 맵다고 하던데 먹어봤어?
나: 며칠 전에 먹어 봤는데 ______________________

❷ 가: 어제 본 영화는 어땠어요?
나: 무서울 줄 알았는데 ______________________

❸ 가: 혹시 마이클 씨 못 봤어요? 오늘 만날 수가 없네요.
나:아까 봤는데 ______________________

❹ 가: 힘든데 우리 엘리베이터를 타고 갈까?
나:아침에 보니까 ______________________

❺ 가: 경복궁이 볼 만하다고 하던데 가 봤어요?
나: 지난 주말에 가 보니까 ______________________

❻ 가: 마리아 씨한테 할 이야기가 있는데 어디에 갔지?
나: 조금 전에 봤는데 ______________________

❼ 가: 미선 씨 남자친구는 어떤 사람이에요?
나: 저는 한번 봤어요. ______________________

❽ 가: 제임스 씨는 한국말을 배운 지 6개월밖에 안 되었는데 진짜 잘하는 것 같아요.
나: 맞아요. 한국말로 이야기 해보니까 ______________________

활동 친구에게 추천하는 대화를 **보기** 와 같이 만들어 보십시오.

추천 받고 싶은 것	추천하는 것	경험한 것
여행지	설악산	힘들었지만 경치가 아름다웠다.
음식	춘천 닭갈비	조금 매웠지만 맛있었다.
음악		

보기 가: 방학 때 친구들하고 여행을 가고 싶은데 갈 만한 곳이 있을까요? 추천해 주세요.
나: 저는 지난달에 설악산에 다녀왔어요. 등산하기가 조금 힘들었지만 경치가 정말 아름답던데요. 가을에는 더 좋다고 하니까 한번 가 보세요.

03 프랑스 미술품 전시를 한다면서요?

학습목표 전시 및 관람 관련 어휘를 익혀서 활용할 수 있다.
'-는다면서요?', '만 못하다' 표현을 익혀서 활용할 수 있다.

밍밍 : 이번에 국립미술관에서 프랑스 미술품 전시를 한다면서요?
영수 : 네, 저도 텔레비전 광고에서 봤어요. 전시하는 작품이 많지 않으니까 프랑스에 직접 가서 보는 것만 못하겠지만 그래도 기대가 돼요. 그런 훌륭한 작품을 볼 수 있는 기회가 흔하지 않으니까요.

새 어휘

미술관	미술 감상이 취미여서 시간이 있을 때마다 미술관에 가요. 요즘 미술관에서는 그림 감상뿐만 아니라 여러 가지 체험을 할 수 있어서 아이들과 함께 가면 좋아요.
미술품	두리 할아버지는 취미로 여러 나라의 미술품을 모으셨어요. 이번에 새로 문을 연 미술관에는 다양한 종류의 미술품이 있다.
광고	제가 좋아하는 배우가 광고를 하는 제품은 꼭 사요. 광고만 보고 물건을 사서 후회한 적이 있어요.
작품	베토벤의 교향곡 작품 중에서 가장 유명한 것은 9번 '합창'이에요. 영화감독 박찬욱의 새로운 작품이 기대가 돼요.
훌륭하다	자기보다 다른 사람을 먼저 생각해 주는 사람이 훌륭한 사람이다. 한국 전통 요리 시식회에서 먹은 음식이 아주 훌륭했다.
흔하다	'김'씨 성은 한국에서 가장 흔한 성이에요. 제임스 씨처럼 성실하고 능력 있는 사람은 흔하지 않아요.

01. 빈칸에 알맞은 말을 쓰십시오.

보기 저는 다른 나라에 여행을 가면 박물관이나 미술관에 꼭 가요.

❶ 3월에 이렇게 눈이 많이 오는 것은 ____________ 은/ㄴ 일이 아니에요.

❷ 이 케이크는 예쁠 뿐만 아니라 맛도 ________________________ 네요.

❸ 이 책은 주인공의 성격을 잘 표현한 것으로 유명한 __________ 입니다.

❹ 지하철 안에 상품 ______________________ 이/가 많이 붙어 있어요.

02. 빈칸에 알맞은 말을 쓰십시오.

-서울의 옛 모습을 구경하러 오세요-

다음 주 화요일부터 한 달간의 일정으로 서울시립 **보기** 미술관에서 서울의 옛 모습을 볼 수 있는 사진전이 열립니다. 유명 작가들이 찍은 ❶ ______ 은/ㄴ 사진들이 여러 ❷ ______ 전시된다고 하니까 젊은 시절을 추억하고 싶은 분들이나 아이들과 함께 서울의 역사를 알아보고 싶은 분들의 많은 관람을 바랍니다. 서울과 조금 더 친해지고 싶은 분들에게도 ❸ ______ 지 않은 경험이 될 것입니다. 버스 정류장이나 지하철역, 잡지나 신문 등에 있는 전시회 ❹ ______ 을/를 사진으로 찍어 오시면 작은 선물도 드린다고 하니까 꼭 참여해 보세요.

주제 어휘

전시 및 관람	• 이색적	• 흥미롭다	• 감동적	• 조각	• 화랑	• 단체관람

01. 빈칸에 알맞은 말을 쓰십시오.

보기 두바이로 여행을 갔을 때 사막에서 하는 이색적인 공연을 봤다.

❶ 나는 한국 문화를 전공하고 있기 때문에 한국과 중국, 일본 세 나라의 문화를 함께 볼 수 있는 이번 전시가 정말 ______ 었다/았다/였다.

❷ 인사동에 있는 ______ 에 가면 한국의 전통 소품이나 여러 작가들의 미술 작품 전시를 볼 수 있어요.

❸ 과 친구들과 ______ 을/를 가서 관람료를 할인 받았어요.

❹ 선생님의 ______ 은/ㄴ 이야기를 듣고 우는 학생들이 많았어요.

02. 빈칸에 알맞은 말을 쓰십시오.

지난 주말에 가족들과 함께 서울숲에 다녀왔다. 천천히 산책을 하면서 구경을 하고 있는데 돌로 만든 **보기** 조각 작품이 눈에 띄었다. 손 모양, 신발 모양, 걸어가는 사람의 모습, 큰 책을 여러 권 쌓아 놓은 모양 등의 작품이 정말 재미있고 ❶ ______ 었다/았다/였다. 예전에 미술품을 구경하러 ❷ ______ 에는 몇 번 가 봤는데 공원에서 자연과 함께 하는 전시는 처음이어서 정말 ❸ ______ 었다/았다/였다. 파란 하늘, 푸른 숲과 함께 감상해서 더 ❹ ______ 으로/로 느껴졌다.

문법 1 -는다면서요?

동사나 형용사의 어간에 붙어서 다른 곳에서 들은 사실을 상대방에게 확인할 때 쓰인다. 동사 어간에 받침이 있으면 '-는다면서요', 받침이 없으면 '-ㄴ다면서요', 형용사 어간에는 '-다면서요?', 받침이 있는 명사에는 '이라면서요?', 받침이 없는 명사에는 '라면서요?'를 쓴다. '-었다면서요?', '-을/ㄹ 거라면서요?'도 쓸 수 있다.

❶ 마이클 씨가 학교 서점에서 아르바이트를 한다면서요?
❷ 재즈 동아리 공연이 볼 만하다면서요?
❸ 두 사람이 쌍둥이라면서?
❹ 웨이 씨가 지난주에 고향에 돌아갔다면서요?

01. **마이클이 마리아의 이야기를 듣고 리에에게 확인하는 대화를 완성하십시오.**

> 지난 연휴에 리에와 함께 **보기** 전주로 여행을 다녀왔어. 전주에서 ❶한옥마을도 구경하고 맛있는 음식도 먹었어. 우리는 솥에 밥을 해서 비벼 먹는 ❷돌솥비빔밥을 먹었는데 정말 맛있었어. 그리고 한옥마을에서는 ❸한옥을 구경하고 사진도 많이 찍었어. 그런데 ❹카메라는 리에가 가져가서 사진을 보여 줄 수가 없구나. 나중에 리에를 만나면 보여 달라고 해. 그리고 한옥마을에는 ❺여러 가게들이 많아서 정말 재미있게 구경했어. 그리고 리에가 ❻빵을 좋아해서 ❼전주에서 유명한 빵집에 갔었는데 정말 맛있었어. ❽전주는 참 조용하고 볼거리가 많은 도시였어. 너도 시간이 있으면 꼭 가봐.

마이클: 지난 연휴에 마리아하고 **보기** 전주로 여행을 다녀왔다면서?
리　에: 응, 여러 곳을 구경해서 정말 재미있었어.
마이클: ❶ ____________________
리　에: 응, 전주에는 정말 맛있는 음식이 많았어.
마이클: 전주비빔밥이 유명해서 전주비빔밥을 먹은 줄 알았는데 ❷ __________
리　에: 응, 전주비빔밥은 서울에서도 많이 먹어봐서 돌솥비빔밥을 먹어보고 싶었어.
마이클: 그랬구나. 한옥마을에서 ❸ ____________________
리　에: 응, 연휴에 날씨가 좋아서 멋진 사진도 많이 찍을 수 있었어.
마이클: ❹ ____________________ 나도 사진 좀 보여 줘.
리　에: 그래. 여기 있어.
마이클: 와! 정말 멋있구나. 나도 가 보고 싶다. 한옥마을에 ❺ __________ __________ 그 가게에서 무슨 물건을 샀어?
리　에: 고향 친구들에게 줄 작은 선물들을 샀어.
마이클: 그런데 리에 너도 ❻ ____________________

리　에: 응, 그래서 여행을 가면 그 도시에서 제일 유명한 빵집에 꼭 가.
마이클: 이번에도 ❼ ______________________________
리　에: 응, 그 빵집에서 제일 유명한 빵이 초코파이였는데 보통 마트에서 파는 초코파이와는 조금 달랐어. 정말 맛있었어.
마이클: 그렇구나. 나도 다음에 먹어봐야겠다. ❽ ______________________________
리　에: 응, 다음에 꼭 다시 한번 가 보고 싶어. 다음에는 너도 같이 가자.

02. 다음 대화를 완성하십시오.

보기 가: 요즘 날마다 도서관에서 공부한다면서요?
나: 네, 다음 주에 시험이 있어서요.

❶ 가: ______________________________
나: 네, 집 근처에 등산하기 좋은 산이 있어서 주말마다 가요.

❷ 가: ______________________________
나: 그래요? 제임스 씨가 고향에 간 후에는 연락을 안 해서 몰랐어요.

❸ 가: 어제 웨이 씨 여자 친구를 만났어요.
나: ______________________________

❹ 가: ______________________________
나: 네, 저도 한 번 들어 봤는데 정말 피아니스트 같았어요.

❺ 가: ______________________________
나: 그래요? 그럼 체육 대회를 할 수 있을까요?

❻ 가: ______________________________
나: 네, 그래서 이번 주는 이사 준비 때문에 정말 바빠요.

❼ 가: ______________________________
나: 응, 지난 방학 때는 못 다녀와서 이번 방학에는 꼭 가려고 해.

❽ 가: 다음 주 화요일이 한국의 큰 명절인 추석이에요.
나: ______________________________

문법 2 만 못하다

명사에 붙어서 두 가지 대상의 정도, 질, 수준을 비교할 때 쓰인다.

❶ 다른 것은 형이 더 나은데 공부는 형이 동생만 못해요.
❷ 그 가수의 노래 실력이 춤 실력만 못해.
❸ 웨이 씨는 사진이 실물만 못해요.
❹ '해리포터'는 영화가 책만 못해요..

01. 보기 와 같이 쓰십시오.

보기 한 번 보는 것이 백 번 듣는 것보다 좋아요.
➡ 백 번 듣는 것이 한 번 보는 것만 못해요.

❶ 말하기 실력이 듣기 실력보다 좋아요.
➡ ______

❷ '연세'호텔이 '서울'호텔보다 시설이 좋아.
➡ ______

❸ 기차 여행이 버스 여행보다 편해.
➡ ______

❹ 동대문 시장 물건이 백화점 물건보다 나아요.
➡ ______

❺ 새로 산 휴대전화가 전에 쓰던 휴대전화보다 기능이 좋아요.
➡ ______

❻ 그 영화는 전편이 속편보다 재미있어요.
➡ ______

❼ 선풍기가 에어컨보다 시원해요.
➡ ______

❽ 이전에 살던 집이 새로 이사 간 집보다 넓고 좋았어요.
➡ ______

02. 다음 대화를 완성하십시오.

보기 가: 이번에 핸드폰을 바꾸려고 하는데 '연세' 스마트폰과 '한국' 스마트폰 중에서 뭐가 나을까?
나: 화질을 비교하면 <u>'연세' 스마트폰이 '한국' 스마트폰만 못해.</u>

❶ 가: 학생 식당하고 정문 앞 식당 중에서 어느 식당 음식이 더 맛있어요?
나: 음식 맛은 ______________________________

❷ 가: 웨이가 밍밍보다 중간시험을 잘 봤다면서?
나: 응, 그런데 말하기 점수는 ______________________________

❸ 가: 요즘 운동을 하고 있다면서? 학교 체육관에서 하는 거야?
나: 아니, 조금 비싼 헬스클럽에 다니고 있는데 ______________________________

❹ 가: 이번에 영어학원에 다니려고 하는데 너도 같이 갈래?
나: 아니, 나는 집에서 혼자 공부할래. ______________________________

❺ 가: 이번에 가족 여행을 가는데 '연세'펜션에서 묵을지 '하나'펜션에서 묵을지 결정을 못 하겠어.
나: 시설은 ______________________________

❻ 가: 명절인데도 고향에 못가니까 이 냉동만두라도 같이 먹자. 맛이 어때?
나: 먹을 만하지만 ______________________________

❼ 가: 저는 비빔냉면을 먹을까 하는데 리에 씨도 비빔냉면으로 하시겠어요?
나: 아니요, 저는 냉면을 먹을 때는 항상 물냉면을 먹어요. ______________________________
____

❽ 가: 지난주에 하숙집으로 이사했지? 어때?
나: 기숙사 보다 편하고 좋은데 하숙집은 여러 친구들이 같이 사니까 자유롭지 않아. 그럴 때는 ______________________________

활동 공연이나 전시회를 본 경험을 이야기하는 대화를 보기 와 같이 만들어 보십시오.

공연/전시회	느꼈던 것
한글날 기념 행사	미술관이나 박물관에서 보는 것만 못했다.
콘서트	

보기
가: 한글날 기념 행사를 많이 했다면서요? 어땠어요?
나: 미술관이나 박물관에서 보는 것만 못했지만 신기하고 재미있는 전시가 많아서 즐거웠어요.

04 아마 네가 하고 싶은 건 다 할 수 있을걸

학습목표 한국 전통 문화 체험 관련 어휘를 익혀서 활용할 수 있다.
'-을걸요', '-기란' 표현을 익혀서 활용할 수 있다.

미선 : 여러 가지 한국 문화를 제대로 체험해 보고 싶으면 한옥체험살이를 한번 알아봐. 아마 네가 하고 싶은 건 다 할 수 있을걸. 한옥에 가서 한복도 입어보고 직접 만든 윷으로 윷놀이도 해볼 수 있고 서예 체험도 할 수 있으니까 재미있는 경험이 될 거야. 김치나 막걸리도 만들어 볼 수 있대.

웨이 : 우와! 한 곳에서 그렇게 다양한 체험을 하기란 쉬운 일이 아닌데 말만 들어도 정말 재미있겠다.

새 어휘

제대로	늦잠을 자느라고 제대로 아침 식사를 하지 못해서 배가 고프다. 유럽 미술사에 대해서 제대로 공부하고 싶어서 프랑스로 유학을 가기로 결정했어요.
한옥체험살이	한옥체험살이는 한옥에서 묵으면서 여러 가지 문화 체험을 할 수 있는 프로그램입니다. 유학을 할 때 사귄 친구들이 한국에 놀러 온다고 해서 한옥체험살이를 추천해 줬어요.
윷	한국 사람들은 명절에 친척들과 모여서 윷놀이를 합니다. 마지막으로 제 차례가 돼서 윷을 높이 던졌지만 결국 우리 팀이 졌어요.
서예	지난달부터 서예 교실에 다니는데 처음에는 붓을 잡는 것도 어려웠지만 지금은 재미있게 배우고 있어요. 붓글씨를 잘 쓰시는 우리 아버지는 집에 멋진 서예 작품을 많이 걸어 놓으셨다.
막걸리	비가 오는 날에는 막걸리와 파전이 먹고 싶어진다. 요즘에는 한국보다 다른 나라에서 막걸리의 인기가 점점 많아지고 있다고 해요.

01. 빈칸에 알맞은 말을 쓰십시오.

보기 한옥에 관심 있는 외국 사람들은 한옥체험살이를 ~~을/를~~ 하면 숙박도 해결하고 여러 가지 한국 문화를 경험해 볼 수 있어서 좋을 거예요.

❶ 박물관에서 조선 시대 학자들이 쓴 ________________ 작품을 전시하고 있다.

❷ 한국 전통 놀이에 대해서 배운 후에 반 친구들과 함께 두 팀으로 나누어서 ____________ 놀이를 했다.

❸ 요즘에는 젊은 사람들의 입맛에 맞는 과일 맛 ____________ 이/가 잘 팔린다고 합니다.

❹ 어젯밤에 너무 더워서 잠을 ____________ 못 잤다.

02. 빈칸에 알맞은 말을 쓰십시오.

홈스테이(Homestay)라는 말보다 요즘은 **보기** 한옥체험살이라는 ~~이라는/라는~~ 한국말로 더 많이 알려진 한국 문화 체험 방법에 대해서 소개해 드리려고 합니다. 한국의 전통 가옥인 한옥에서 다른 관광객들과 함께 한국에 대해서 ❶ __________ 배울 수 있는 프로그램입니다. 한옥을 직접 보고 만지고 그곳에서 잠을 자면서 한국 문화를 직접 체험할 수 있습니다. 한복을 입고 사진도 찍어보고 한국의 전통 술인 ❷ __________와 김치를 직접 만들어 보는 프로그램도 있습니다. 미리 신청한 사람들은 붓과 먹을 사용하여 글씨를 쓰는 ❸ ________ 도 배울 수 있고 같은 한옥에 묵는 사람들과 함께 ❹ ________ 놀이와 같은 한국 전통 놀이도 해 볼 수 있습니다.

주제 어휘

한국 전통 문화 체험	• 태권도	• 택견	• 투호	• 한지 공예
	• 판소리	• 사물놀이		

01. 빈칸에 알맞은 말을 쓰십시오.

보기 북장단에 맞춰 노래를 하는 한국 전통 음악 (판소리)

❶ 전통 종이로 여러 가지를 만드는 것 (　　　　)

❷ 북, 장구, 징, 꽹과리를 함께 연주하는 한국 전통 음악 (　　　　)

❸ 두 사람이 병 속에 화살을 던져 많이 넣은 사람이 이기는 한국 전통 놀이 (　　　　)

❹ 동작이 부드럽고 짧은 시간에 손이나 발로 공격하는 한국 전통 무술 (　　　　)

02. 빈칸에 알맞은 말을 쓰십시오.

지난 연휴에 한국 민속촌에 다녀왔다. 연휴라서 그런지 사람들도 많고 행사도 참 많이 하고 있었다. 민속촌 입구에 있는 기념품 가게에서는 전통 인형과 **보기** 한지 공예 장식품 같은 것을 팔고 있었고, 더 안쪽에 있는 넓은 마당에서는 한국의 전통 무술인 ❶ ____________ 공연을 하고 있었다. 정말 멋있어서 한참을 보고 있었는데 건너편에서 ❷ ____________ 을/를 하는 소리가 들렸다. 북이라는 악기 하나만 놓고 한복을 입은 여자가 열심히 공연을 하고 있었다. 잠시 후에는 북, 장구, 징, 꽹과리를 든 남자 네 명이 마당에 모여서 그 네 개의 악기로 정말 재미있고 신나는 ❸ ____________ 을/를 연주했다. 그냥 보고만 있어도 춤을 추고 싶어지는 음악이었다. 장터 근처에 있는 놀이마당에서는 긴 병에 화살을 던지는 ❹ ____________ 놀이를 하고 있었다. 나도 동생과 서서 해 봤는데 생각보다 쉽지 않았다. 다른 한국 전통 놀이도 배워서 가족들과 함께 해 봐야겠다.

문법 1 -을걸요

동사나 형용사의 어간에 붙어서 확실한 근거 없이 추측할 때 쓰인다. 어간에 받침이 있으면 '-을걸요', 받침이 없으면 '-ㄹ걸요'를 쓰고 이미 끝난 일에 대해서는 '-었을걸요'를 쓴다.

❶ 리에 씨가 이번 주쯤에 돌아올걸요.
❷ 10시까지 가면 책을 대출할 수 있을걸요.
❸ 제임스 여자 친구가 한국 사람일걸.
❹ 미선이가 지금쯤이면 도착했을걸.

01. 다음 표를 보고 보기 와 같이 대화를 완성하십시오.

에리코의 생각
보기 친구들도 모두 좋아할 것이다
❶ 리에는 금요일에 시간이 없을 것이다
❷ 웨이는 매운 음식을 못 먹을 것이다
❸ 마이클은 시험 준비를 할 것이다
❹ 마리아는 저녁에 만나면 못 올 것이다
❺ 리에가 마이클 전화번호를 알고 있을 것이다
❻ 리에가 지금은 전화를 못 받을 것이다
❼ 올리비아는 지난 주에 한국에 왔을 것이다
❽ 다들 집을 잘 찾아올 것이다

히로시: 이번에 우리 집 집들이를 하려고 하는데 친구들이 모두 와 줄까?
에리코: 보기 친구들도 모두 좋아할걸. 히로시의 집들이를 기대하고 있던데.
히로시: 그래? 그럼 이번 금요일은 어떨까? 시간이 있어?
에리코: 나는 괜찮은데 아마 ❶ ______________________. 금요일마다 아르바이트를 한다고 한 것 같아.

히로시: 그렇구나. 그럼 주말에 해야겠다. 내가 요리를 잘 못해서 여러 가지 음식을 시키려고 하는데 매운 족발 어때? 며칠 전에 먹어봤는데 정말 맛있었어.

에리코: 나도 매운 음식을 좋아하니까 괜찮은데 ❷ ____________________. 예전에 양념치킨도 맵다고 했잖아.

히로시: 정말? 그럼 다른 음식을 시켜야겠네.

에리코: 아! 그러고 보니 마이클은 못 오겠다. 다음 주 월요일에 시험을 보니까 아마 ❸ ____________________.

히로시: 그래? 저녁 식사만 잠깐 하고 헤어지면 안 될까?

에리코: 그런데 저녁에 만나면 ❹ ____________________. 마리아는 집이 멀잖아.

히로시: 아, 그렇구나. 그럼 내가 마이클에게 전화해서 주말 낮에 시간이 있는지 물어볼게. 혹시 전화번호 알아?

에리코: ❺ ____.

히로시: 그럼 지금 리에에게 물어봐야겠다.

에리코: 리에가 ❻ ____________________. 아마 지금 수영장에서 운동할 거야.

히로시: 아, 그렇구나. 그럼 이따가 전화해야겠다. 그런데 올리비아는 고향에 가서 못 오겠지?

에리코: 음, 일주일 동안 다녀온다고 했으니까 ❼ ____________________.

히로시: 다행이다. 다들 우리 집을 찾아오는 것은 어려워하지 않겠지?

에리코: 아마 ❽ ____________________. 지하철역에서 가깝잖아. 걱정하지 마.

02. 다음 대화를 완성하십시오.

보기 가: 리에 씨에게 꽃을 선물하려고 하는데 좋아하겠지요?
나: 리에 씨는 꽃을 안 좋아할걸요. 초콜릿을 좋아하니까 맛있는 초콜릿 선물을 해 보세요.

❶ 가: 오늘 퇴근 후에 강남에 가려고 하는데 버스를 타도 괜찮겠지요?
나: ______________. 지하철을 타고 가세요.

❷ 가: 추석에 고향에 가는 기차표는 꼭 기차역에 가서 사야할까요?
나: ______________. 제 친구도 인터넷으로 예매한 것 같아요.

❸ 가: 지난 중간시험이 어려웠으니까 기말시험은 좀 쉽겠지?
나: ______________. 이번에 공부해야 하는 문법도 어려운 것이 많아.

❹ 가: 민철 씨가 외국 사람과 결혼한다고 하던데 어느 나라 사람인지 알아요?
나: 아마 ______________. 독일에 유학갔을 때 만났다고 했어요.

❺ 가: 김 선생님이 정말 멋있는데 아직 결혼 안 하셨겠지?
나: ______________. 손가락에 반지가 있잖아.

❻ 가: 사야카 씨는 날마다 학교에 일찍 오는 것 같은데 어디에 사는지 알아요?
나: 아마 ______________. 그래서 날마다 일찍 오는 것 같아요.

❼ 가: 밍밍 씨가 아직 안 왔는데 전화해볼까?
나: ______________. 어제 밤에 나랑 늦게까지 술을 마셨거든.

❽ 가: 마이클이 비행기에 탔을까?
나: ______________. 12시 비행기라고 했으니까 면세점에서 쇼핑하고 있을 거야.

문법 2 —기란

동사의 어간에 붙어서 어떤 행동을 주제로 해서 설명하거나 강조할 때 쓰인다.

❶ 케이크를 혼자 굽기란 정말 힘든 일이에요.
❷ 외국에서 혼자 살기란 쉬운 일이 아니에요.
❸ 성격을 바꾸기란 아주 어려운 일이다.
❹ 날마다 운동을 하기란 보통 일이 아니에요.

01. 보기 와 같이 쓰십시오.

보기 한국말로 편지를 쓰다 / 정말 어려운 일이다.
➡ 한국말로 편지를 쓰기란 정말 어려운 일이다.

❶ 다른 나라의 문화를 이해하다 / 쉬운 일이 아니에요.
➡ ______________________________

❷ 교과서에 있는 단어를 모두 외우다 / 정말 어려운 일이에요.
➡ ______________________________

❸ 날마다 아침에 일찍 일어나다 / 보통 일이 아니에요.
➡ ______________________________

❹ 아이를 잘 키우다 / 쉬운 일이 아니야.
➡ ______________________________

❺ 한국에서 대기업에 취직하다 / 정말 힘든 일이에요.
➡ ______________________________

❻ 명절 기차표를 예매하다 / 보통 힘든 일이 아니에요.
➡ ______________________________

❼ 한국말로 긴 이야기를 쓰다 / 쉬운 일이 아니야.
➡ ______________________________

❽ 시험에서 모두 100점을 받다 / 정말 어려운 일이에요.
➡ ______________________________

02. 다음 글을 읽고 대화를 완성하십시오.

다니엘: 크리스! 이번 시험도 정말 잘 봤구나. **보기** 항상 이렇게 좋은 점수를 받기란 쉬운 일이 아닌데.

크리스: 아니야, 그냥 공부한 내용이 시험에 많이 나와서 잘 본 것 같아.

다니엘: 나도 열심히 했는데 말하기 시험은 항상 어려워. 열심히 연습해도

❶ ______________________________

크리스: 나도 어려웠는데 말하기 시험을 볼 때 그냥 편하게 친구하고 이야기한다고 생각하니까 조금 쉬워졌어.

다니엘: 나도 다음 시험 때는 그렇게 해봐야겠다. 오늘도 운동하러 가는 거야? 정말 대단하다. ❷ ______________________________

크리스: 내가 좋아서 하는 거야. 이따가 저녁에 우리 집에 올래? 내가 저녁 만들어 줄게.

다니엘: 요리까지 한단 말이야? ❸ ______________________________

크리스: 고향에서는 날마다 어머니가 해 주셨는데 자취하면서 나도 요리 실력이 많이 늘었어.

다니엘: 그럼 이따가 운동 끝나면 연락해.

(운동 후 크리스 집)

다니엘: 와, 우리 집은 너무 더러운데 집이 정말 깨끗하구나.

❹ ______________________________

크리스: 그냥 짐이 별로 없어서 그래. 이제 저녁 먹자.

다니엘: 요리를 정말 잘 하는구나. ❺ ______________________________

크리스: 맛있다니 정말 다행이다. 다 먹고 같이 숙제도 하자.

다니엘: 나는 귀찮아서 안 하는 날이 더 많은데 너는 참 대단해.

❻ ______________________________

크리스: 쓰기 시험을 잘 보려면 숙제가 정말 중요해. 너도 열심히 해 봐.

다니엘: 알았어. 이 한자 책은 뭐야? 한자 공부도 해?

크리스: 응, 한국어 단어 공부를 할 때 한자를 알면 좋을 것 같아서.

다니엘: ❼ ______________________

크리스: 요즘에는 한국 신문도 틈틈이 읽으려고 노력하고 있어.

다니엘: 한국 신문도 읽는단 말이야? ❽ ______________________

넌 정말 배울 것이 많은 친구구나.

크리스: 배울 것이 많기는. 좋게 생각해 줘서 고마워.

활동 여러분 나라의 전통 문화를 보기 와 같이 소개해 보십시오.

전통 문화	전통 문화에 대한 나의 생각
한복	한복을 혼자서 입기란 쉬운 일이 아니다. 외국인도 한복을 한번 입어 보면 반할 것이다.
한국 전통 무용	가까운 곳에서 직접 보기란 정말 어려운 일이다. 공연을 보면 금방 그 매력에 빠지게 될 것이다.

보기 한복을 입어본 적이 있나요? 한복을 혼자서 입기란 쉬운 일이 아니에요. 하지만 한복을 한번 입어 보면 한복의 아름다운 색과 모양에 반할 걸요.

부록

제1과 대학생활

01 선배님께서 많이 도와 주셨으면 합니다

새 어휘

01 1) 학번 2) 궁금한
3) 낯선 4) 어색해

02 1) 낯설고 2) 어색하
3) 궁금한 4) 찾아오세요

주제 어휘

01 1) 흥분되면 2) 내성적인
3) 외향적인 4) 긴장됐어요

02 1) 처음 운전을 할 때 사고가 날 것 같아서 긴장돼요.
2) 외국인이 한국말을 할 때 발음이나 억양이 어색해요.
3) 우리나라가 다른 나라와 하는 운동경기를 볼 때 흥분돼요.
4) 좋아하는 가수의 새 노래가 나올 때 노래가 어떨지 궁금해요.

문법1

01 1) 미선 씨가 교실에 들어온 지 10분쯤 됐어요.
2) 효리 씨가 채식을 한 지 2년이 됐어요.
3) 컴퓨터가 안 켜진 지 며칠 됐어요.
4) 마이클 씨가 한국으로 유학을 온 지 6개월이 됐어요.
5) 제가 사진 동아리에 든 지 5개월이 지났어요.
6) 김 선생님께서 도서관에서 책을 대출하신 지 2주일이 됐어요.
7) 제가 친구들과 같이 쇼핑을 한 지 일주일쯤 됐어요.
8) 동아리 발표회를 시작한 지 2시간이 넘었어요.

02 1) 가: 유양 씨가 한국에 온 지 얼마나 됐어요?
나: 유양 씨가 한국에 온 지 6개월쯤 됐어요.
2) 가: 유양 씨가 한국어를 공부한 지 얼마나 됐어요?
나: 유양 씨가 한국어를 공부한 지 다섯달쯤 됐어요.
3) 가: 유양 씨에게 한국 친구가 생긴 지 얼마나 됐어요?
나: 유양 씨에게 한국 친구가 생긴 지 한 달쯤 됐어요.
4) 가: 유양 씨가 기숙사에서 산 지 얼마나 됐어요?
나: 유양 씨가 기숙사에서 산 지 이주일쯤 됐어요.
5) 가: 유양 씨가 친구 집에서 한식을 먹은 지 얼마나 됐어요?
나: 유양 씨가 친구 집에서 한식을 먹은 지 일주일쯤 됐어요.
6) 가: 유양 씨가 룸메이트와 가로수길 구경을 한 지 며칠 됐어요?
나: 유양 씨가 룸메이트와 가로수길 구경을 한 지 3일 됐어요.
7) 가: 유양 씨가 부모님을 못 뵌 지 얼마나 됐어요?
나: 유양 씨가 부모님을 못 뵌 지 6개월쯤 됐어요.
8) 가: 유양 씨가 할머니, 할아버지와 베이징 오리구이를 먹은 지 얼마나 됐어요?
나: 유양 씨가 할머니, 할아버지와 베이징 오리구이를 먹은 지 7개월쯤 됐어요.

문법2

01 1) 오늘 모임에서 이번 여행 계획을 세웠으면 해요.
2) 병원에 가야 해서 이번 모임을 연기했으면 해요.
3) 대학원에 진학해서 공부를 좀 더 했으면 해.
4) 공연 뒤풀이를 하기 전에 관객들에게 인사를 했으면 해요.
5) 서재에서는 책을 봐야 하니까 조명이 좀 더 밝았으면 해요.
6) 여행 일정이 너무 길지 않았으면 해요.
7) 약속 시간이 내일 저녁이었으면 해요.
8) 우리가 묵을 호텔은 바다쪽 전망이었으면 해요.

02 1) 인상이 좋았으면 해요.
2) 눈이 컸으면 해요.
3) 사업가였으면 해요.
4) 성격이 활발했으면 해요.
5) 좀 남자다웠으면 해요.
6) 등산을 좋아했으면 해요.
7) 다른 사람을 잘 이해하는 사람이었으면 해요.
8) 자기 일을 좋아하는 사람이었으면 해요.

02 주말까지 이번 학기 수강 신청을 하도록 해

새 어휘

01 1) 서둘러　2) 방법이
3) 수강 신청을　4) 마감되었으니까
02 1) 강의를　2) 마감됐어
3) 방법이　4) 서둘러서

주제 어휘

01 1) 시간표　2) 과목
3) 교양과목　4) 전공과목
02 1) 취소를　2) 시간표를
3) 변경을　4) 신청
5) ③ → ⑤ → ④ → ② → ①

문법1

01 1) 중요한 것을 놓칠 수도 있으니까 수업에 늦지 않도록 하세요.
2) 네, 내일부터 일찍 오도록 하겠습니다.
3) 교실에서는 자기 나라 말을 쓰지 않도록 하세요.
4) 네, 우리나라 말을 쓰지 않도록 하겠습니다.
5) 학교에 못 오면 꼭 연락을 하도록 하세요.
6) 네, 학교에 못 오면 꼭 연락을 드리도록 하겠습니다.
7) 한국 친구와 언어 교환을 하도록 하세요.
8) 네. 한국 친구와 언어 교환을 하도록 하겠습니다.
02 1) 결석을 하지 않도록 하십시오.
2) 도서관을 자주 이용하도록 하십시오.
3) 인사를 잘 하도록 하세요.
4) 학과 모임에 열심히 참여하도록 하십시오.
5) 동아리에 가입하도록 하세요.
6) 다양한 경험을 쌓도록 하세요.
7) 외국어를 배우도록 하십시오.
8) 사회에 나가면 하고 싶어도 못 하니까 여행도 많이 하도록 하십시오.

문법2

01 1) 늦게 출발하면 길이 막혀서 회의에 늦을지도 몰라요.
2) 부모님께서 선물을 마음에 안 들어 하실지도 몰라요.
3) 웨이 씨 버릇에 대해 이야기하면 기분 나빠할지도 몰라요.
4) 선생님께서 여러 번 말씀하신 문법이니까 시험에 나올지도 몰라요.
5) 370번 버스가 강남역에 가지 않을지도 몰라요.
6) 지금 가면 공연장에 자리가 없을지도 몰라요.
7) 늦게 오니까 저녁을 먹었을지도 몰라요.
8) 휴대전화가 안 켜지는 걸 보면 고장이 났을지도 몰라요.
02 1) 음식이 입에 안 맞을지도 몰라서 컵라면과 고추장을 준비했어요.
2) 여권을 잃어버릴지도 몰라서 복사했어요.
3) 현금이 모자랄지도 몰라서 신용 카드를 가지고 가요.
4) 갑자기 아플지도 몰라서 비상약도 준비했어요.
5) 무슨 일이 생길지도 몰라서 여행자 보험에도 가입했어요.
6) 수영할지도 몰라서 수영복을 가지고 가요.
7) 메모할 일이 생길지도 몰라서 필기도구를 준비했어요.
8) 제가 직접 운전을 해야 될지도 몰라서 국제운전면허증도 챙겼어요.

03 결국 과제 제출 기한을 넘기고 말았어

새 어휘

01 1) 학점이에요　2) 기한이
3) 결국　4) 미술사
02 1) 기한을　2) 넘겼다
3) 결국　4) 학점을

주제 어휘

01 1) 토론　2) 발표
3) 평가　4) 출석
02 1) 교재　2) 평가
3) 시험　4) 보고서

문법1

01 1) 친구가 어찌나 빨리 걷는지 따라갈 수가 없었어요.
2) 대회에 나온 학생이 어찌나 노래를 잘 하는지 진짜 가수 같았어요.
3) 바람이 어찌나 많이 부는지 가만히 서 있을 수가 없었어요.
4) 미선 씨가 중국어를 어찌나 잘 하는지 중국 사람인 줄 알았어요.
5) 어찌나 물이 찬지 손을 넣기가 힘들었어요.
6) 케이블카를 타려고 기다리는 줄이 어찌나 긴지 그냥 걸어서 갔어요.
7) 식당 음식이 어찌나 맛이 없는지 반이나 남겼어요.
8) 콘서트가 어찌나 재미있는지 시간 가는 줄 몰랐어요.

02 1) 먹어 보지 못한 음식이 어찌나 많은지
2) 어찌나 느끼한지
3) 어찌나 친절한지
4) 마음에 드는 호텔은 어찌나 비싼지
5) 시설이 어찌나 오래 되었는지
6) 유명한 박물관에는 사람이 어찌나 많은지
7) 입장료는 어찌나 비싸게 받는지
8) 그동안 보고 싶었던 작품이 어찌나 많은지

문법2

01 1) 오래 사귀었는데 부모님의 반대로 결국 헤어지고 말았어요.
2) 피곤해서 씻지도 않고 잠이 들고 말았어요.
3) 한국어능력시험에서 떨어지고 말았어요.
4) 처음 만나는 사람도 있어서 참으려고 했는데 화를 내고 말았어요.
5) 공항에 늦게 도착해서 비행기를 놓치고 말았어요.
6) 영화의 주인공이 병으로 죽고 말았어요.
7) 산 지 얼마 안 된 냉장고가 고장이 나고 말았어요.
8) 머리를 다쳐서 기억을 잃어버리고 말았어요.

02 1) 학교 버스를 놓치고 말았다.
2) 수업에 늦고 말았다.
3) 엉뚱한 대답을 하고 말았다.
4) 얼굴이 빨개지고 말았다.
5) 옷에 국물을 흘리고 말았다.
6) 휴대전화를 세면대에 빠뜨리고 말았다.
7) 휴대전화가 고장이 나고 말았다.
8) 계속 실수를 하고 말았다.

04 참가하려고 하는 사람이 많지 않을 텐데 어떻게 하지?

새 어휘

01 1) 신학기가 2) 분주해요
3) 장기 자랑 4) 참가할

02 1) 장기 자랑을 2) 학년별
3) 참가하 4) 분주하

주제 어휘

01 1) 신입생 환영회 2) 오리엔테이션
3) 엠티 4) 학교 축제

02 1) 오리엔테이션 2) 엠티를
3) 학교 축제 4) 졸업생 환송회를

문법1

01 1) 피곤하실 텐데 늦은 시간까지 기다려 주셔서 감사합니다.
2) 저녁에는 쌀쌀할 텐데 입을 옷을 하나 가지고 가세요.
3) 지금 시험 기간일 텐데 도서관에 자리가 있을까요?
4) 밤을 새워서 힘들 텐데 커피 한 잔 드세요.
5) 미국은 지금 자는 시간일 텐데 전화는 나중에 하세요.
6) 주말에는 극장에 사람이 많을 텐데 평일에 영화를 볼까요?
7) 등산을 하다 보면 목이 마를 텐데 물을 좀 준비해 가세요.
8) 손님이 많아서 음식이 모자랄 텐데 음식을 조금 더 시킬까요?

02 1) 잘 모를 2) 참가하는 사람이 많을
3) 장소를 잘 모를 4) 걱정하시는 부모님도 계실
5) 이름을 잘 모를 6) 배가 고플
7) 어색할 8) 바쁠

문법2

01 1) 학생이라서 2) 장마철이라서
3) 신제품이라서 4) 수리 중이라서
5) 시험기간이라서 6) 출근시간이라서
7) 다이어트 중이라서 8) 내성적이라서

02 1) 신제품이라서 가격이 좀 비싸요.
2) 제 컴퓨터가 고장이라서 친구 노트북을 빌려서 보고서를 써요.
3) 엘리베이터가 수리 중이라서 걸어 왔어요.
4) 여름휴가 기간이라서 도로에 차가 별로 없어요.
5) 백화점에서 세일 중이라서 옷을 싸게 샀어요.
6) 요즘 다이어트 중이라서 많이 안 먹어요.
7) 지금 진료 중이라서 조금 기다리셔야 합니다.
8) 오늘은 휴관이라서 도서관에 안 갔어요.

제2과 쇼핑

01 학교 매점이 싸다니까 거기에서 사시지요

새 어휘

01 1) 매점 2) 품목이
3) 들러서 4) 조리하
02 1) 들렀는데 2) 품목을
3) 인스턴트식품 4) 조리해서

주제 어휘

01 1) 시식 2) 증정품
3) 사은품 4) 기념품
02 1) 증정품으로 2) 사은품
3) 시식 4) 서비스로

문법1

01 1) 다음 주에 고향으로 돌아간다니까
2) '오페라의 유령'을 4월 17일부터 공연한다니까
3) 시청 앞 길이 많이 복잡하다니까
4) 중고 교재를 판다니까
5) 모든 품목을 30% 할인한다니까
6) 올봄에는 꽃무늬가 유행할 거라니까
7) 휴대 전화 수리가 다 됐다니까
8) 다음 역은 시청역이라니까

02 1) 인사동에 볼거리가 많다니까
2) 따뜻한 차를 마시면 빨리 낫는다니까
3) 학교 앞에 새로 생긴 카페가 서비스가 좋다니까
4) 학교 앞에 있는 피자집에서 아르바이트생을 구한다니까
5) 과 동아리에 들면 다른 과 친구를 사귈 기회가 없다니까
6) 도서관 3층에 발표 자료가 많다니까 거기에서 찾아봐.
7) 기숙사가 편하다니까 기숙사를 신청해 봐.
8) 요즘 연세 노트북이 잘 팔린다니까 그걸 사서 써 봐.

문법2

01 1) 힘드실 텐데 좀 쉬시지요.
2) 몸도 안 좋은데 무리하지 마시지요.
3) 버디 프로그램을 한번 해 보시지요.
4) 혼자 짐을 들기가 무거울 텐데 같이 들지요.
5) 다리가 아프실 텐데 앉아서 기다리시지요.
6) 엠티를 가면 친해진다니까 같이 가시지요.
7) 시간이 거의 다 됐는데 이제 출발하시지요.
8) 공동구매하면 쌀 테니까 공동 구매 사이트에 들어가 보시지요.

02 1) 가시지요.
2) 퇴근하시지요.
3) 병원에 한번 가 보시지요.
4) 차나 드시고 가시지요.
5) 인터넷에서 한번 찾아보시지요.
6) 전화를 다시 한번 해 보시지요.
7) 요가를 하면 스트레스가 풀린다니까 요가를 한번 해 보시지요.
8) 싱거운 것 같은데 소금을 좀 넣지요.

02 저도 이런 걸로 장만하려고 하는데 어느 매장에서 사셨어요?

새 어휘

01 1) 상품은 2) 소음이
3) 인터넷 쇼핑몰을 4) 평이
02 1) 장만하 2) 무게
3) 매장 4) 평을

주제 어휘

01 1) 색상 2) 특징
3) 기능 4) 가격
02 1) 사용법이 2) 기능이
3) 가격은 4) 색상은

문법1

01 1) 오렌지 주스로 두 잔 주세요.
2) 불고기 피자로 할게요.
3) 토마토 스파게티로 주세요.
4) 핫 윙으로 주세요.
5) 버섯 스프로 하겠습니다.
6) 마늘빵으로 주세요.
7) 연어 샐러드로 주세요.
8) 녹차로 두 잔 주세요.
02 1) 하얀색으로 주세요.
2) 공포 영화는 안 좋아하니까 액션 영화로 봅시다.
3) 음악사가 재미있다고 해서 음악사로 했어.
4) 사람이 많으니까 넓은 강의실로 하자.
5) 우리가 평소에 자주 가는 연세 돼지갈비집으로 합시다.
6) 연세 유스호스텔이 싸고 가까우니까 거기로 예약하자.
7) 정 선배님이 경험이 많으니까 정 선배님으로 했으면 좋겠어요.
8) 다음 주 수요일에 조원들이 시간이 다 된다니까 그때로 합시다.

문법2

01 1) 이번 주말에 만나려고
2) 헬스클럽에 다니려고
3) 바리스타 자격증을 따려고
4) 고향에 다녀오려고
5) 건강검진을 받으려고
6) 8시쯤 떠나려고
7) 휴대전화 수리를 맡기려고
8) 아르바이트를 하려고
02 1) 비자를 연장하려고 하는데 어디에서 해야 해요?
2) 홍콩으로 여행을 가려고 하는데 비행기표가 얼마예요?
3) 연세 대학교에 가려고 하는데 몇 번 버스를 타야 해요?
4) 선물을 하려고 하는데 어느 것이 좋아요?
5) 코트를 사려고 하는데 좀 보여 주세요.
6) 기숙사방 신청을 하려고 하는데 언제까지 할 수 있어요?
7) 책을 복사하려고 하는데 어디에서 할 수 있어요?
8) 대학원에 들어가려고 하는데 어떻게 해야 해요?

03 이건 세일을 안 하는 대신 할인권을 드려요

새 어휘

01 1) 특별히 2) 할인권
3) 세련되 4) 원하는
02 1) 신상품이 2) 세련된
3) 이상 4) 특별히

주제 어휘

01 1) 특이하다 2) 단순하다
3) 화려하다 4) 촌스럽다
02 1) 단순한 2) 화려한
3) 복잡한 4) 특이한

문법1

01 1) 넓어 보여요.
2) 똑똑해 보여요.
3) 나이가 어려 보여요.
4) 나이가 많아 보여요.
5) 맛있어 보여요.

6) 비싸 보여요.
7) 다리가 길어 보여요.
8) 피곤해 보여요.

02 1) 커 보여.
2) 무거워 보여.
3) 별로 안 따뜻해 보여.
4) 불편해 보이는데.
5) 짧아 보일 것 같은데 사지 마.
6) 뚱뚱해 보일 것 같아.
7) 너무 약해 보여.
8) 맛없어 보이니까 먹지 말자.

문법2

01 1) 발표를 하는
2) 같이 식사하는
3) 환갑잔치를 해 드리는
4) 카네이션 꽃을 선물하는
5) 두 개를 사는
6) 외국으로 유학을 가는
7) 건강식품을 먹는
8) 강의 교재를 빌려 주는

02 1) 용돈을 올려 주는 대신 공부를 더 열심히 해야 한다.
2) 제임스 씨가 밥을 사는 대신 저는 커피를 살게요.
3) 내가 늦게 온 대신 맛있는 것을 사 줄게.
4) 교통이 불편한 대신 집값이 싸요.
5) 노래를 부르는 대신 춤을 췄어.
6) 집에서 식사 준비를 하는 대신 식당에서 대접하시지요.
7) 영화를 보는 대신 볼링을 치러 가자.
8) 그래서 밥 대신 빵하고 우유만 먹었어.

04 당장 사진을 게시판에 붙여 놓아야겠다

새 어휘

01 1) 목록 2) 아까워서
3) 실물을 4) 붙였어요

02 1) 실물이 2) 그냥
3) 아깝 4) 당장

주제 어휘

01 1) 구입하다 2) 물려받다
3) 기부하다 4) 판매하다

02 1) 물려받 2) 구입하
3) 판매해서 4) 기부하

문법1

01 1) 힘들 2) 잘 치
3) 미안하 4) 안 좋아하
5) 다 끝내 6) 깎아 주
7) 돌아가 8) 장학금을 받

02 1) 촌스럽기는요. 아주 세련된 디자인이에요.
2) 화려하기는요. 회사원들도 많이 입고 다녀요.
3) 튼튼하지 않기는요. 요즘은 그렇게 안 만들어요.
4) 안 되기는요. 얼마든지 입어 봐도 돼요.
5) 뚱뚱해 보이기는요. 어두운 색깔이어서 전혀 안 그래요.
6) 작기는요. 더 큰 것은 안 맞을 거예요.
7) 비싸기는요. 품질에 비하면 별로 비싼 것도 아니에요.
8) 작년 상품이기는요. 나온 지 일주일밖에 안 됐는데요.

문법2

01 1) 청소해 놓았어요.
2) 요리 재료를 사 놓았어요.
3) 만들어 놓을게요.
4) 씻어 놓을게요.
5) 상을 차려 놓을게요.
6) 냉장고에 넣어 놓았어요.
7) 에어컨을 켜 놓을게요.
8) 손님들한테 다 연락해 놓았어.

02 1) 켜 놓으세요.
2) 걸어 놓으세요.
3) 적어 놓으세요.
4) 알람을 맞춰 놓을 거야.
5) 제가 문을 열어 놓았어요.
6) 제가 자리를 예약해 놓았어요.
7) 교재도 다 사 놓았어요.
8) 이름을 써 놓으세요.

제3과 유학 생활

01 학교 근처에 있는 원룸을 알아보지 그래?

새 어휘

01 1) 딸려 있는 2) 웬만하면
3) 가구는 4) 설치하고

02 1) 에어컨을 2) 웬만한
3) 딸려 있는 4) 설치하러

주제 어휘

01 1) 월세 2) 계약금
3) 전세 4) 중개수수료

02 1) 보증금 2) 월세
3) 부동산중개소 4) 세입자

문법1

01 1) 장학금도 받고 해서 친구들을 초대했어요.
2) 아침에 회의도 있고 해서 어제 일찍 잤어요.
3) 값도 싸고 해서 학교 앞 식당에 자주 가요.
4) 머리도 아프고 해서 약속을 취소했어요.
5) 잠도 안 오고 해서 밤늦게까지 책을 읽었어요.
6) 늦게 일어나고 해서 택시를 타고 왔어요.
7) 눈도 많이 오고 해서 하루 종일 집에만 있었어요.
8) 유학도 가고 싶고 해서 회사를 그만뒀어요.

02 1) 시험도 있고 해서 일찍 왔어요.
2) 장학금도 받고 해서 한턱냈어요.
3) 할 일도 많고 해서 모임에 안 나갔어요.
4) 선물도 사야하고 해서 백화점에 갔어요.
5) 하숙비도 비싸고 해서 다른 하숙집으로 옮겼어요.
6) 요즘 건강도 나빠지고 해서 운동을 시작했어요.
7) 요즘 돈도 없고 해서 여행을 안 가기로 했어요.
8) 성격도 안 맞고 해서 헤어졌어요.

문법2

01 1) 친구에게 깨워 달라고 부탁하지 그래요?
2) 밤늦게까지 게임을 하지 말지 그래요?
3) 한국 드라마를 보지 그래요?
4) 복습을 열심히 하지 그래요?
5) 한국 친구하고 언어 교환을 해보지 그래요?
6) 건강식품을 먹어 보지 그래요?
7) 운동을 시작하지 그래요?
8) 술을 많이 마시지 말지 그래요?

02 1) 빵이라도 먹지 그래요?
2) 지하철을 타고 가지 그래?
3) 운동을 좀 하지 그래요?
4) 머리가 아프면 두통약을 먹지 그래요?
5) 사전을 찾아보지 그래요?
6) 아르바이트를 해 보지 그래?
7) 약속 시간에 늦었으면 택시를 타고 가지 그래요?
8) 도서관에 가서 공부하지 그래요?

02 한국 사람이 저한테 말을 걸까 봐 긴장이 돼요

새 어휘

01 1) 어울리 2) 겁이 나요
3) 자신감이 4) 아직도

02 1) 겁이 나서 2) 자신감이
3) 어울릴 4) 언어 교환

주제 어휘

01 1) 성별 2) 국적
3) 모국어 4) 설문 조사가

02 1) 모국어는 2) 성별은
3) 신청서를 4) 게시판

문법1

01 1) 늦게 나오면 길이 막힐까
2) 점심시간에 가면 사람이 너무 많을까
3) 오늘 많이 걸어야하는 데 불편할까
4) 이미 기차가 출발했을까
5) 전화를 하면 친구가 화를 낼까
6) 제가 중간에 들어가면 회의에 방해가 될까
7) 바닥이 너무 미끄러워서 넘어질까
8) 시험에 떨어진 것을 이야기하면 부모님이 실망하실까

02 1) 깰까

2) 지하철 막차를 못 탈까
3) 밤에 잠을 못 잘까
4) 약속 시간에 늦을까
5) 늦잠을 잘까
6) 시험에 떨어질까
7) 감기에 걸릴까
8) 들은 이야기를 잊어버릴까

문법2

01 1) 채소를 더 넣으면
2) 사전을 찾아보면
3) 선생님께 물어보면
4) 저가 항공권을 찾아보면
5) 여행사에서 일하는 친구에게 물어보면
6) 이제 먹으면
7) 상만 차리면
8) 친구들만 기다리면

02 1) 서류는 다 준비했고 이제 면접 준비만 하면 돼요.
2) 회원 가입만 하면 돼요.
3) 비행기와 호텔 모두 예약 했고 이제 가방만 싸면 돼요.
4) 옷과 물건들은 정리가 끝났고, 책만 정리하면 돼요.
5) 저는 매운 음식을 잘 못 먹으니까 맵지 않으면 돼요.
6) 저는 성격이 중요하다고 생각하니까 성격만 좋으면 돼요.
7) 한국어 실력이 중요하니까 우선 한국어 실력이 좋으면 돼요.
8) 된장찌개가 짜면 물을 더 넣으면 돼요.

03 쓰레기를 버린다는 것이 중요한 서류를 버렸어요

새 어휘

01 1) 눈앞이 캄캄했어요 2) 휴학하는
3) 서류를 4) 곤란하니까

02 1) 휴학하려고 2) 서류가
3) 눈앞이 캄캄해 4) 곤란해

주제 어휘

01 1) 이력서 2) 자격
3) 자기소개서 4) 기간

02 1) 자격이 2) 면접을
3) 서류가 4) 기간은

문법1

01 1) 식당에서 계산하려고 만 원짜리를 낸다는 것이 천 원짜리를 내서 식당 주인이 당황해했어요.
2) 내 신발을 신는다는 것이 모양이 비슷해서 다른 사람 신발을 신고 집에 왔어요.
3) 쓰레기를 버린다는 것이 중요한 회의 자료를 버려서 다시 준비한 적이 있어요.
4) 153번 버스를 탄다는 것이 번호가 비슷해서 135번 버스를 탔어요.
5) 내 코트를 입는다는 것이 색깔이 비슷해서 옆 사람의 코트를 입고 왔어요.
6) 커피에 설탕을 넣는다는 것이 소금을 넣어서 맛이 이상해요.
7) 말하기 교재를 가지고 온다는 것이 듣기 교재를 가지고 와서 옆 친구하고 같이 봤어요.
8) 핸드폰을 가지고 온다는 것이 TV 리모컨을 가지고 와서 친구들이 보고 웃었어요.

02 1) 옆 테이블에 드린다는 것이 잘못 가지고 왔어요.
2) 내가 후추를 친다는 것이 소금을 쳤나 봐.
3) 시청 방향으로 간다는 것이 반대 방향으로 가는 걸 탔어요.
4) 마리아 씨한테 전화한다는 것이 웨이 씨한테 전화를 했어요.
5) 회의 자료를 가지고 온다는 것이 깜빡 잊어버리고 자리에 놓고 왔어요.
6) 내 구두를 신고 온다는 것이 다른 사람 구두를 신고 왔군.
7) 401호에 온다는 것이 301호에 가서 벨을 눌렀어.
8) 아이스커피를 시킨다는 것이 실수로 뜨거운 커피를 시켰어요.

문법2

01 1) 학교까지 그렇게 오래 걸렸단 말이에요?
2) 다이어트를 한단 말이에요?

3) 시험이 그렇게 어려웠단 말이에요?
4) 리에 씨가 그렇게 열심히 운동을 한단 말이에요?
5) 도서관에서 빌린 책을 잃어버렸단 말이에요?
6) 하숙비가 그렇게 많이 올랐단 말이에요?
7) 제임스 씨가 그렇게 부자란 말이에요?
8) 두 사람이 또 싸웠단 말이에요?

02 1) 청바지를 입고 등산을 했단 말이야?
2) 점심도 안 먹었단 말이야?
3) 영수의 꿈이 영화배우란 말이야?
4) 공부도 하고 아르바이트도 하고 많이 바쁜데 학원에도 다닌단 말이야?
5) 너도 리에를 좋아한단 말이야?
6) 리에와 마이클이 사귀고 있단 말이야?
7) 등산하는데 운동화를 신었단 말이야?
8) 어제 2시가 넘어서 잤단 말이야?

04 앞으로 계속 같이 지내야 하잖아요

새 어휘

01 1) 상황 2) 화해해요
3) 안색 4) 마음대로

02 1) 마음대로 2) 말다툼을
3) 상황은 4) 화해하지

주제 어휘

01 1) 오해하다 2) 화해하다
3) 오해를 풀다 4) 용서하다

02 1) 오해했습니다 2) 사과했지만
3) 용서하려고 4) 화해할

문법1

01 1) 가 버렸어요. 2) 먹어 버렸어요.
3) 끝내 버렸어요. 4) 말해 버렸어요.
5) 울어 버렸어요. 6) 나와 버렸어요.
7) 줘 버렸어요. 8) 끊어 버렸어요.

02 1) 깜빡 잊고 냉장고에 넣지 않아서 다 녹아 버렸어요
2) 성격도 안 맞고 해서 헤어져 버렸어요.
3) 날씨가 너무 더워서 잘라 버렸어요.
4) 너무 시끄러워서 텔레비전을 꺼 버렸어요.
5) 친구가 30분이 지나도 안 와서 그냥 와 버렸어.
6) 어제 친구들이 놀러 와서 다 마셔 버렸어.
7) 안 빌렸어요. 계속 봐야할 것 같아서 그냥 책을 사 버렸어요.
8) 어제 마이클 씨하고 이야기하다가 나도 모르게 화를 내 버렸어요.

문법2

01 1) 싸고 맛있잖아요.
2) 일주일 전에 고향에 돌아갔잖아요.
3) 자기 일은 잘 말하지 않잖아요.
4) 두 달 전부터 수영을 시작했잖아요.
5) 도서관에서 아르바이트하잖아요.
6) 여자 친구가 생겼잖아요.
7) 여자 친구가 한국 사람이잖아요.
8) 내일 시험이 있잖아요.

02 1) 학교에서 가깝고 교통이 편리하잖아요.
2) 퇴근 시간이어서 길이 많이 막히잖아요.
3) 요즘 백화점 세일 기간이잖아요.
4) 얼마 전에 크게 싸우고 헤어졌잖아요.
5) 요즘 회사 일이 많이 바쁘잖아요.
6) 맛있고 건강에도 좋잖아요.
7) 장마가 시작됐잖아요.
8) 리에 씨 전공이 프랑스어잖아요.

제4과 여행

01 교수님들도 모두 모시고 가 보는 게 어때?

새 어휘

01 1) 마치 2) 전체를
3) 답사를 4) 지루해서

02 1) 마치 2) 전체가
3) 경주 4) 지루해하는

주제 어휘

01 1) 순환 버스 2) 관광철
3) 할인 4) 배차 시간

02 1) 순환 버스가 2) 배차 시간
3) 비용은 4) 단체

문법1

01 1) 자주 먹는다고 할 수 있어요.
2) 이 회사 제품이 인기가 있다고 할 수 있습니다.
3) 쉬웠다고 할 수 있지.
4) 많이 온다고 할 수 있지.
5) 자주 한다고 할 수 있어요.
6) 많이 해 봤다고 할 수 있어.
7) 다른 곳에 비해서 싸다고 할 수 있어요.
8) 자주 만난다고 할 수 있어.

02 1) 말하기 시험을 잘 봤다고 할 수 있어요.
2) 과 학생들이 거의 다 참석했다고 할 수 있어요.
3) 월급이 많다고 할 수 있어요.
4) 인터넷 쇼핑을 자주 한다고 할 수 있어요.
5) 인스턴트식품을 자주 먹는다고 할 수 있어요.
6) 다른 원룸에 비해서 세가 싸다고 할 수 있어요.
7) 우리 두 사람은 사이가 좋다고 할 수 있어요.
8) 잠을 거의 못 잔다고 할 수 있어요.

문법2

01 1) 하숙집을 알아보는 게 어때?
2) 국립도서관에 한번 가 보는 게 어때?
3) 다음에는 밝은색 옷을 사는 게 어때?
4) 가격이 조금 비싸기는 하지만 백화점에서 사는 게 어때요?
5) 언어교환을 하거나 한국 가게에서 아르바이트를 하는 게 어때요?
6) 서로 지켜야 할 규칙을 정해 보는 게 어때?
7) 학교 근처에 큰 마트가 있으니까 거기에 가 보는 게 어때?
8) 육류와 채소를 골고루 먹고 운동도 하는 게 어때요?

02 1) 그 식당에 가는 게 어때?
2) 초대장을 만들어서 보내는 게 어떨까?
3) 부탁해 보는 게 어때?
4) 선물도 준비하는 게 어때?
5) 학교 기념품을 드리는 게 어때?
6) 선물에 사진도 함께 넣는 게 어떨까?
7) 우리가 직접 하는 게 어때?
8) 지금 사러 가는 게 어때?

02 몇 년 전만 해도 서울에서 경주까지 가는 KTX가 없었어

새 어휘

01 1) 전망이 2) 콘도는
3) 숙소를 4) 포기하

02 1) 교통편이 2) 꾸며
3) 펜션이 4) 콘도가

주제 어휘

01 1) 가족석 2) 온돌
3) 민박 4) 인원

02 1) 인원이 2) 콘도나
3) 펜션을 4) 난방

문법1

01 1) 조금 전만 해도 날씨가 좋았는데 갑자기 비가 오는군요.
2) 30분 전만 해도 가게 문이 열려 있었는데 지금은 닫혀 있어요.
3) 얼마 전만 해도 날씨가 추웠는데 지금은 많이 따뜻해졌어요.
4) 두 달 전만 해도 여자 친구가 없었는데 제임스 씨가 다음 달에 결혼한다고 해요.
5) 몇 달 전만 해도 좀 뚱뚱했는데 운동을 열심히 해서 날씬해졌어요.
6) 조금 전만 해도 손님이 별로 없었는데 많아졌어요.
7) 어제만 해도 이렇게 바쁘지 않았어요.
8) 오늘 아침만 해도 괜찮았는데 갑자기 배가 아파요.

02 1) 방금 전만 해도 방에 있었어요.
2) 일주일 전만 해도 없었어요.
3) 5년 전만 해도 사용하는 사람이 별로 없었어요.
4) 1년 전만 해도 한국말을 할 수 없었는데 이제 한국말로 일기도 쓸 수 있어요.

5) 조금 전만 해도 여기에서 재미있게 이야기하고 있었는데.
6) 5년 전만 해도 막걸리를 모르는 사람이 많았는데, 정말 놀랐어요.
7) 어제만 해도 일이 이렇게 많지 않았는데 오늘은 정말 바쁘군요.
8) 오늘 점심때만 해도 괜찮았는데 갑자기 체한 것 같아요.

문법2

01 1) 리에는 보통 때 기분이 좋다가도 날씨가 안 좋으면 우울해해요.
2) 두 사람은 친하게 지내다가도 싸우면 며칠 동안 말을 안 합니다.
3) 고향 생각을 안 하다가도 명절 때만 되면 고향에 가고 싶어져요.
4) 운동을 시작하려고 하다가도 요즘 계속 피곤해서 안 하게 돼요.
5) 평소에는 집안일을 잘 안 하다가도 손님만 오면 청소를 해요.
6) 김치찌개가 좋다가도 싫을 때가 있어요.
7) 새 옷을 사고 싶다가도 용돈을 생각하면 못 사겠어요.
8) 아기가 울다가도 장난감만 보면 울음을 그쳐요.

02 1) 밥을 잘 먹다가도 날씨가 더워지면 식욕을 잃어요.
2) 그래서 학생들이 시끄럽게 떠들다가도 선생님만 오시면 조용히 해요.
3) 다들 조용히 있다가도 제임스만 보이면 저렇게 좋아해요.
4) 평소에는 잘 하다가도 중요한 대회에만 나가면 실수를 많이 하는 것 같아.
5) 공부 때문에 스트레스가 많다가도 여행 생각만 하면 기분이 좋아져요.
6) 배가 고프지 않다가도 음식을 보면 식욕이 생겨요.
7) 우울해하다가도 음식만 보면 행복해해요.
8) 기분이 좋다가도 시험 생각만 하면 걱정이 돼.

03 오늘 오후 일정이 어떻게 되는지 알아?

새 어휘

01 1) 기대가 돼요　2) 시내버스로
3) 불국사　4) 석굴암은

02 1) 석굴암　2) 시내버스를
3) 기대가 됐는데　4) 사진첩을

주제 어휘

01 1) 사진을 찍어　2) 관광버스가
3) 동영상을 찍었다　4) 해수욕장이

02 1) 동영상을 찍　2) 기념촬영을 할
3) 관광버스를　4) 해수욕을 하면서

문법1

01 1) 횡단보도가 없을 때 여기에서 교통사고가 많이 나곤 했어요.
2) 동생은 화가 나면 음악을 크게 듣곤 했어요.
3) 시험 기간에는 주말에도 학교에 와서 친구들과 함께 공부를 하곤 했어요.
4) 초등학교 때 수업이 끝나고 학교 앞 분식집에서 떡볶이를 먹곤 했어요.
5) 수업이 끝나고 집에 가다가 집 근처 편의점에 자주 들르곤 해요.
6) 요즘 요리에 관심이 생겨서 집에 일찍 가면 자주 음식을 만들곤 해요.
7) 요즘 날씨가 좋아져서 자주 한강에서 자전거를 타곤 해요.
8) 친구들이 보고 싶으면 화상통화를 하곤 해요.

02 1) 친구들과 영화를 보곤 했어요.
2) 학교 근처 커피숍에서 이야기를 하곤 했어요.
3) 한 해의 계획을 세우곤 해요.
4) 용돈을 받아서 모았다가 필요한 물건을 사곤 했어요.
5) 시험공부를 할 때 밤을 새우곤 했어요.
6) 방을 깨끗이 청소하고 집에서 혼자 영화를 보곤 해요.
7) 친구들과 함께 모여서 만들어 먹곤 해요.
8) 노래방에 가서 큰 소리로 노래를 부르곤 해요.

문법2

01 1) 신입생 오리엔테이션이 언제인지 아세요?
2) 이 과제 제출 기한이 언제까지인지 알아.
3) 요즘 무슨 노트북이 제일 많이 팔리는지 알아요?
4) 이 순환버스의 첫차가 언제 출발하는지 압니다.
5) 이 중에서 무엇이 가장 싼지 알아요?
6) 한국 역사에 대한 자료가 어디에 많은지 알아.
7) 제가 주문한 물건이 언제 배송되었는지 아세요?
8) 시험을 언제 볼지 모르겠어요.

02 1) 나는 누군지 알아.
2) 전공 수업 발표를 언제 하는지 알아요?
3) 나는 언제 하는지 알아.
4) 두 사람이 왜 말다툼을 했는지 알아?
5) 무슨 시설이 있는지 몰라.
6) 내일 몇 명이 참석할지 모르겠어.
7) 연세 쇼핑몰 고객센터 전화번호가 몇 번인지 알아?
8) 리에가 왜 한국어를 배우는지 알아?

04 이번 모임 때 이야기해 보기로 하자

새 어휘

01 1) 아쉬워요　2) 모으
3) 후기를　4) 추억을

02 1) 아쉽다　2) 시간을 보냈고
3) 모아　4) 웃음이 났다

주제 어휘

01 1) 이국적인　2) 기념하
3) 기억에 남을　4) 떠나서

02 1) 떠나　2) 이국적이었다
3) 기념하　4) 기억에 남았다

문법1

01 1) 이번 엠티 회비는 얼마인가요?
2) 지도 교수가 누구이신가요?
3) 순환 버스를 어디에서 타야 하나요?
4) 어떤 스타일을 원하시나요?
5) 이 옷이 너무 화려한가요?
6) 전공 수업 듣기가 어떤가요?
7) 고향에서는 무슨 일을 했나요?
8) 방학 때 고향에 돌아갈 건가요?

02 1) 어떤 시설들이 있나요?
2) 주변에 수영을 할 수 있는 곳이 있나요?
3) 펜션에서 가까운 관광지는 어디인가요?
4) 이용할 수 있는 다른 시설은 없나요?
5) 그런 시설을 이용할 때 이용료를 내야 하나요?
6) 어디에서 장을 볼 수 있나요?
7) 어떻게 가면 되나요?
8) 숙박비는 얼마인가요?

문법2

01 1) 학교 앞 뷔페식당에서 하기로 했어요.
2) 오후에 수업이 있는 사람도 있으니까 6시에 시작하기로 했어요.
3) 신입회원들 장기자랑도 보고 오락 시간도 갖기로 했어요.
4) 노래방에 가기로 했어요.
5) 선배들만 만 원씩 내기로 했어요.
6) 리에가 신입 회원들에게 연락을 하기로 했어요.
7) 웨이가 동기들과 선배님들에게 연락을 하기로 했어요.
8) 정확한 날짜와 시간은 모두에게 연락을 해 본 후에 정하기로 했어요.

02 1) 3박 4일 동안 하기로 하자.
2) 다섯 팀이 하기로 했어요.
3) 마이클이 숙소 예약을 하기로 했어.
4) 중고품 시장에 팔기로 했어요.
5) 선후배님들과 교수님을 초대하기로 했어요.
6) 다음 주 수요일에 하기로 합시다.
7) 도서관에서 하기로 하자.
8) 말하기 시험 준비를 하기로 하자.

제5과 학교 시설

01 학위 논문을 보려면 4층 논문 열람실로 가봐

새 어휘

01 1) 관련 2) 대출할
3) 논문을 4) 학위를

02 1) 시립 2) 관련
3) 논문 4) 대출해서

주제 어휘

01 1) 연장 2) 반납
3) 열람실 4) 연체료

02 1) 열람실 2) 학부생이
3) 연장을 4) 연체료를

문법1

01 1) 학기말 보고서를 쓰
2) 친구와 이야기를 하
3) 월드컵 경기를 보
4) 샤워를 하
5) 급한 업무를 처리하
6) 대용량 파일을 다운로드하
7) 학교 축제에 참가하
8) 학비를 버

02 1) 고향에서 온 친구와 서울 구경을 하느라고 시험공부를 못 했어요.
2) 발표 준비를 하느라고 어제 밤을 새웠어요.
3) 여자 친구 선물을 사느라고 남은 돈을 다 썼어요.
4) 해야 할 일이 많아서 끝내고 오느라고 점심을 못 먹었어.
5) 오늘 발표가 있어서 발표 준비를 하느라고 바빠서 못 갔어요.
6) 요즘 다이어트를 하느라고 식사량을 줄여서 힘이 없어요.
7) 응, 논문 자료를 찾느라고 도서관에 갔다가 왔어.
8) 공사를 하느라고 도로를 막아서 길이 막혀요.

문법2

01 1) 좋은 점수를 받으려면 보고서를 제 시간에 내세요.
2) 주말에 영화를 보려면 미리 예매해야 해요.
3) 동아리 선후배들과 친해지려면 뒤풀이에 참석하세요.
4) 아르바이트 정보를 찾으려면 학교 홈페이지에 들어가 보세요.
5) 무료로 영화를 감상하려면 멀티미디어센터를 이용해 보세요.
6) 다른 과 친구들을 사귀려면 교내 동아리에 들어 보세요.
7) 룸메이트와 사이좋게 지내려면 지켜야 할 규칙을 정해야 해요.
8) 짧은 시간에 서울 시내를 구경하려면 시티투어 버스를 이용해 보세요.

02 1) 자료를 열람하려면 오후 5시 전에 가야 해요.
2) 원하는 자료를 찾으려면 도서관 홈페이지를 검색해 보세요.
3) 대출 도서를 더 보려면 연장 신청을 하세요.
4) 오후 5시 이후에 도서를 반납하려면 자동도서 반납기를 이용하면 돼요.
5) 도서관에 없는 자료를 보려면 인터넷으로 신청하면 돼요.
6) 세미나실을 이용하려면 도서관 홈페이지에서 예약하세요.
7) 복사를 하려면 복사실을 이용하거나 복사 카드로 직접 복사하면 돼요.
8) 대출 자료가 연체됐을 때 바로 대출하려면 연체료를 내세요.

02 중국으로 소포를 좀 보내려고요

새 어휘

01 1) 지역 2) 저울
3) 작성하면 4) 주소기표지

02 1) 저울 2) 주소기표지를
3) 작성하라고 4) 지역이기

주제 어휘

01 1) 현금수납 2) 요금후납
3) 접수년월일시 4) 내용물

02 1) 접수년월일시 2) 개수
3) 중량 4) 요금후납

문법1

01 1) 신용카드를 좀 만들려고요.
2) 국제 우편을 보내려고요.
3) 예약도서를 찾으려고요.
4) 원룸 전세를 좀 알아보려고요.
5) 드라이클리닝을 좀 맡기려고요.
6) 앞머리를 좀 자르려고요.
7) 깔끔한 정장을 한 벌 사려고요.
8) 비행기표를 예약하려고요.

02 1) 올해에는 꼭 결혼을 하려고요.
2) 이제는 담배를 끊으려고요.
3) 올해에는 꼭 집을 장만하려고요.
4) 해외로 여행을 보내 드리려고요.
5) 올해에는 운동을 좀 하려고요.
6) 배낭여행을 한 번 가려고요.
7) 대학 입학시험 준비를 열심히 하려고요.
8) 엄마, 아빠 말씀을 잘 들으려고요.

문법2

01 1) 통화량 2) 재료
3) 좌석 4) 예금 기간
5) 크기 6) 무게
7) 증상 8) 환경

02 1) 집값은 집의 크기에 따라 결정돼요.
2) 옷값은 옷의 품질에 따라 달라요.
3) 키는 부모의 키에 따라 결정돼요.
4) 음식 맛은 조리 방법에 따라 달라져요.
5) 택시 요금은 이동거리에 따라 결정돼요.
6) 노트북 컴퓨터 가격은 속도에 따라 달라요.
7) 세탁 요금은 옷의 종류에 따라 달라요.
8) 자동차 가격은 엔진의 종류에 따라 달라요.

03 건강센터에서 예방 접종을 받을 수 있다지요?

새 어휘

01 1) 구급약을 2) 올렸으니까
3) 예방접종은 4) 건강센터

02 1) 독감 2) 예방접종
3) 구급약 4) 올려

주제 어휘

01 1) 동아리방 2) 건강센터
3) 상담센터 4) 편의시설

02 1) 상담센터 2) 건강센터
3) 여학생 휴게실을 4) 동아리방이

문법1

01 1) 웨이 씨가 올해 스무 살이라지요?
2) 한국대학교에서 경영학을 전공하고 있다지요?
3) 학교 기숙사에서 산다지요?
4) 고향에 부모님이 계시다지요?
5) 형제가 없다지요?
6) 한국에서 제주도, 부산, 경주에 가 봤다지요?
7) 사진 찍는 것을 좋아한다지요?
8) 가장 친한 친구는 미국에서 온 제임스라지요?

02 1) 사람들이 아이를 한 명만 낳을 수 있다지요?
2) 한국의 고추보다 훨씬 더 맵다지요?
3) 여자들만 사는 여자의 나라가 있다지요?
4) 자원 문제 때문에 국내 전쟁을 하는 나라가 많다지요?
5) 사람 대부분이 불교를 믿는다지요?
6) 24시간 동안 해가 지지 않는 때가 있다지요?
7) 사람들은 겨울에 스케이트를 타고 출근을 한다지요?
8) 캥거루 고기를 먹는다지요?

문법2

01 1) 선생님께서 학생들에게 시험지에 반과 이름을 적게 하셨어요.
2) 부모님께서 정희에게 짧은 치마를 입지 못하게 하셨어요.

3) 어머니께서 철수에게 슈퍼에 가서 주방 세제를 사 오게 하셨어요.
4) 은행 직원이 고객에게 현금 카드 신청서를 쓰게 했어요.
5) 제임스가 웨이 씨에게 중국 노래를 부르게 했어요.
6) 교수님께서 학생들에게 일주일에 한 번씩 보고서를 내게 하셨어요.
7) 경찰이 주차를 하지 못하게 했어요.
8) 할머니께서 철수에게 차에 짐을 싣게 하셨어요.

02 1) 컴퓨터 게임을 많이 하지 못하게 하세요.
2) 고기를 채소와 같이 먹게 하세요.
3) 낮잠을 못 주무시게 하세요.
4) 커피를 조금만 드시게 하세요.
5) 쇼핑하기 전에 계획을 세우게 하세요.
6) 카드를 쓰지 못하게 하세요. 현금을 쓰게 하세요.
7) 집에 늦게 오는 날에는 꼭 전화를 하게 하세요.
8) 가끔 친구를 집에 데리고 와서 놀게 하세요.

04 통금 시간을 지켜야 하다니 불편하겠구나

새 어휘

01 1) 그만 2) 통행금지
3) 하기는 4) 벌점을

02 1) 외박 2) 그만
3) 벌점을 4) 하기는

주제 어휘

01 1) 공동생활 2) 규율
3) 침해 4) 퇴사

02 1) 공동생활을 2) 침해
3) 규율을 4) 퇴사

문법1

01 1) 날마다 2시간이나 걸어서 학교에 가다니 믿을 수 없어요.
2) 오늘 낮에 서울의 기온이 40도라니 정말 더운 여름이군요.
3) 먹을 수 없는 닭고기를 아이들 간식으로 팔다니 정말 나쁜 사람들이군요.
4) 백화점에서 옷값을 90%나 할인하다니 대단한데요.
5) 핫도그를 67개나 먹다니 사실이에요?
6) 삼계탕을 먹으려고 두 시간이나 기다려야 하다니 좀 심한데요.
7) 대학등록금이 평균 660만원이라니 정말 비싸군요.
8) 콘서트 표 값이 145만원이라니 믿기 어려운데요.

02 1) 가족들이 아버지를 일주일에 한두 번밖에 못 만나다니 좀 심하군요.
2) 집안일을 어머니 혼자서 하시다니 힘드시겠군요.
3) 학원을 3개나 다니다니 힘들겠군요.
4) 토익 점수가 만점이라니 대단하군요.
5) 아침 7시까지 학교를 가다니 잠이 모자라겠군요.
6) 방학에도 공부를 하러 학교에 가다니 학생들이 정말 불쌍해요.
7) 초등학생이 중학교 수학을 공부하다니 이해가 안 돼요.
8) 초등학생이 친구들과 하루에 한 시간밖에 못 놀다니 사실이에요?

문법2

01 1) 단어를 찾게 사전 좀 빌려 주세요.
2) 모두가 듣게 큰 소리로 말해 주세요.
3) 모자라지 않게 음식을 많이 만들어 주세요.
4) 학교에 일찍 가게 일찍 깨워 주세요.
5) 찌개를 덜어서 먹게 개인 접시 좀 주세요.
6) 감기에 걸리지 않게 옷을 따뜻하게 입으세요.
7) 아이들이 만지지 못하게 높은 곳에 올려 놓았어요.
8) 포스터가 떨어지지 않게 잘 붙였어요.

02 1) 냄새가 나지 않
2) 자기 물건을 잃어버리지 않
3) 불이 나지 않
4) 외부인이 들어가지 못 하
5) 학생들이 푹 잘 수 있
6) 기숙사 안에 벌레가 생기지 않
7) 친구들이 조용히 공부할 수 있
8) 다른 사람들도 사용할 수 있

제6과 만남

01 그 친구는 선후배들에게 인기가 많은 모양이야

새 어휘

01 1) 대해 2) 정이 많아서
3) 배려하면 4) 무뚝뚝한

02 1) 함부로 2) 대하는
3) 무뚝뚝하 4) 남이

주제 어휘

01 1) 급하다 2) 정이 없다
3) 상냥하다 4) 느긋하다

02 1) 정이 없는 2) 급해서
3) 느긋하면 4) 상냥한

문법1

01 1) 제임스 씨를 동아리에서 알게 됐어요.
2) 형의 결혼식 때문에 다음 주에 고향에 돌아가게 됐어요.
3) 지난주부터 아르바이트를 하게 됐어요.
4) 직장 때문에 한국에서 살게 됐어요.
5) 호텔 예약을 취소하게 됐어요.
6) 고향에 돌아가면 한국말을 잊어버리게 될 거예요.
7) 어제 동생 일기장을 보게 됐어요.
8) 비행기 표 때문에 3시에 떠나게 됐어요.

02 1) 하숙집에서 살게 됐어요.
2) 관심을 많이 가지게 됐어요.
3) 유럽으로 가게 될 것 같아.
4) 병원에 입원하게 됐어요.
5) 민호 씨가 대학원에 다니느라고 회사를 그만두게 됐어요.
6) 아르바이트 때문에 못 가게 됐어요.
7) 세 번째로 하게 됐어요.
8) 다행히 장학금을 받게 됐어.

문법2

01 1) 오늘은 안 올 모양이야.
2) 엘리베이터가 고장 난 모양이에요.
3) 자리가 없는 모양이야.
4) 수업이 재미있는 모양이에요.
5) 뭔가 오해한 모양이에요.
6) 동생이 마음에 드는 모양이야.
7) 요즘 회사일이 많은 모양이에요.
8) 다른 반은 수업이 벌써 끝난 모양이야.

02 1) 비가 올 모양이다.
2) 교통사고가 난 모양이다
3) 시험을 못 본 모양이다
4) 무슨 일이 생긴 모양이다
5) 나한테 미안한 모양이다
6) 유명한 식당인 모양이다
7) 영화가 재미있는 모양이다
8) 많이 피곤한 모양이다

02 여기에 오다가 과일이 싱싱해 보여서 샀어

새 어휘

01 1) 빈손으로 2) 모처럼
3) 잔뜩 4) 그건 그렇고

02 1) 잔뜩 2) 싱싱해
3) 빈손으로 4) 모처럼

주제 어휘

01 1) 병문안 2) 위문
3) 면회 4) 면담

02 1) 병문안을 2) 면담을
3) 방문 4) 위문

문법1

01 1) 밤에 자다가 시끄러워서 깼어요.
2) 신촌에 살다가 송도로 이사했어요.
3) 똑바로 가다가 사거리에서 우회전하세요.
4) 아르바이트를 하다가 그만뒀어요.
5) 방에서 청소를 하다가 옛날 사진을 찾았어요.

6) 친구와 영화를 보다가 극장에서 나왔어요.
7) 그릇을 급하게 씻다가 세 개나 깼어요.
8) 공부하러 도서관에 가다가 다시 집으로 돌아왔어요.

02 1) 먹다가 남겼어.
2) 보고서를 쓰다가 친구와 차를 마시러 갔어.
3) 올라가다가 너무 힘들어서 다시 내려왔어요.
4) 요가를 6개월 쯤 배우다가 그만뒀어요.
5) 기숙사에 살다가 원룸으로 이사했어요.
6) 칼로 채소를 썰다가 다쳤어요.
7) 같이 아르바이트 하다가 알게 됐어요.
8) 9시까지 놀다가 갔어요.

문법2

01 1) 물건을 정리하
2) 먼지를 털
3) 청소기를 돌리
4) 걸레로 닦
5) 초대할 사람을 정하고 나서 사람들에게 연락해요.
6) 사람들에게 연락하고 나서 집안을 깨끗하게 청소해요.
7) 집안을 깨끗하게 청소하고 나서 음식을 만들어요.
8) 음식을 만들고 나서 상을 차려요.

02 1) 단 것을 먹고 나서 꼭 이를 닦으세요.
2) 같이 연극을 보고 나서 저녁을 먹었어요.
3) 승진하고 나서 많이 달라졌어요.
4) 조깅을 시작하고 나서 건강이 많이 좋아졌어요.
5) 한국어 동아리에 들고 나서 실력이 많이 늘었어요.
6) 신입생 환영회가 끝나고 나서 바로 시작할 거예요.
7) 친구와 이야기하고 나서 기분이 좀 좋아졌어요.
8) 식사하고 나서 30분 후에 드세요.

03 요리 재료를 사다가 집에서 음식을 만들어 먹자

새 어휘

01 1) 가만히　　2) 사정을
3) 귀국할　　4) 개인

02 1) 그렇지 않아도　　2) 섭섭했는데
3) 가만히　　4) 사정이

주제 어휘

01 1) 동문회　　2) 체육대회
3) 동호회　　4) 수련회

02 1) 야유회를　　2) 체육대회
3) 송년회를　　4) 동호회가

문법1

01 1) ②, 아이가 잠을 조금밖에 안 자고도 피곤해하지 않아요.
2) ①, 친구가 밥을 두 그릇이나 먹고도 배가 고프다고 해요.
3) ①, 동생이 부모님께 야단을 맞고도 또 실수를 했어요.
4) ②, 고등학교 동창이 길에서 나를 보고도 인사를 안 했어요.
5) ②, 저는 선물을 받고도 고맙다고 말하지 못했어요.
6) ①, 친구가 공부를 전혀 안 하고도 시험을 잘 봤어요.
7) ②, 도둑을 보고도 경찰에게 알리지 않았어요.
8) ②, 동생이 두 번이나 크게 다치고도 조심하지 않아요.

02 1) 잘못을 하
2) 표를 사 놓
3) 약을 먹
4) 책을 읽고도 무슨 내용인지 모르겠어.
5) 일을 많이 하고도 월급을 조금밖에 못 받았어요.
6) 시험을 잘 보고도 장학금을 못 받게 됐어.
7) 5년이나 배우고도 간단한 대화밖에 못해.
8) 자기가 쓰고도 뭐라고 썼는지 모른단 말이야?

문법2

01 1) 그림을 그려다가 벽에 걸었어요.
2) 사진을 찍어다가 친구에게 보여 줄 거예요.
3) 도서관에서 자료를 빌려다가 집에서 같이 숙제합시다.
4) 고양이 간식을 사다가 먹이자.
5) 돈을 찾아다가 친구 선물을 사 줬어요.
6) 김치를 담가다가 양로원에 있는 노인들한테 줄 거예요.
7) 자고 있는 아이를 안아다가 방에 눕혔어요.

8) 이사 떡을 사다가 이웃집에 나눠 줬어요.

02 1) 만들어다가 주세요.
2) 가져다가 쓰세요.
3) 빵 좀 사다가 줘.
4) 할아버지께 가져다가 드려.
5) 중고품 시장에서 사다가 입히세요.
6) 책상 위에 가져다가 놓았어.
7) 샌드위치를 만들어다가 먹읍시다.
8) 만화책을 빌려다가 읽어요.

04 수요일로 미루다니? 좀 일찍 얘기하지

새 어휘

01 1) 미루 2) 신경을 써야
3) 마중을 4) 시간을 맞춰서

02 1) 시간을 맞췄어 2) 어쨌든
3) 마중을 4) 신경을 써

주제 어휘

01 1) 약속을 잡다 2) 약속을 취소하다
3) 약속을 어기다 4) 약속이 겹치다

02 1) 약속을 잡았다. 2) 약속이 겹쳤다
3) 약속을 변경하려고 4) 약속을 어기는

문법1

01 1) 다 쓰다니
2) 안 오다니요
3) 수련회가 취소되다니
4) 기숙사 신청을 하다니
5) 5시간이라니요
6) 고장 나다니요
7) 매진되다니요
8) 못 가다니

02 1) 성격이 무뚝뚝하다니? 친구들하고 있을 때에는 얼마나 상냥한데.
2) 의사가 되다니? 미술을 전공해서 패션 디자이너가 되고 싶다고 했는데.
3) 무역 회사에 다니다니? 나는 대학원에 진학한 줄 알았어.
4) 부산에 살다니? 서울에서 부모님과 같이 살지 않았어?
5) 회사 사장이라니? 가수가 되려고 노래 연습을 했는데.
6) 전화번호가 바뀌다니? 조금 전에도 통화했는데.
7) 대학 교수가 되다니? 우리 반에서 제일 공부하기를 싫어했는데.
8) 미영이와 사귀다니? 다른 여자와 사귀고 있었는데.

문법2

01 1) 머리를 자르지 말지.
2) 옷을 따뜻하게 입지.
3) 집에서 일찍 나오지.
4) 커피를 많이 마시지 말지.
5) 설탕을 넣지 말지.
6) 버스를 타지 말지.
7) 늦을 거라고 연락을 하지.
8) 나에게 같이 영화를 보자고 하지.

02 1) 우리 동아리에 들지
2) 너도 오지
3) 경주에 가지
4) 나한테 얘기하지
5) 좀 참지.
6) 좀 일찍 출발하지.
7) 다른 메뉴를 시키지.
8) 일찍 예매하지.

제7과 일상생활

01 드라이클리닝이 끝나는 대로 연락드리겠습니다

새 어휘

01 1) 충분해요 2) 얼룩이 지면
3) 쏟 4) 빠지면

02 1) 충분하 2) 빠질
3) 쏟았을 4) 얼룩이 지니까

주제 어휘

01 1) 얼룩을 빼다 2) 옷을 늘리다
3) 옷을 줄이다 4) 수선하다

02 1) 다림질하느라고 2) 세탁물을
3) 옷을 줄여 4) 수선해

문법1

01 1) 집에 들어가자마자 너무 더워서 에어컨을 켰어요.
2) 대학교를 졸업하자마자 취직해서 일한 지 3년 됐어요.
3) 책을 사자마자 너무 재미있어서 두 시간 만에 다 읽었어요.
4) 고향에 돌아가자마자 여자 친구하고 결혼하기로 했어요.
5) 점심을 먹자마자 숙제하러 도서관에 가요.
6) 아침에 학교에 오자마자 친구들과 인사하고 같이 커피를 마셔요.
7) 신제품이 나오자마자 하루 만에 다 팔렸어요.
8) 아침에 일어나자마자 세수도 안 하고 밥부터 먹어요.

02 1) 방학이 되자마자 고향에 갈 생각이에요.
2) 너무 피곤해서 집에 가자마자 바로 잤어.
3) 요즘 친구하고 약속이 많아서 월급을 받자마자 다 써 버렸어.
4) 수업이 끝나자마자 점심을 먹으러 학생식당에 가요.
5) 저는 학교를 졸업하자마자 고향에 가서 취직할 거예요.
6) 저는 한국에 오자마자 한국 친구를 만나서 맛있는 삼겹살을 먹었어요.
7) 저는 한국 드라마를 좋아해서 집에 돌아가자마자 텔레비전부터 켜요.
8) 빨리 결혼하고 싶어서 학교를 졸업하자마자 결혼했어요.

문법2

01 1) 친구들이 모이 2) 보고서를 완성하
3) 학교를 졸업하 4) 웨이 씨를 보
5) 편지를 받 6) 장학금을 받
7) 방학을 하 8) 일을 끝내

02 1) 마이클 씨가 도착하
2) 방학을 하
3) 우리 식당은 주문을 받
4) 입금이 확인되는 대로 물건을 보내 드리겠습니다.
5) 리에한테서 대답을 듣는 대로 연락해 줄게.
6) 점심을 다 먹는 대로 도서관에 갈 거예요.
7) 엠티 장소가 정해지는 대로 알려 줄게.
8) 세탁이 다 되는 대로 전화를 드릴게요.

02 이럴 때 관리를 잘 해야지 그렇지 않으면 후회할 거예요

새 어휘

01 1) 관리해야 2) 상하니까
3) 다듬은 4) 잦으면

02 1) 잦은 2) 상한
3) 관리하 4) 후회하

주제 어휘

01 1) 영양을 주세요 2) 머리를 감았어요
3) 헤어스타일을 4) 파마한

02 1) 다듬었어 2) 드라이를 해서
3) 염색하 4) 영양을 주는

문법1

01 1) 내 남자 친구는 외국 사람인데도
2) 한국에서 10년 살았는데도
3) 어제 잘 잤는데도
4) 마이클 씨는 부자인데도
5) 날마다 연습하는데도
6) 밥을 먹었는데도
7) 저는 키가 큰데도
8) 열심히 공부했는데도

02 1) 내가 일이 많은데도
2) 내가 매운 음식을 안 좋아하는데도
3) 매운 음식을 좋아하는데도
4) 내가 돈이 없는데도
5) 내가 월급을 받았는데도
6) 내가 감기에 걸려서 누워 있는데도

7) 자기가 아픈데도
8) 여자 친구 때문에 여러 가지로 화가 나는데도

문법2

01 1) 옷을 따뜻하게 입어야지 그렇지 않으면 감기에 걸릴 거예요.
2) 책을 제 날짜에 반납해야지 그렇지 않으면 연체료를 내야 해요.
3) 영수증이 있어야지 그렇지 않으면 물건을 바꿀 수 없어요.
4) 수영하기 전에 준비 운동을 해야지 그렇지 않으면 다리에 쥐가 날 거예요.
5) 발음이 정확해야지 그렇지 않으면 아나운서가 될 수 없어요.
6) 푹 쉬어야지 그렇지 않으면 감기가 낫지 않을 거예요.
7) 과음을 하지 말아야지 그렇지 않으면 일찍 일어나기 어려울 거예요.
8) 처음에 무리하지 말아야지 그렇지 않으면 마라톤을 끝까지 뛸 수 없어요.

02 1) 학생증이 있어야지 그렇지 않으면 책을 빌릴 수 없을 거예요.
2) 이사할 때 계약서를 꼼꼼하게 읽어야지 그렇지 않으면 문제가 생길 수 있어요.
3) 아침을 꼭 먹어야지 그렇지 않으면 배고파서 공부하기 힘들 거예요.
4) 매운 음식을 많이 먹지 말아야지 그렇지 않으면 위염이 심해질 거예요.
5) 경찰이 없어도 교통 규칙을 지켜야지 그렇지 않으면 사고가 날 수 있어요.
6) 김밥은 냉장고에 넣어야지 그렇지 않으면 금방 상할 거야.
7) 주말에는 사람이 많아서 예매를 해야지 그렇지 않으면 영화를 볼 수 없을 거야.
8) 출근 시간인데 조금 일찍 출발해야지 그렇지 않으면 길이 막혀서 늦을 수 있어.

03 명함이 있어서 연락하려던 참이었어요

새 어휘

01 1) 방향으로 2) 접수
3) 분실물 4) 선반

02 1) 명함을 2) 분실물
3) 업무시간이 4) 방향으로

주제 어휘

01 1) 보관하다 2) 신고하다
3) 습득하다 4) 차량 위치

02 1) 신고해 2) 차량 위치를
3) 보관해 4) 습득하신

문법1

01 1) 고향에 있을 때는 주말에 등산을 했었는데
2) 어렸을 때 우유를 좋아했었는데
3) 작년에는 학생이었었는데
4) 10년 전에는 이 근처에 빌딩이 없었었는데
5) 5년 전에는 한국에 관심이 없었었는데
6) 오전에는 비가 많이 왔었는데
7) 어렸을 때는 내성적이었었는데
8) 처음에는 한국음식이 너무 매웠었는데

02 1) 한국에 오기 전에는 매운 음식을 잘 못 먹었었는데 지금은 아주 좋아해요.
2) 5년 전에는 학교 앞에 육교가 있었었는데 지금은 없어졌어요.
3) 어렸을 때는 키가 작았었어요.
4) 어렸을 때는 자주 싸웠었는데 지금은 사이가 좋아요.
5) 예전에는 겨울에 눈이 많이 왔었는데 요즘은 눈이 별로 안 와요.
6) 1년 전에는 한국말을 하나도 몰랐었는데 지금은 조금 할 수 있어요.
7) 한국에 오기 전에는 집에서 만들어 먹었었는데 지금은 바빠서 외식만 해요.
8) 조금 전만해도 날씨가 맑았었어요.

문법2

01 1) 지금 저녁을 먹으려던 참이었어요.
2) 청소도 하려던 참이었어요.
3) 지금 숙제 하려던 참이었어요.
4) 이제 만화책을 그만 보려던 참이었어요.
5) 안 그래도 지금 들어가려던 참이었어.
6) 아, 그렇지 않아도 지금 은행에 가서 돈을 찾으려던 참이었어.
7) 지금 택시를 잡으려던 참이었는데 당신이 전화를 했어.
8) 안 그래도 미안하다고 하려던 참이었어.

02 1) 안 그래도 학생회관에 있는 우체국에 가려던 참이었는데 같이 가요.
2) 그래, 나도 너무 졸려서 커피 한잔 하려던 참이었어.
3) 그렇지 않아도 지금 나가려던 참이었어.
4) 저도 조금 추워서 에어컨을 끄려던 참이었어요.
5) 네, 저도 지금 배가 좀 고파서 뭘 먹으려던 참이었어요.
6) 안 그래도 머리가 좀 아파서 쉬려던 참이었어요.
7) 그렇지 않아도 눈이 아파서 지금 게임을 그만 하려던 참이었어요.
8) 안 그래도 너무 안 와서 지금 전화해 보려던 참이었어.

04 빨리 고쳐야 하는 것을 알면서도 오지 못했어요

새 어휘

01 1) 고쳐 2) 원인을
3) 품질보증기간은 4) 살펴보

02 1) 살펴봤어요 2) 원인을
3) 고치는 4) 품질보증기간이

주제 어휘

01 1) 수리하다 2) 고장이 나다
3) 문의하다 4) 품질보증서

02 1) 문의해 2) 품질보증서를
3) A/S 센터 4) 수리해

문법1

01 1) 까만색 치마를 입었으면 더 잘 어울렸을 텐데요.
2) 평소에 숙제를 열심히 했으면 쓰기 시험을 잘 봤을 텐데요.
3) 동창회에 갔으면 옛 친구도 만나고 선생님도 만날 수 있었을 텐데요.
4) 커피를 그렇게 많이 마시지 않았으면 밤에 잘 잘 수 있었을 텐데요.
5) 떡볶이가 이렇게 매울 줄 알았으면 먹지 않았을 텐데요.
6) 내가 농담을 하지 않았으면 친구하고 싸우지 않았을 텐데요.
7) 병원에 일찍 갔으면 감기가 벌써 나았을 텐데요.
8) 퇴근 시간인데 지하철을 탔으면 약속 시간에 늦지 않았을 텐데요.

02 1) 인터넷으로 예매했으면 싸게 살 수 있었을 텐데.
2) 계란을 넣었으면 더 맛있었을 텐데요.
3) 좀 일찍 전화했으면 같이 왔을 텐데요.
4) 웨이 씨가 같이 있었으면 맛있게 먹었을 텐데요.
5) 운전을 하다가 전화를 받지 않았으면 사고가 나지 않았을 텐데요.
6) 미리 이야기했으면 보지 않았을 텐데.
7) 조금 일찍 말해줬으면 저녁을 먹지 않았을 텐데요.
8) 이렇게 머리가 아플 줄 알았으면 술을 그렇게 많이 마시지 않았을 텐데요.

문법2

01 1) ①, 담배가 건강에 안 좋은 것을 알면서도 피워요.
2) ②, 영수 씨는 돈이 많으면서도 빌려주지 않아요.
3) ①, 동생은 많이 먹었으면서도 배고프다고 해요.
4) ②, 두 사람은 사랑하면서도 결혼하지 않아요.
5) ②, 남자 친구가 잘못했으면서도 사과하지 않아요.
6) ①, 두 사람은 성격이 안 맞으면서도 계속 만나요.
7) ①, 그 식당 음식은 맛이 없으면서도 비싸요.
8) ①, 코트가 얇으면서도 따뜻해요.

02 1) 두 사람은 같은 반이면서도 인사를 안 해요.
2) 웨이 씨는 운전을 잘 하면서도 못 한다고 해요.
3) 미선 씨는 공부를 많이 했으면서도 늘 공부를 안 했다고 해요.

4) 마이클 씨는 리에 씨를 좋아하면서도 고백하지 않았어요.
5) 잘 알면서도 귀찮아서 안 해요.
6) 운동이 좋은 것을 알면서도 잘 안 하게 돼요.
7) 밍밍 씨는 마리아 씨를 좋아하면서도 불친절하게 말해요.
8) 인스턴트 음식이 안 좋은 것을 알면서도 바쁘니까 자주 먹어요.

제8과 공공시설

01 머리가 아픈 데다가 소화도 잘 안 돼요

새 어휘

01 1) 체하 2) 심해서
3) 환자 4) 증세가
02 1) 어지러웠다 2) 증세를
3) 처방 4) 주사도 맞

주제 어휘

01 1) 링거를 맞았다 2) 깁스를 했어요
3) 물리치료를 4) 응급실
02 1) 엑스레이를 찍어 2) 깁스를 해야
3) 물리치료 4) 처방전

문법1

01 1) 민철 씨는 날마다 지각을 하는 데다가 숙제도 하지 않아서 성적이 나빠요.
2) 요즘 거의 날마다 야근을 하는 데다가 술을 자주 마셔서 정말 피곤해요.
3) 마리아는 상냥한 데다가 정이 많아서 주변에 친구가 많아.
4) 이 옷은 세련된 데다가 디자인이 특이해서 인기가 많아요.
5) 백화점이 세일 기간인 데다가 주말이어서 주차하기가 힘들어요.
6) 동아리 회장인 데다가 과 대표도 맡고 있어서 요즘 정말 바빠요.
7) 파마를 한 데다가 염색도 해서 머리가 많이 상했어요.
8) 아침을 많이 먹은 데다가 계속 앉아 있어서 소화가 안 돼요.

02 1) 날마다 야근하는 데다가 집도 멀어서 날마다 피곤해요.
2) 외국어를 잘 하는 데다가 대학교 때의 성적도 좋으니까 꼭 좋은 회사에 취직할 거예요.
3) 주인이 친절한 데다가 커트도 잘 해서 가요.
4) 자상하신 데다가 정이 많으셔서 학생들에게 인기가 많아요.
5) 요즘 세일 기간인 데다가 그 백화점 팥빙수가 맛있어서 여름에는 사람이 더 많아요.
6) 값이 싼 데다가 자유로워서 원룸에 살아요.
7) 친구와 싸운 데다가 시험 점수도 나빠서 기분이 안 좋아요.
8) 계속 토하는 데다가 설사도 해서 응급실에 갔어요.

문법2

01 1) 음식도 맛없고요.
2) 시설도 좋고.
3) 몸도 가볍고요.
4) 물리치료도 받으시고요.
5) 음악도 좋고요.
6) 소리도 안 들리고요.
7) 드라이도 해 주시고요.
8) 동아리 모임에도 가고.

02 1) 같이 사진 전시회도 보러 가고요.
2) 공부도 잘 하고요.
3) 커피도 마시고요.
4) 한국 역사를 배우려고 한국에 왔어요. 한국 친구도 사귀고요.
5) 이 바지 길이를 좀 줄여 주세요. 드라이클리닝도 해 주시고요.
6) 다 같이 게임을 했어. 맛있는 음식도 먹고.
7) 내용이 참 좋았어요. 배우들도 연기를 잘 하고요.
8) 외국어 공부를 열심히 했어. 인턴십도 하고.

02 외국어로 설명을 들을 수 있다면 더 좋을 텐데요

새 어휘

01 1) 관람료가 2) 휴관
3) 유물이 4) 설명을
02 1) 설명 2) 휴관
3) 해설을 4) 관람료는

주제 어휘

01 1) 관람객이 2) 음성 안내기를
3) 전시실이 4) 전시물은
02 1) 관람객이 2) 관람
3) 전시물을 4) 특별전

문법1

01 1) 공책이라든가 필통 같은 학용품을 선물해 보세요.
2) 제주도라든가 외도 같은 섬으로 한번 가보세요.
3) 불국사라든가 해인사처럼 유명한 절이 많아요.
4) 불고기라든가 잡채 같은 한국음식을 준비해 봐.
5) 영어공부 모임이라든가 독서모임 같은 동아리에 들어봐.
6) 떡볶이라든가 샌드위치처럼 간단하게 먹을 수 있는 간식을 좋아하는 것 같아.
7) 매실차라든가 인삼차 같은 건강음료를 드셔 보세요.
8) 몰디브라든가 하와이 같은 휴양지로 많이 가요.

02 1) 독서라든가 음악 감상 같은 집에서 혼자 조용히 할 수 있는 것을 해.
2) 수박이라든가 포도 같은 제철 과일을 많이 드시고 푹 쉬세요.
3) 요즘에는 향초라든가 액자 같은 인테리어 용품을 많이 선물해요.
4) 저는 클래식이라든가 재즈 같은 편하게 들을 수 있는 음악을 좋아해요.
5) 한국에서는 홍삼이라든가 종합영양제 같은 건강식품을 많이 선물해요.
6) 바닷가라든가 계곡 같은 물놀이를 할 수 있는 곳으로 많이 가.
7) 아이 옷이라든가 장난감처럼 아이들에게 필요한 것을 선물해.
8) 로마라든가 파리처럼 유럽의 역사를 배울 수 있는 곳이면 좋을 것 같아요.

문법2

01 1) 10억 원이 생긴다면 아주 크고 멋진 집을 사고 싶어요.
2) 조선 시대로 돌아간다면 세종대왕을 만나보고 싶어요.
3) 나에게 비행기가 있다면 지금 바로 고향에 갈 거야.
4) 앞으로 일주일 동안만 살 수 있다면 사랑하는 사람에게 사랑 고백을 할 거다.
5) 복권에 당첨된다면 빨간 스포츠카를 살 거야.
6) 다시 고등학교 3학년이 된다면 정말 열심히 공부를 할텐데.
7) 내가 과학자라면 타임머신을 만들 거예요.
8) 제주도가 내 땅이라면 큰 놀이공원을 만들 거야.

02 1) 내가 남자라면 많은 여자들에게 친절한 남자가 되겠어요.
2) 오늘 하루 종일 쉴 수 있다면 시원한 방에서 수박을 먹으면서 영화를 볼 거예요.
3) 한국 사람처럼 한국말을 잘 한다면 한국에서 취직해서 일하고 싶어요.
4) 영원히 살 수 있다면 나중에는 많이 외로워질 것 같아요.
5) 1년 동안 일을 하지 않아도 돈을 받을 수 있다면 그 돈으로 여행을 다닐 거예요.
6) 아무도 없는 섬에 혼자 간다면 그곳에서 읽을 수 있는 책을 가지고 갈 거예요.
7) 내가 만약 대통령이 된다면 모두가 행복한 나라를 만들고 싶어요.
8) 다시 태어난다면 빌 게이츠 같은 사람으로 태어나고 싶어요.

03 야외에 가니까 도시락을 먹어야지요

새 어휘

01 1) 분수를 2) 신나는
3) 대여소 4) 멋진
02 1) 도시락을 2) 대여소
3) 분수 4) 신나서

주제 어휘

01 1) 시간당 2) 벤치
3) 산책로가 4) 자전거 도로가

02 1) 2인용 2) 인라인스케이트를
3) 산책로를 4) 자전거 도로를

문법1

01 1) 나라마다 해결 방법을 찾아야 한다고 봐.
2) 전 세계가 함께 노력해야 한다고 보는데.
3) 점차 좋아질 거라고 봐
4) 한동안은 어려울 거라고 봐
5) 앞으로도 지금과 같다면 통일이 되기 어렵다고 봐
6) 좀 더 빨리 통일이 될 거라고 봐.
7) 피해자의 아픔이 크기 때문에 사형제도가 필요하다고 봐.
8) 사형수도 사람이기 때문에 사형제도는 없어져야 한다고 봐.

02 1) 일주일에 5일 동안 수업하는 것도 충분하다고 봅니다.
2) 앞으로도 비는 많이 오지 않고 계속 더울 거라고 봅니다.
3) 단어 공부를 많이 하고 자주 이야기하는 것이 가장 중요하다고 봐요.
4) 사람들이 대중교통을 더 많이 이용해야 한다고 봅니다.
5) 더 빨리 시작하면 늦는 학생이 더 많아질 거라고 봅니다.
6) 식당이 하나 더 필요하다고 봐요.
7) 시험이 싫기는 하지만 열심히 공부하는 사람이 적어져서 좋지 않다고 봅니다.
8) 어릴 때 공부하면 조금 더 쉽게 외국어를 공부할 수 있기 때문에 좋다고 봅니다.

문법2

01 1) 영어 공부부터 열심히 해야지요.
2) 외국어 공부도 열심히 하고 성실히 일해야지요.
3) 우선 발음 연습부터 해야지요.
4) 자주 전화를 드려야지요.
5) 청소를 자주 해야지요.
6) 먼저 운전면허를 따야지요.
7) 미리 전화를 해야지요.
8) 호텔을 빨리 예약해야지요.

02 1) 그러면 술을 끊어야지요.
2) 월급을 받으면 저금을 해야지요.
3) 늦지 않게 반납해야지요.
4) 12시까지는 공항에 도착해야지요.
5) 방친구와 자주 대화하고 할 일을 나눠야지.
6) 주말이니까 예약을 해야지.
7) 비가 와도 밖에 나가서 피워야지요.
8) 아무리 날씨가 더워도 건강하게 여름을 지내려면 운동을 해야지요.

04 통장에 잔액이 있어야 카드를 쓸 수 있어요

새 어휘

01 1) 표시를 2) 잔액을
3) 인출을 4) 통장을

02 1) 잔액이 2) 현금이
3) 인출 4) 수수료를

주제 어휘

01 1) 현금 자동 인출기가 2) 스마트폰뱅킹을
3) 적금을 4) 창구로

02 1) 돈을 찾는 2) 현금 자동 인출기를
3) 창구로 4) 스마트폰뱅킹을

문법1

01 1) 조금 공부하는 편이에요.
2) 자주 운동하는 편이에요.
3) 일주일에 한 번 데이트를 하니까 자주 안 하는 편이에요.
4) 집이 학교에서 20분쯤 걸리니까 가까운 편이에요.
5) 키가 173cm이니까 조금 작은 편이에요.
6) 몸무게가 80kg이니까 조금 뚱뚱한 편이에요.
7) 6개월에 한 번 고향에 가니까 자주 안 가는 편이에요.
8) 한 달에 네 번 영화를 보니까 자주 보는 편이에요.

02 1) 네, 일주일에 4번쯤 하니까 자주 하는 편이에요.
2) 네, 하루에 3잔쯤 마시니까 자주 마시는 편이에요.
3) 응, 한 달에 3권쯤 읽으니까 많이 읽는 편이야.

4) 아니, 지난번에 비해서 조금 나온 편이야.
5) 요즘 비가 많이 안 와서 값이 비싼 편이에요.
6) 나와 취미도 비슷하고 성격도 비슷해서 잘 맞는 편이야.
7) 맞아요. 이번 달에 5번쯤 병원에 갔으니까 몸이 좀 약한 편인 것 같아요.
8) 네, 보통 음식을 맵게 만들어서 먹는 편이에요.

문법2

01 1) 연습을 많이 해야 한국말을 잘 할 수 있어요.
2) 운전 면허증이 있어야 운전을 할 수 있어요.
3) 두 시간 전에 공항에 도착해야 비행기를 탈 수 있어요.
4) 먼저 신청서를 써야 서비스를 받을 수 있습니다.
5) 학생증이 있어야 자료를 대출할 수 있습니다.
6) 오늘까지 등록해야 다음 학기 수업을 들을 수 있어요.
7) 수영 모자를 써야 수영장에 들어갈 수 있어요.
8) 이 일을 끝내야 일찍 퇴근할 수 있어요.

02 1) 푹 쉬어야
2) 운동을 해야 건강하게 지낼 수 있어요
3) 물을 자주 마셔야 목이 쉬지 않아요
4) 주사를 맞아야 빨리 좋아져요
5) 물을 많이 마셔야 속이 쓰리지 않아요
6) 보험이 있어야 할인을 받을 수 있어요
7) 처방전이 있어야 약을 살 수 있어요.
8) 병원 근처 약국에 가야 약을 지을 수 있나요?

제9과 취미

01 정보 공유는 물론 다양한 문화도 체험할 수 있어요

새 어휘

01 1) 가입을　　2) 여행지는
3) 체험해　　4) 결정했어요

02 1) 다양한　　2) 가입한
3) 결정하　　4) 여행지

주제 어휘

01 1) 가입하다　　2) 탈퇴하다
3) 신입 회원　　4) 오디션을 보다

02 1) 가입하　　2) 지원해
3) 오디션을 본　　4) 활동을

문법1

01 1) 거실에 걸려 있는 그림이 멋있네요.
2) 정원이 아름답네요.
3) 아버지께서 친절하시네요.
4) 어머니께서 미인이시네요.
5) 어머니께서 요리를 잘 하시네요.
6) 어머니께서 음식을 많이 준비하셨네요.
7) 남동생이 노래를 잘 부르네요.
8) 여동생이 예쁘네요.

02 1) 김치의 종류도 상당히 다양하네요.
2) 김치에 들어가는 양념이 여러가지네요.
3) 시간이 많이 걸리네요.
4) 김치가 건강에 참 좋네요.
5) 김치를 많이 먹어야겠네요.
6) 정말 신기하네요.
7) 저한테는 좀 맵네요.
8) 이렇게 먹으니까 별로 맵지 않네요.

문법2

01 1) 동물은 물론 사람도 위험해질 거예요.
2) 숙제는 물론 시험도 없어지면 좋겠어요.
3) 토요일은 물론 일요일에도 출근하세요.
4) 낮에는 물론 밤에도 게임을 해서 걱정이에요.
5) 학비는 물론 생활비도 보내 주세요.
6) 자전거는 물론 오토바이도 잘 타요.
7) 저는 국내 여행은 물론 해외여행도 많이 가는 편이에요.
8) 웨이 씨는 평소에는 물론 시험 기간에도 공부를 안 해요.

02 1) 마트는 물론 백화점
2) 한국어 자막은 물론 외국어 자막도 있어요.
3) 부엌은 물론 샤워실도 있어요.
4) 노래는 물론 춤도 잘 춰요.
5) 아이들은 물론 어른들도 좋아하는 영화예요.

6) 한국어 성적은 물론 영어 성적도 중요해요.
7) 마이클 씨는 스키는 물론 스노보드도 잘 타요.
8) 아시아는 물론 유럽에서도 인기가 많아요.

02 어렸을 때부터 독서를 좋아했거든

새 어휘

01 1) 공강 2) 글쓰기
3) 주로 4) 간접적으로
02 1) 노력하 2) 주로
3) 공강 4) 습관을

주제 어휘

01 1) 감상 2) 악기 연주
3) 학원 수강 4) 수집
02 1) 악기 연주를 2) 독서를
3) 학원 수강을 4) 수집

문법1

01 1) 보고서를 오늘까지 끝내야 하거든요.
2) 그렇지 않으면 기차를 놓치거든요.
3) 오해가 풀렸거든요.
4) 표정이 무뚝뚝해 보이거든요.
5) 시설이 좋거든요.
6) 할인 행사가 있거든요.
7) 내가 약속을 어겼거든요.
8) 성격이 명랑하거든요.
02 1) 선약이 있거든.
2) 안주가 싸고 자리도 넓거든.
3) 내가 바빠서 연락을 못했거든.
4) 보고서 쓰느라고 밤새웠거든.
5) 친구한테 선물을 받았거든요.
6) 7살 때부터 배웠거든요.
7) 우리 어머니가 한국 사람이거든요.
8) 중요한 서류를 잃어버렸거든요.

문법2

01 1) 3만 원이라도 빌려 줘.
2) 여동생이라도 데리고 오세요.
3) 축하 전화라도 해 주시지요.
4) 아르바이트라도 해야겠다.
5) 라면이라도 끓여 주세요.
6) 집에서라도 하세요.
7) 돼지고기라도 사세요.
8) 이메일 주소라도 알려 주세요.
02 1) 사진이라도 찍어.
2) 저라도 도와드릴까요?
3) 그럼 찬물이라도 주세요.
4) 그럼 약이라도 드시지요.
5) 만 원이라도 기부하면 큰 도움이 될 거야.
6) 그럼 다음 주에라도 만나자.
7) 그럼 파란 색 볼펜이라도 빌려 줘.
8) 10분이라도 날마다 하세요.

03 댄스 스포츠를 하면 모든 일에 자신감도 생긴대요

새 어휘

01 1) 운동량을 2) 여가를
3) 인간관계가 4) 활동적
02 1) 여가 2) 댄스스포츠라든가
3) 활동적 4) 인간관계

주제 어휘

01 1) 피로를 풀다 2) 체력을 기르다
3) 스트레스를 해소하다 4) 성취감을 느끼다
02 1) 피로를 풀어서 2) 스트레스를 해소할
3) 성취감을 느끼 4) 인간관계도 쌓을

문법1

01 1) 도서관에 보고서 자료가 많
2) 영수가 표정이 안 좋
3) 학교에 헬스클럽이 있
4) 영화가 참 지루하
5) 민철이가 무역회사에 취직했
6) 에어컨이 고장 났
7) 멀티미디어 센터에서 영화를 무료로 상영한다고 하
8) 철수가 인터넷 쇼핑몰에서 컴퓨터를 싸게 샀다고 하

02 1) 한강의 경치가 아름답
2) 사람들이 유람선을 많이 타
3) 한강 공원 근처에 유명한 일식집이 있
4) 한강이 보이는 커피숍이 분위기가 좋던데 거기에서 커피를 마셔.
5) 보통 장미꽃을 100송이 사 주던데 너도 그렇게 해.
6) 요즘 금값이 비싸다고 하던데 은반지로 사 주는 게 어때?
7) 크림이라든가 로션 같은 화장품을 많이 선물하던데 그런 것을 사 줘.
8) 손으로 직접 편지를 써서 주면 여자들이 좋아한다고 하던데 너도 편지를 써 줘.

문법2

01 1) 요가를 시작한 지 한 2년 됐대.
2) 요가를 해 본 적이 없냬.
3) 요즘은 시간이 없어서 일주일에 두 번 정도밖에 안 한대.
4) 장점이 많대.
5) 살도 많이 빠지고 스트레스도 풀린대.
6) 무료로 일일 체험을 할 수 있는 곳도 있으니까 한번 가 보래.
7) 내일 수업이 끝나고 같이 가재.
8) 나도 요가를 마음에 들어할 거래.

02 1) 급한 일이 생겨서 못 온대요.
2) 다음 주 월요일까지 내도 된대.
3) 퇴근하는 대로 오겠대요.
4) 강화도에 가 본 적이 없어서 강화도로 간대요.
5) 어느 나라에서 왔냬요.
6) 다 고치려면 3일 쯤 걸린대요.
7) 피자집에서 아르바이트를 시작했대요.
8) 기름이 많은 음식을 많이 먹지 말래요.

04 다른 사람이 봉사하는 걸 보기만 했어요

새 어휘

01 1) 통역 2) 실제로
3) 마음먹 4) 대단하군요

02 1) 참여했습니다 2) 대단한
3) 보람을 4) 실제로

주제 어휘

01 1) 의료 봉사 2) 노력 봉사
3) 재능 봉사 4) 교육 봉사

02 1) 봉사 단체 2) 구호 물품을
3) 의료 봉사를 4) 노력 봉사

문법1

01 1) 울기만 해요
2) 사기만 하
3) 전화 드리기만 하
4) 놀기만 해서
5) 먹기만 해서
6) 받기만 해서
7) 쓰기만 하면
8) 졸기만 했어요

02 1) 눕기만 하면
2) 이름을 부르기만 하면
3) 문 앞에 서기만 하면
4) 마시기만 하면
5) 꽃을 심기만 하세요
6) 버튼을 누르기만 하면
7) 머리를 감기만 해도
8) 요리 재료를 넣기만 하면

문법2

01 1) 리모컨만 눌렀을 뿐인데
2) 같은 반 친구일 뿐이야
3) 취미로 가끔 그릴 뿐이에요
4) 머리가 조금 아플 뿐이에요
5) 비가 좀 내렸을 뿐이
6) 농담을 했을 뿐인데
7) 수업만 열심히 들을 뿐이에요
8) 해야 할 일을 했을 뿐입니다.

02 1) 잠시 쉬고 있을 뿐입니다
2) 살이 좀 빠졌을 뿐이에요.
3) 선후배 사이일 뿐입니다
4) 영화 이야기를 할 뿐이에요.
5) 같은 옷을 입었을 뿐이에요
6) 궁금해 하시는 분들이 많아서 질문을 했을 뿐입니다
7) 당연히 해야 할 일을 했을 뿐이에요

8) 부끄러울 뿐입니다.

제10과 문화 생활

01 내일 시간이 있거든 같이 가자

새 어휘

01 1) 워낙 2) 내내
3) 그저 그랬어 4) 오히려
02 1) 실망한 2) 내내
3) 재즈 4) 알아듣

주제 어휘

01 1) 좌석등급 2) 현장구매
3) 입장권 4) 예매처
02 1) 좌석등급 2) 관람연령
3) 초대권으로 4) 무대는

문법1

01 1) 경치가 좋을 뿐만 아니라 음식도 맛있어요.
2) 재미있을 뿐만 아니라 배우기도 쉬워요.
3) 맛있을 뿐만 아니라 값도 싸요.
4) 예쁠 뿐만 아니라 친절해요.
5) 내용이 지루할 뿐만 아니라 주인공도 연기를 못해요.
6) 좁을 뿐만 아니라 주차요금도 비싸요.
7) 교통이 편리할 뿐만 아니라 서비스도 좋아요.
8) 표를 싸게 살 수 있을 뿐만 아니라 편해요.
02 1) 맛이 없을 뿐만 아니라 분위기도 별로 안 좋아.
2) 화면이 클 뿐만 아니라 가벼워서 마음에 들어요.
3) 지하철을 타면 정확한 시간에 도착할 수 있을 뿐만 아니라 갈아타기 쉬워서 자주 타요.
4) 언어교환을 하면 한국말 공부를 할 수 있을 뿐만 아니라 한국 친구도 사귈 수 있어.
5) 기숙사는 학교 안에 있어서 안전할 뿐만 아니라 편하잖아요.
6) 치수가 조금 클 뿐만 아니라 색깔이 안 어울리는 것 같아서 바꾸려고 해.
7) 경치가 아름다울 뿐만 아니라 음식도 맛있거든요.
8) 늦게 일어났을 뿐만 아니라 길도 막혀서 늦고 말았어요.

문법2

01 1) 잠이 안 오
2) 웨이 씨한테서 전화가 오
3) 쉬는 시간에 마리아 씨가 찾아오
4) 방이 좀 덥
5) 약을 먹어도 감기가 낫지 않
6) 컴퓨터에 또 문제가 생기
7) 선물이 마음에 안 들
8) 일이 일찍 끝나
02 1) 감기에 걸리
2) 여자 친구가 생기
3) 한국에서 도움이 필요하
4) 외국어를 빨리 잘하고 싶
5) 밤에 춥
6) 등산을 하다가 배가 고프
7) 등산할 때 힘들
8) 산에서 길을 잃

02 남자 주인공의 연기가 아주 인상적이던데요

새 어휘

01 1) 게다가 2) 장르
3) 심각한 4) 인상적이었어요
02 1) 지적장애인 2) 인상적인
3) 코미디와 4) 장르를

주제 어휘

01 1) 상영시간이 2) 개봉일자를
3) 배경음악을 4) 장면이
02 1) 연기를 2) 감독이
3) 자막이 4) 장면이

문법1

01 1) '해리포터'가 읽을 만해.

2) '7번방의 선물'이 볼 만해요.
3) 수박이나 포도가 먹을 만해요.
4) 웨이 씨가 제일 믿을 만해요.
5) 마이클 잭슨 CD가 제일 들을 만해요.
6) 마이클 씨가 성실하고 적극적이니까 과대표를 할 만해요.
7) 홍대 앞이 쇼핑할 만해요.
8) 경주가 제일 갈 만해요.

02 1) 장학금을 받을 만한 것 같아요.
2) 아직 입을 만한데요.
3) 화를 낼 만 했어요.
4) 아직 탈 만해.
5) 저는 아직 더 걸을 만한데요.
6) 지하철역이 가까워서 다닐 만해요
7) 조금 피곤하지만 할 만해.
8) 마리아 씨는 믿을 만한 사람이니까 괜찮아요.

문법2

01 1) 웨이 씨도 왔던데요
2) 반갑던데요
3) 성격이 밝고 얼굴도 예쁘던데요
4) 땀도 나고 다리도 아프던데요
5) 모양도 예쁘고 아주 맛있던데요
6) 정상에서 보는 서울의 모습이 참 아름답던데요
7) 기분이 상쾌하고 좋던데요
8) 설악산 단풍이 정말 아름답다고 하던데요

02 1) 생각보다 맵지 않고 먹을 만하던데.
2) 재미있고 음악도 좋던데요.
3) 도서관에 가던데요.
4) 엘리베이터가 고장이 났던데요.
5) 생각보다 넓고 경치가 아주 좋던데요.
6) 밖에서 전화 통화하고 있던데.
7) 친절하고 아주 잘생겼던데요.
8) 어려운 단어도 많이 알던데요.

03 프랑스 미술품 전시를 한다면서요?

새 어휘

01 1) 흔한 2) 훌륭하
3) 작품 4) 광고가

02 1) 훌륭한 2) 작품
3) 흔하 4) 광고를

주제 어휘

01 1) 흥미로웠다 2) 화랑
3) 단체관람을 4) 감동적인

02 1) 흥미로웠다 2) 화랑
3) 이색적이었다 4) 감동적으로

문법1

01 1) 한옥마을도 구경하고 맛있는 음식도 먹었다면서?
2) 돌솥비빔밥을 먹었다면서?
3) 한옥을 구경하고 사진도 많이 찍었다면서?
4) 카메라를 네가 가져갔다면서?
5) 여러 가게들이 많다면서?
6) 빵을 좋아한다면서?
7) 전주에서 유명한 빵집에 갔었다면서?
8) 전주는 참 조용하고 볼거리가 많은 도시라면서?

02 1) 주말마다 등산을 한다면서요?
2) 제임스 씨가 한국에 왔다면서요?
3) 웨이 씨 여자 친구가 미인이라면서요?
4) 리에 씨가 피아노를 잘 친다면서요?
5) 내일 비가 온다면서요?
6) 다음 주에 이사를 한다면서요?
7) 방학 때 고향에 다녀온다면서?
8) 추석 때 송편을 먹는다면서요?

문법2

01 1) 듣기 실력이 말하기 실력만 못해요.
2) '서울'호텔이 '연세'호텔만 못해.
3) 버스 여행이 기차 여행만 못해.
4) 백화점 물건이 동대문 시장 물건만 못해요.
5) 전에 쓰던 휴대전화가 새로 산 휴대전화만 못해요.
6) 그 영화는 속편이 전편만 못해요.
7) 에어컨이 선풍기만 못해요.
8) 새로 이사 간 집이 이전에 살던 집만 못해요.

02 1) 정문 앞 식당 음식이 학생 식당 음식만 못해요.
2) 웨이가 밍밍만 못해.
3) 학교 체육관만 못해.

4) 학원에 다니는 것이 집에서 혼자 공부하는 것만 못해.
5) 하나펜션이 연세펜션만 못해.
6) 냉동만두가 고향에서 먹는 만두만 못해.
7) 저는 비빔냉면이 물냉면만 못한 것 같거든요.
8) 하숙집이 기숙사만 못한 것 같아.

04 아마 네가 하고 싶은 건 다 할 수 있을걸

새 어휘

01 1) 서예 2) 윷 3) 막걸리가 4) 제대로

02 1) 제대로 2) 막걸리 3) 서예 4) 윷

주제 어휘

01 1) 한지 공예 2) 사물놀이 3) 투호 4) 택견

02 1) 태권도 2) 판소리를 3) 사물놀이를 4) 투호

문법1

01 1) 리에가 시간이 없을걸
2) 웨이가 매운 음식을 못 먹을걸
3) 시험 준비를 할걸
4) 마리아는 못 올걸
5) 리에가 마이클 전화번호를 알고 있을걸
6) 지금은 전화를 못 받을걸
7) 지난주에 한국에 왔을걸
8) 다들 집을 잘 찾아올걸

02 1) 퇴근 시간에는 길이 많이 막힐걸요
2) 인터넷으로 예매할 수 있을걸요
3) 기말시험도 어려울걸
4) 독일 사람일걸요
5) 결혼하셨을걸
6) 기숙사에 살걸요
7) 아직 자고 있을걸
8) 아직 안 탔을걸

문법2

01 1) 다른 나라의 문화를 이해하기란 쉬운 일이 아니에요.
2) 교과서에 있는 단어를 모두 외우기란 정말 어려운 일이에요.
3) 날마다 아침에 일찍 일어나기란 보통 일이 아니에요.
4) 아이를 잘 키우기란 쉬운 일이 아니야.
5) 한국에서 대기업에 취직하기란 정말 힘든 일이에요.
6) 명절 기차표를 예매하기란 보통 힘든 일이 아니에요.
7) 한국말로 긴 이야기를 쓰기란 쉬운 일이 아니야.
8) 시험에서 모두 100점을 받기란 정말 어려운 일이에요.

02 1) 외국어로 시험을 보기란 너무 어려운 일인 것 같아.
2) 그렇게 날마다 운동하기란 쉬운 일이 아닌데.
3) 자취 생활하면서 요리하기란 보통 일이 아닌데.
4) 항상 이렇게 깨끗하게 해 놓기란 쉬운 일이 아닌데.
5) 남자가 이렇게 음식을 맛있게 하기란 정말 어려운 일인데.
6) 그렇게 날마다 숙제를 빼놓지 않고 하기란 정말 어려운 일인데.
7) 미국 사람이 한자를 배우기란 정말 어려운 일인데.
8) 외국 사람이 한국 신문을 읽고 이해하기란 쉬운 일이 아닌데.

문법 색인

YONSEI
ACADEMIC KOREAN
Vocabulary & Grammar
INTERMEDIATE 1

연세
대학한국어 어휘·문법 중급 I

편저자 연세대학교 한국어학당 교재편찬위원회
집필진 전나영 · 최수진 · 손은경 · 성미현 · 박민진 · 채윤정
펴낸곳 연세대학교 출판문화원

주소 서울시 서대문구 연세로 50
전화 02) 2123-3380~2
팩스 02) 2123-8673
ysup@yonsei.ac.kr
http://press.yonsei.ac.kr
등록 1955년 10월 13일 제9-60호
인쇄 (주)동국문화
삽화 문춘경 외

2016년 7월 7일 1판 1쇄
2025년 12월 19일 1판 7쇄
ISBN 978-89-6850-154-8 (세트)
978-89-6850-157-9 (04710)

값 25,000원